質性教育研究方法

（第三版）

黃瑞琴　著

作者簡介

黃瑞琴

美國奧瑞崗大學哲學博士（課程與教學）

國立臺灣師範大學家政教育研究所碩士（幼兒教育）

國立臺灣師範大學教育系學士

國立臺北教育大學幼兒與家庭教育學系退休教授

序言

　　本書主旨是在闡述教育領域實施質性研究的方法，主要參照國內外文獻有關質性研究的理論概念、方法取徑、探究歷程、具體建議，闡述教育研究者可參酌運用的質性研究方法、程序、策略、和技術。筆者撰寫本書時，主要採用敘述的語言和引述有關研究實例，具體呈現質性研究者如何努力瞭解和詮釋人世現象和經驗世界。筆者研讀有關質性研究文獻和國內外研究報告，以及指導研究生進行質性教育研究過程中，即一直在學習這種瞭解和詮釋教育現象的方法，希望藉著本書和讀者分享這樣的瞭解。筆者個人研讀和任教領域著重於幼兒教育，本書引述較多有關兒童教育的研究實例，亦引述較為廣義的教育與文化研究實例，期以擴展教育研究對於整體社會文化的關懷視野。本書內容或文字有所侷限或偏誤之處，尚祈讀者先進給予指正。

　　本書於 1991 年初版距今已近三十年縹緲歲月，唯有親情永遠靜好實在，值此三版修訂之際，對於祖母和父母親的衷心感念，依舊如初版序言：

　　謹將此書敬獻給我最親愛的祖母、父親、和母親，感謝祖母、父親、和母親在我的生命歷程中，所賜予的撫育、支持、鼓勵、包容、瞭解、教誨、和綿延無盡的愛！

黃瑞琴 謹誌
2021 年初春

目次

圖目錄

表目錄

第一章

緒論

　　本書闡述質性研究的方法、策略、步驟、技術，運用於教育領域研究的方向和實例，質性研究方法基本上根源於質性研究的意義和理論觀點，研究的理論觀點引導研究者觀看世界的視野和角度，並潛在指引著研究者思考和探究教育現象的方法取向，本章即首先闡述有關質性研究的意義、理論觀點導向、和方法取向。

壹、質性研究的意義

　　質性研究（qualitative research）或稱質化研究、質的研究，相對於數字資料為主的量化研究，質性研究資料主要是文字，藉由文字描述各式各樣的人世現象和生活經驗，得以從字裡行間解析有關意義的訊息，以理解和詮釋人類生活世界的意義（meaning）（Miles, Huberman, & Saldaña, 2020: 7-8; Yin, 2016: 9-10）。質性研究的意義，即是在描述生活世界的現象，並闡釋所描述現象的意義內涵，如以下列有關兒童遊戲的質性研究為例，即是著重於描述兒童遊戲的現象和經驗，並闡釋兒童遊戲對於兒童與其所處情境以及社會文化脈絡裡的意涵。

　　有關兒童遊戲的教育及社會和心理層面的研究，例如，人類學家Fortes（1970）研究西非洲部落社會的兒童遊戲，以整體的社會文化觀點，描述部落兒童在社會、經濟、和文化系統中社會化的過程，其中包括兒童如何玩各種打獵、耕種、祭祀、酋長、婚姻和扮演等遊戲，以及兒童如何透過這些遊戲經驗，演習著他們的興趣、技巧、性別角色、生活職責、宗教儀式、與社會生活。在這個沒有讀寫文字和學校組織的部落社會，兒童的遊戲並非只是單純複製其社會生活，而是透過遊戲想像、創造、和建構其日常生活的主題，依循遊戲的邏輯和情感架構，從日常遊戲中自發主動學習著社會生活，因而維繫著一個傳統部落社會的習俗和秩序。

　　現代社會中兒童遊戲的教育人類學研究，例如，Finnan（1988）觀察在快速變遷的美國社會，兒童遊戲團體如何玩自發的追逐遊戲，藉由兒童遊戲現場的觀察記錄，描述一群兒童玩追逐遊戲的各種類型，包括：參與遊戲的兒童人數和性別、追逐者和被追者的比例、追逐的型式、遊戲的目的和起因、空間的使用、和被追者被抓到後的結局。藉由遊戲過程的完整描述，得以瞭解和解釋兒童遊戲不僅是表面的遊戲行為，兒童遊戲其實在試驗著現有社會的成規和轉變中的性別角色，尤其在這種不受成規限制的自由追逐打鬧遊戲中，女孩得以試驗攻擊性和無秩序的非傳統女性行為模式。

　　在幼兒園情境的幼兒遊戲研究，具有幼兒發展與學習以及課程與教學的意涵，例如，美國幼教界資深幼教老師V. G. Paley採用人類學家參與觀察的方法，從幼兒的觀點，敘寫一系列敘說幼兒在教室中的經驗文本，遊戲關聯到經驗的再建構、意義的詮釋和想像力的發揮，幼兒在教室情境自由遊戲，遊戲連結至學習如何生活，並從遊戲發展出幼兒自己的故事，形成教室中活生生的課程文本，課程即是敘說幼兒一起說和一起演的故事、以及這些故事產生的意義，教師自己也是課程故事情節中的一個人物角色，教師仔細傾聽每位幼兒相互形成的遊戲情節，從中瞭解幼兒正在學習的功課（Clandinin & Connelly, 1992）。同樣是在幼兒園教室情境，Sawyer

（1997）探究幼兒在假扮社會遊戲過程的對話（conversation），在幼兒園教室的積木區、樂高（lego）區、沙箱區和娃娃角，觀察幼兒團體假扮遊戲的對話，將幼兒團體假扮遊戲比喻為一種即興創作（improvisation），幼兒團體即興演出假扮遊戲是一種集體的脈絡化社會行動，遊戲腳本來自於玩伴的同儕文化脈絡，遊戲不僅是個人的創作表現，同時也是與玩伴相互配合與集體共享的即興創作，幼兒在團體假扮遊戲中使用的後設語用（metapragmatics）策略，是幼兒與玩伴互動中選擇語言回應時的自我意識反應，是幼兒團體假扮遊戲互動得以持續的重要特徵，可延伸出幼兒的心智理論、建構敘說、和社會認知能力的發展意涵。

在臺灣幼兒園（昔稱幼稚園）場域的幼兒遊戲研究，例如，賴美玟（2007）在幼稚園觀察一位男孩玩假扮遊戲時呈現心智理論的內涵，以瞭解幼兒玩假扮遊戲時推論自己和他人心理狀態的情形，描述與分析幼兒假扮遊戲的情節，顯示幼兒有時會暫時跳脫出扮演的架構，與玩伴協調想像物、角色、情節和玩法之時，推論自己和玩伴的心理狀態，而在進行著假扮遊戲的角色、玩物、動作、情境的轉換扮演之時，亦會推論自己和玩伴的心理狀態，假扮遊戲因而提供幼兒呈現和運用心智理論的時機和機制，可延伸出幼兒發展心智理論的教育意涵。又例如，趙佩瑛（2009）在幼稚園任教的班級進行遊戲中評量的行動研究，以社會互動能力為評量焦點，觀察描述幼兒在教室學習區的遊戲過程中，如何尋找玩伴、與同儕分享與合作、回應同儕的要求、與他人協商和溝通想法、結交朋友和建立友誼、嘗試表達關懷和幫助別人等社會互動情形，藉由具實描述這些社會互動的評量資料，瞭解幼兒發展中的社會互動能力，並藉以規劃遊戲融入課程和幼兒社會發展輔導的方向。

上述有關兒童遊戲的人類學和教育人類學研究、敘說研究、觀察研究、行動研究，描述兒童在哪裡玩、什麼時候玩、玩些什麼、怎麼玩、和誰一起玩、怎麼使用日常素材玩遊戲、怎麼與玩伴互動和對話等，如此描述兒童遊戲的實質過程、以理解兒童賦予遊戲的意義，並詮釋兒童遊戲的

教育和社會文化意涵，即為採取質性研究觀點和研究方法的意義。如同人類在世間安身立命的生命意義，總是需要被追尋、描述、理解、和詮釋，質性教育研究的核心意義，即致力於描述與詮釋有關教育之各種人世社會現象的實質經驗與深刻意涵。

貳、質性研究觀點導向

質性研究的理論觀點在歐美學術界哲學、人類學、社會學等歷史淵源和發展中，常與民族誌（ethnography）、現象學（phenomenology）、符號互動論（symbolic interactionism）、俗民方法學（ethnomethodology）、詮釋學（hermeneutics）、建構論（constructivism）、批判理論（critical theory）的研究派典（paradigm）相提並論（Alvesson & Sköldberg, 2018; Lincoln, Lynham, & Guba, 2018），顯示質性研究方法源自多元的理論源頭和觀點導向。

派典（paradigm）是基本的信念系統，是引導活動的試金石，代表人們採取的最基本立場，派典基本上關注本體論（ontology）、認識論（epistemology）、方法論（methodology）三種哲學信念，本體論提出的問題是「有什麼能被知道？」「什麼是現實（reality）的本質？」認識論提出的問題是「求知者與被知者的關係是什麼？」「如何能確知我們所知道的？」方法論提出的問題是「什麼是發現知識的方法？」「我們如何去發現事物？」（Guba & Lincoln, 1989: 80, 83）。

本體論的基本定位會影響認識論的觀點，認識論接著又會影響方法論的觀點，因而形成哲學信念的相對不同導向；簡要而言，本體論關注所探究的現實是客觀存在的單一現實或是多元變化的主觀現實；認識論關注現實的確知，單一現實論主張求知者與被知者分離的客觀探究，多元現實論則主張求知者與被知者互動與相互影響的互為主體（intersubjectivity）探究；方法論關注如何探究現實，客觀探究者採行實驗操弄的去脈絡化方

式，互動探究者則採行對話、辯證，詮釋的脈絡涉入方式；有關質性研究的各個派典秉持其哲學信念，彼此之間多有爭論和辯駁，亦趨向於有所匯合（emerging confluences）（Lincoln et al., 2018）。研究依循的派典引導研究者思考其研究的方法取向，本節扼要闡述有關質性研究主要派典的研究觀點導向。

一、民族誌的文化概念

質性研究方法描述人們語言和行動的現場田野工作（field work），最初起源於歷史學家、旅行者和作家的工作，直到十九世紀末和二十世紀初期被廣泛應用在人類學領域，人類學家經常在真實的現場觀察社會文化現象，民族誌（ethnography）即是源自人類學探究文化的研究（Geertz, 1973）。"ethnography"一詞源自希臘文的字義，"graphy"意指描繪，"ethno"意指民族、人種、人群、民眾，民族誌因此或稱為人種誌、俗民誌、人誌學；對民族誌研究而言，"ethno"是指由習俗規約社會關係而形成共同實體的社會人群，或是特指異國或異文化的其他人群，都是民族誌者致力於描寫的研究參與者，民族誌研究從參與者的觀點，描寫和瞭解人群共享的文化圖像（Erickson, 1984, 2018）。

民族誌是質性研究的一種主要派典，民族誌以文化人類學為基礎，進行描述文化過程的研究，研究目標是描述某個社會群體生活方式的圖像，以瞭解該群體文化成員的行動類型與價值（Heath, 1982/1988; Wolcott, 1975）。民族誌的文化概念包含人類經驗的三個面向：人們在做什麼、人們知道些什麼、人們產製使用的器物，人們學習和分享這三方面的經驗，人們在做什麼屬於「文化行為」（cultural behavior）、人們知道些什麼屬於「文化知識」（cultural knowledge）、人們產製使用的器物屬於「文化產物」（cultural artifacts）（Spradley, 1980: 3-6）。這三方面的人類經驗在生活情境中常融合在一起，而其中最重要的是潛在的文化知識，因為在可觀察到的行為和產物之中，人們持續運用自身潛在的文化知識產生行為和

物品，並用來解釋他們的經驗，因此文化的主要概念可定義為人們用來解釋經驗的知識。

文化即知識的概念導引民族誌者轉換研究的觀點，從研究者局外人（outsider）的觀點轉換為探究局內人（insider）的觀點，局內人的本土在地觀點是民族誌的核心，研究者試圖瞭解為什麼某個社會群體的人們做他們所做的事情，然而在人類社會的各種情境中，某些影響人們做事行動的文化知識是潛在或隱含的，身為當事者的局內人常並不自覺或只是隱約覺察這些知識，民族誌的一個主要工作，即試圖將局內人隱約覺察的潛在文化知識轉化為明顯可見，藉由詳實描述一個文化情景和人們的文化知識，闡釋有關這個文化和人們的潛在意義（Spradley & McCurdy, 1972: 84）。

二、現象學的經驗本質

主要以文字描述的質性研究，相較於以數字為主的量化研究，在理論基礎上分別根源於兩種不同的社會科學研究觀點，量化研究主要源自實證主義（positivism），質性研究則主要源自二十世紀初期德國哲學運動提出的現象學（phenomenology）。實證主義的本體論將社會現實（social reality）視為客觀存在的單一客體，由自然定則所操縱，是對於人們有外部影響的客觀事物，社會科學研究目的是探究社會的客觀事實和因果關係，知識論認為研究者和研究對象彼此獨立且保持距離，研究者須維持中立的價值，不涉入個人的主觀情況，方法論即依循自然科學的研究模式，採用實徵方法蒐集客觀的社會事實，發現和驗證能預測和控制未來的普遍有效通則；相對地，現象學對於研究目的、研究者的任務、研究者與參與者的關係，皆持有與實證主義不同的觀點導向（Bogdan & Biklen, 2007: 24-26; Hitchcock & Hughes, 1989: 13-35; Taylor & Bogdan, 1984: 1-8）。

現象學原文"phenomenology"源自兩個希臘字"phainomenon"（顯象）與"logos"（理法／說話）的結合，意指以理性法則和語言邏輯表現人類生活的顯象（Cope, 2005）。現象學的哲學觀點強調人們的主觀價值和興趣

建構出相對而多元的現實，認為每個人經由與他人的互動，而形成解釋其個人經驗的多種方式，每個人的經驗意義構成了現實，因此現實是被社會所建構，社會現實（social reality）即是人們活生生的經驗（lived experiences）。活生生的經驗是人們所經歷和認識的特定經驗形式，現象學探究人們如何經驗著世界，例如：病人如何經驗著疾病、教師如何經驗著教學的遭遇、學生如何經驗著成功或失敗的時刻、人們如何經驗著透過電腦儀器和社交網絡科技以及新媒體等新奇方式與他人和世界互動，各式各樣活生生的經驗都是現象學的探究題目，現象學的探究不僅描述這些經驗如何發生，更要瞭解和詮釋這些經驗的意義（Adams & van Manen, 2008）。

　　現象學強調人們經驗的主觀意義，研究者的主要任務即是去瞭解人們解釋其日常生活經驗的過程，研究者須進入人們生活的實地經驗和概念世界，透過與人們的互動、對話、磋商，瞭解某個人或某個群體經驗的意義、結構和本質（essence），本質是人們共享的經驗現象，亦是人們相互理解的核心意義，經驗的本質具有多面向的結構組織，如同民族誌著重於文化的研究，現象學可被定義為本質的研究（van Manen, 1997: 10）。現象學認為人類的經驗是一種有意義的象徵，透過人們主體的意識和情感完成所有認知和價值的活動，並且落實於日常的社會關係和生活世界，因此現象學的研究者和參與者的關係是互為主體性，研究者須尊重參與者的主體意識，採取開放與接納的態度，從參與者的內在觀點出發，探究他們如何經驗著生活世界，研究者個人主觀的興趣、情緒、價值觀，無可避免地也會影響研究的歷程，而研究歷程本身也會影響社會現實的掌握，社會現實各部分互為因果且相互影響，很難斷定何者為因及何者為果，因此研究者的任務不是去建構一個獨立的客觀世界，也不是去驗證現象之間的絕對因果關係，而是確認不同人們經驗現象的版本和樣貌，以詮釋現象共通的普遍性本質。

三、符號互動論的社會意義

符號互動論（symbolic interactionism）源自 1930 年代美國芝加哥大學以互動的觀點研究社會行為的社會心理學派，符號（symbol）是指表情、手勢、姿勢、動作、語言、文字、圖像、顏色、物品等，這些符號自身沒有意義，而是透過人們在社會互動中使用這些符號才賦予其意義，人們使用各種符號與社會互動，符號用來代表和表達自己的觀念、想法、價值、情緒，這樣的表達過程是符號的（symbolic）、互動的（interactive）、屬於社會的，對於社會生活和周遭世界賦予社會意義，因此人類的互動是符號性的社會互動（Taylor & Bogdan, 1984: 9-11）。

最先提出符號互動論名稱的社會學家 Blumer（1969: 3），指出符號互動論有三個基本前提：第一是社會意義決定社會行動，個人在社會上採取的行動，主要是根據社會生活事物對其個人的意義，一個人所理解的社會意義即決定其處事行動；第二是社會互動產生社會意義，事情的意義是在社會互動中產生，某件事情對個人的意義，是來自他人對這個人和這件事的看法和反應，一個人是透過他人而學習如何看自己和看世界；第三是行動者詮釋社會意義，社會行動者經由詮釋的過程賦予情境、他人、事物、和自己的社會意義，社會行動者在不同的情境持續詮釋和定義周遭事物，詮釋是行動和行動意義之間的媒介過程。

符號互動論認為社會意義涉及個人的主體意識、客觀存在的事件過程、以及個人對事件過程採取的行動，這三者之間的互動構成了意義的解釋。每個人都是其社會行動的主體，人類的日常生活是互為主體性，主體之間相互透過語文和行動的符號進行互動，形成互為主體的社會意義。從符號互動論觀看人們的行動，不同的人常說不同的話和做不同的事情，是因為人們透過不同的社會互動經驗發現自己，逐漸形成自身對於人事物的看法和理解其中不同的社會意義，並以此社會意義作為自身行動表現的基礎。在一個團體組織中，每個人會學到採取一種特定的觀點看事情，例如

一個學生打破學校的一塊玻璃，校長可能將此事件看作是學生行為的問題，輔導老師將其看作是有關家庭的問題，而打破玻璃的學生則可能根本不將其看作是一個問題。所有組織、群體、和文化的人們藉著與他人的互動，持續衡量與解釋生活情境和經驗的社會意義，而對於情境和經驗的解釋又決定了人們的行動，因此研究者如想瞭解人們的行動，即須進入人們解釋其經驗的現場情境，與人們一起經歷其解釋社會意義的動態過程。

四、俗民方法學的生活日常

俗民方法學（ethnomethodology）或稱常民方法學，希臘文 "ethno" 字義是人們（people）、民眾（folk），意指其研究關注人們如何過其日常的社會生活，即研究人們如何創造、試驗、和理解他們日常生活的處事方法（Sacks, 1984; Taylor & Bogdan, 1984: 9-11）；俗民方法學認為各種社會情境和社會網中的人們，對自己的日常行動大多習焉不察，對自己行動的意義亦總是混沌不明，研究者的工作即是探究人們在日常生活情境中，如何習以為常地使用常識性的知識和社會規則，使其日常行動顯得例行化和可被解釋的清楚方式，因此俗民方法學者親身參與人們的生活，成為研究現場的成員，以探究現場人們如何觀看、形容、和理解自己日常的生活秩序和行動規則。

俗民方法學關注人們日常生活的處事方法，認為說話是人們日常行動的基本工具，而致力於人們在日常生活互動中的會話分析（conversation analysis），分析人們日常會話的潛在規則，並詮釋這些會話規則如何形成人們的生活規則；人們在生活情境的日常對話，經常一再重複出現的語言結構特徵，隱含人們解釋其生活秩序和規則的意義，將人們的日常談話以類似語言學的微觀分析，可藉以探究人們如何使用語言處理各種生活情境事物，以及探究對話者之間互為主觀的相互瞭解，這種瞭解貫穿於對話雙方一來一往說話的輪替（turn-taking）（Alvesson & Sköldberg, 2018: 104; Peräkylä, 2004）。話輪（turn）是某位說話者在多人參與的會話中單獨講

話的時間段,話輪是日常談話的基本轉換,互為主觀的瞭解是根據說話者對於前次輪替的瞭解,並知道何時輪到自己說話和該說什麼話,對話輪替促使談話者專心聆聽和瞭解對話過程的每一句話,藉以知道說者何時結束說話並知道自己何時可以開始說;機構組織的成員透過與其工作角色密切相關的機構性談話(institutional talk)的話輪規則,展現自己正在參與社會行動和連結社會關係,執行符合機構角色的特定任務和活動(Sacks, Schegloff, & Jefferson, 1974)。

五、詮釋學的意義論證

詮釋學(hermeneutics)的字根"hermes",原是希臘神話中天神的信使,負責將天神的意旨加以解釋和傳達給世人,如何使用語言文字準確地解釋和傳達神旨,即需要確定語言文字意義的理解(understanding)與詮釋(interpretation)。詮釋學注重正確理解的過程,本體論以人類獨特的主體性為基礎,來理解人的存有在生活世界中的意義,認識論主張正確的理解須立基於歷史傳統的文化脈絡中,透過人類主體性的自我省察、擬情體驗、和人際互動的對話溝通,形成自我開放和彰顯的理解過程,方法論則強調研究者須親臨現場理解現場人們的主體意義,透過持續的探索、檢視、質疑、否定、再探索的辯證過程,才得以真正理解人們生活世界的主體意義,並詮釋人們主體意義在整體歷史和社會脈絡中的共通意義。詮釋學源自文藝復興時期新教徒對聖經文本的分析和古代經典的文本研究,文本(text)的詮釋是詮釋學的起點。詮釋學的起始論點是聖經文本的意義只有關聯到整體的聖經才能被理解;整體是由部分所構成,因此也只有在部分的基礎上,整體才能被理解;整體與部分即形成所謂的詮釋循環(hermeneutic circle),意指部分只能從整體來理解,而整體只能從部分來理解,理解部分是為了更理解整體,而理解了整體也能更加理解部分(Alvesson & Sköldberg, 2018: 116-117)。

詮釋的核心特徵是部分與整體之間詮釋循環的論證,詮釋學在既有經

驗中持續向新的經驗開放，新的經驗常帶有不確定的存疑性和否定性，促使研究者從經驗的對立面審視當前的經驗和知識，而持續擴展個人的知識視野，並持續向新的經驗開放和對立思考，即是進行詮釋學經驗的辯證過程；被詮釋的文本包含社會行動的象徵類型，文本應被置放在其歷史文化脈絡中，藉著對文本提問、與文本對話、和傾聽文本的過程，交替進行文本單一部分和整體文本的連繫，揭露和穿透文本的事實和潛在意義，形成對於文本整體連貫性的詮釋類型（pattern of interpretation）；詮釋過程中持續針對頻繁出現和範圍較小的事例構想出次詮釋（sub-interpretation），並將這些次詮釋連繫至整體的詮釋類型，詮釋類型亦將有所變動，並透過適用於文本產出的特定文體（genre），與閱讀研究者詮釋的讀者進行想像式的對話和持續性的溝通，詮釋學即是文本、對話、詮釋類型、和次詮釋之間的意義辯證（Alvesson & Sköldberg, 2018: 125-130）。

　　隨著質性研究理論觀點的多元發展，有的研究派典結合詮釋學取向，以期理解人世現象多重的意義。例如民族誌結合了詮釋學而形成詮釋民族誌，由文化的描述進一步導向文化的詮釋（interpretation of cultures），強調厚實的描述須呈現人類行為和社會現象的意義，文化是各種符號交互影響和融會貫通而形成的系統脈絡，須藉由脈絡中的厚實描述去理解文化（Geertz, 1973: 14-18）；文化的形式可視為一種文本，是由各種社會資料建立起來的想像作品，一個民族的文化就是文本聚集起來的一個整體，人類學家就是要努力去解讀這個整體（Geertz, 1973: 449-452）。

六、建構主義的相對現實

　　建構主義（constructivism）的基本觀點認為知識是由個人的心理建構與社會互動而建構形成，建構主義採取相對的本體論，認為沒有單一絕對的客觀現實，現實是不同個體在其所處特定時空背景中，經由個人的心理建構以及與社會的互動，各自創建出相對的被社會建構的現實（socially constructed reality），現實唯有在其建構的脈絡中才能被瞭解，來自某特

定脈絡的發現不能概括到另一個脈絡，問題和解決都不能從一個情境概括到另一個情境，現實如不是存在於某種價值架構中就沒有意義；就認識論而言，建構主義認為隨著研究的進行，研究者和參與者彼此互動且相互影響，研究者個人的先前知識和價值觀會涉入資料的蒐集和分析過程，研究發現是研究者和參與者在相互影響中共同創建出的特定事實；就方法論而言，建構主義認為要能建構出研究者和參與者有共識的研究發現，研究者須進入參與者建構其經驗的自然情境，研究者和參與者進行辯證式的對話，才能建構雙方的共識，共同建構對於社會現實的理解和詮釋（Guba & Lincoln, 1989: 84-90; Lincoln et al., 2018）。

建構主義主張現實事物為社會性建構的產物，是相對、多元、且在地的，不同情境的個體對於現實事物可能持有不同觀點的詮釋，而即使是在相同情境的不同個體，各自持有其不同的個人觀點和信念，因而也各自建構不同的現實，建構主義關注的研究目的，即在於瞭解研究參與者如何建構其經驗世界的個人觀點，研究者藉由持續反覆地和參與者進行詮釋的辯證與對話過程，和參與者共同進行對其個人經驗理解和詮釋的重建（Guba & Lincoln, 1989: 142-150）。

七、批判理論的正義發聲

社會上常出現大多數人遵從的主流意識形態和盛行的文化現象，而經常忽略或壓制著弱勢和被邊緣化人們的經驗與聲音，批判理論（critical theory）的主旨即是在關注社會的弱勢群體和非主流文化，批判理論的研究是一種倫理和政治的實踐行動，致力於批判和揭露資本主義社會如何複製著性別、種族、階級、文化等不平等的意識形態和弊端現象，包括：性別和種族歧視、社經階級懸殊對立、資源分配不均、科層體制、語言和社會規範的控制、以及文化霸權等問題，期以改變和解放社會結構和權力關係的束縛和宰制。

批判理論認為現實雖是客觀存在，但是長期受到社會、政治、文化、

經濟、種族和性別等因素的影響，現實是在歷史情境中形塑呈現的結構，具有歷史意義的現實須透過社會歷史背景和權力架構加以檢視；批判理論認為持有主觀意識和價值觀的研究者，須透過理性的批判和自我的反思，採取批判和解放的辯證方法，與研究參與者平等互動和深度對話，協助參與者解開外在現實的限制並展現真實的自我意識，藉以改變不平等的社會弊病。

批判理論與女性主義、種族觀點、殘障探究等領域的觀點，共同形成參與—解放派典（participatory-emancipatory paradigm），強調研究的目的是要反映社會內部的權力關係，導向於轉換（transform）世界和服務人類的維權行動，研究者須瞭解自己所處社會與歷史背景的影響，以批判性的主觀與合作的行動研究，提昇人們參與研究的地位和權益，並增進參與者解放其偏誤意識形態的能力，人類社會在性別、種族、文化上須達到公平和正義的標準，研究應為社會上弱勢群體和邊緣化的人們發聲和賦權（empowerment）（Lincoln et al., 2018）。

隨著質性研究派典的相互匯合，批判理論結合了詮釋學而發展出批判詮釋學，研究觀點融合了詮釋的辯證和批判的質問，研究者透過理性論辯和自我反思過程，批判社會歷史傳統中宰制的因素，藉以真正掌握社會的本質與意義（Alvesson & Sköldberg, 2018: 179）。批判理論亦結合了民族誌而形成批判民族誌，由傳統民族誌的文化探究導向於關注社會文化潛在的意識形態，強調同理的理解、相互的對話、多重的聲音、在地本土知識（local knowledge）等論點，擴展一般人參與研究的權益和解放偏誤意識形態的能力（Geertz, 1983）。

八、質性教育研究觀點舉隅

上述質性研究理論觀點，如聚焦於探究特定教育場域（如家庭、學校、社區、社會環境）、教育議題（如教養、親職、課程、教學、輔導、行政制度）、人際互動（如親子、師生、同儕間的互動）等諸多教育現

象，即可能著重於描述和詮釋家庭生活的日常事實、學校課程的文化圖像、親子或師生互動的主觀觀點或經驗本質、教育行政體制的權力關係和社會文化意涵等。

（一）教育意義的詮釋

　　質性教育研究者持有的理論觀點，引導研究者站在不同的立場和角度去觀看教育的風景，而可能看到不同的教育景觀、理解到不同的教育意義。例如美國質性教育研究發展（Erikson, 2018），教育研究者最初常採用人類學取向的民族誌探究教育的某些事實，美國最先以專書出版的兩本質性教育研究是 Smith 與 Geoffrey（1968）探究《一間市區教室的錯綜複雜》（*The Complexities of an Urban Classroom*），以及 Jackson（1968, 1990）探究《教室生活》（*Life in Classrooms*），這兩本研究著作都是模擬民族學家和人類學家的研究方法，用來探究學校教室的現象和生活；例如，教育心理學家 Jackson（1968, 1990）認為人類學的現場工作能在單調的日常生活中看到豐富的文化意涵，即學習人類學家的現場觀察，進入芝加哥一所小學四個班級觀察教室生活，此研究著作《教室生活》於 1968 年出版，二十多年後，於 1990 年重新發行版本新增的作者序言中，Jackson 提到學術界幾十年來討論的詮釋概念點亮了他的心智，他才瞭解自己當年坐在教室後面觀看時，努力想做的其實是想對於所看見的教室景象，提出一個詮釋，例如他才瞭解當年看見學生高舉雙手懸在半空中向老師示意，這雙高舉的手臂其實就是教室擁擠的一種象徵意象，詮釋在教室生活想做什麼都必須等待老師允許的規則和本質。

　　研究觀點的不同導向，即可能對所蒐集的資料提出不同導向的分析和詮釋，例如五種不同派典的研究者共同進行一項研究資料分析的實驗方案，試著分析相同的訪談文本和參與者敘寫自身經驗的文件，結果對於相同資料的分析和詮釋，呈現了不同導向的意義（Wertz, Charmaz, McMullen, Josselson, Anderson, & McSpadden, 2011）。教育是意義導向的實踐過程，

教育研究常關注教育的實質過程和內涵意義，質性研究是對於資料轉化（transforming）的描述、分析和詮釋（Wolcott, 1994），教育質性研究即需要描述教育場域發生了什麼事情、分析事情發生的主要因素和關係、詮釋教育現象和經驗脈絡裡的意義。例如，以下摘錄筆者在幼稚園教室觀察老師與一群幼兒對話的記錄片段（黃瑞琴，1991c）：

老師：那什麼時候要用到蠟燭啊？（向幼兒展示一張畫著蠟燭的圖書）

幼兒：停電。（齊聲回答）

老師：還有什麼時候要用到蠟燭啊？

幼兒：生日。（齊聲回答）

老師：對！生日快樂的時候，買生日蛋糕，蛋糕上面就會放什麼？

幼兒：蠟燭。（齊聲回答）

老師：剛剛你們去玩玩具，玩好的時候有沒有收好？

幼兒：有！（齊聲回答）

老師：能收拾的舉手，好，都好棒！

一位幼兒：陳文中沒有整理。

老師：誰沒有整理？

幼兒：陳文中。（齊聲回答）

老師：陳文中，你為什麼沒整理？要整理喔！會收拾的小朋友才是什麼？

幼兒：乖寶寶！（齊聲回答）

在那所幼稚園觀察期間，每當筆者一早走進教室時，幼兒通常會坐在椅子上一起齊聲說：「黃老師早！」有一次筆者走進大班教室時，幼兒們

正輪流去上廁所，有注意到我進來教室的幾位幼兒即個別對我說早，這時一個女孩大聲糾正說：「大家一起說，就好了！」還進一步對我解釋說：「這樣就不必輪流啊！」接著筆者有一次跟著幼兒出外參觀電腦展覽時，注意到幼兒們也都齊聲應答導覽人員的問話，似乎顯示幼兒正在使用他們平常在教室已習得齊聲回答的習慣。

　　上述的師生對話記錄呈現幼兒慣常一起回答老師問話的現象，如持有不同理論觀點的研究者分析與詮釋此同一份資料，如是民族誌者，可能將上述教室語言現象詮釋為一幅文化的圖像，幼兒呈現其中的一個文化行為是齊聲回答老師的問話，而組織這種齊聲回答行為的主要機能，則是幼兒對於回答老師問話的文化知識，幼兒們知道如何從老師的問話中解讀到某些線索，並從這些線索中知道什麼時候一起回答和應該回答什麼，這些文化知識不僅涉及口語的規則，也涉及人際社會互動的集體規則；如是俗民方法學者，則可能將上述教室語言現象，詮釋為幼兒園師生互動的機構性談話，經由長期的師生互動而約定俗成的輪替談話習慣，促使幼兒們注意聽著老師的問話中暗示的適當答案或老師期望的回答，同時顯得已相當熟悉老師的問話節奏，知道在老師每次發問之後，大家要立即齊聲回答或一起複述老師的問話；另一方面，現象學者可能將大家一起說、一起回答老師問話的生活經驗，詮釋為幼兒在團體生活中說話行動需要同一步調的本質，而建構論者則可能詮釋為幼兒們長期在師生互動中共同創建出來的言談規則。

（二）教育研究的觀點

　　教育質性研究者可選取自己所認同一種派典的信念系統和理論觀點，或匯合兩種派典的理論觀點（如詮釋民族誌、批判詮釋學等），以發展教育研究目標及進行研究。質性研究者可在根本上回歸研究派典的哲學信念，以一種連續性的導向取徑，檢視自己對於研究目標及方法的本體論、認識論、方法論的世界觀（worldview），是趨向於認可單一的或是多元的

現實、採行與研究者自身價值無關或是有關聯的研究實施、尋找脈絡無關的普遍通則或是特定脈絡的研究發現、以及是否可能明確區分因果關係的解釋（Yin, 2016: 15-16）。

　　質性研究者亦可在連續性研究觀點的兩端之間選擇中間地帶（middle ground）的世界觀，替代性地選取自己的研究取向，例如選取對實證主義有所修正的後實證主義（postpositivism），在現實的試探性研究中，接受研究者自身影響研究的可能性，並接受研究發現有更多的不確定性；或選取批判理論，根據歷史關係探究單一現實時接受研究者涉入價值的影響；或是選取實證主義和建構主義兩端之間的實用主義（pragmatist），尋找概括性的研究發現，但承認此發現遷移至其他情境的研究限制，並在另一個情境持續探究線索，接受可能有的因果關係，但其關係短暫和難以辨認（Yin, 2016: 22-23）。

　　在臺灣教育研究場域，例如採取關注臺灣社會性別、族群、社經階級等議題的批判理論觀點，實踐於學校教師生活世界的研究，包括：女性教育工作者在資源弱勢偏遠地區的教育實踐以及省思學生的階級解放之路、小學教師嘗試跨越差異和教師文化制約以追尋自我身分認定、大學教師開設創造批判教學課程進行解放教學和師生增能的歷程、中學教師實踐與反思解放漢人與原住民之間壓迫與被壓迫關係的課程等研究實例（陳伯璋、張盈堃主編，2007）。教育研究關心教育成效及教育實務的改善，可採行實用主義觀點的混合方法研究（mixed-methods research），實用主義以實用需求為根本，採取多元的中間取向和效能結果的研究取向，混合採用質的和量的研究方法，以量的研究探討結果效益，以質的研究探討歷程機制，尤其許多教學實務的研究，研究者本身常可能是參與者，採取實用主義知識論主客分離和主客互動的主張，可因研究者立場和需求而變換方法，達到解決研究問題的最大效益（宋曜廷、潘佩好，2010）。

　　教育研究者如選擇採行特定派典的研究取徑，需要確定自己的研究理念和研究目的契合此派典的理論觀點，採行的研究方法基本上也須符合此

派典的研究取徑。教育研究者如主要採行質性研究方法，而未定位於特定派典的理論觀點，可綜合參照上述質性研究觀點導向，發展如下一節所述一般質性研究通用的方法取向。

參、質性研究方法取向

根據前述質性研究的基本意義和各種理論觀點，並參照有關一般質性研究方法特徵的論述（Flick, 2014: 15; Patton, 2015: 46; Yin, 2016: 9），歸納出質性研究通用的下列方法取向，研究者可依照自己的研究觀點與研究目的參酌採用。

一、整體的視野

質性研究者採取整體的（holistic）視野進行研究，將研究現象的時空背景和人事物視為相互關聯的整體，運用全方位的視野和開放的態度，對於所探究的某個社會文化現象，投入長期的時間蒐集資料，以整體瞭解現象的時空背景和人事物交織的相互關係。

整體的視野促使研究者以全貌的參照架構，瞭解某個人世現象或文化情景，致力於完整描述某個場所、群體、機構、事件或某個人，其中包含這個場所或人事物涉及的歷史、政治、經濟、宗教、社會環境，每一個事件、一個人或一段對話即是一幅具有整體文化意涵的圖像；雖然人類學家知道不可能做到文化完全整體的研究，整體論（holism）的觀念可引導和提醒研究者，認識社會文化現象的互相依賴本質，必須盡可能完整描述社會情境發生的事情，並串連起有關此情境的整體社會文化意涵（Heath, 1982/1988）。

二、情境的脈絡

質性研究是在社會現象自然發生的真實場域進行探究，人們的行動總

會受到社會情境脈絡（context）綿延不絕的影響，脈絡是歷史、社會和文化交織連結與環環相扣的關係，進行研究時須連結情境脈絡的人、事、時、地、物之間相互關係，才能整體瞭解複雜的社會現實，如果將人們的某個動作或某句話語從其產生的情境脈絡分離出來，將無從看到人們行動話語的真正意涵。

　　研究者進入人們真實生活的現場，觀察人們在這個時間、地點所說的話語、所做的事情、所產生或使用的文件器物，而能直接觸及現場人們的經驗世界，獲取現場人們生活的真實知識和意義。質性研究以現象發生的真實情境為研究資料的直接來源，研究者自身就是研究的關鍵工具，需要敏感覺知研究的情境脈絡，透過整體的視野蒐集、分析和詮釋資料，真實世界無法用外來的工具測量和實驗，需要藉著研究者和參與者直接且密集的互動，來探究和瞭解真實世界的意義。

三、彈性的程序

　　質性研究者依循著彈性的、開放的、機動的研究程序，具體的研究方向常是在研究現場探索一段時間之後逐漸產生而形成。研究者進入研究現場接觸人們之後，逐漸澄清研究的題旨，在蒐集資料過程中發展和確定研究問題，並可能在研究過程中持續調整或修訂研究的題目、問題和實施方法，而不是預先設定待答問題或待考驗假設即直接進行研究。質性研究過程可比喻為一個漏斗（Agar, 1980: 136），在開始研究的漏斗上方，研究者開放地接納現場每一件人事物，當研究往漏斗較下方底部進行時，才逐漸聚焦於特定人事物的資料蒐集和分析。

　　質性研究者常在研究過程中學習什麼是重要的研究焦點，從開始有容乃大的資料蒐集過程中，逐漸濃縮和提煉資料的概念和理論的洞察力。質性研究者宜是有彈性且容易適應的人，能將變動的研究情境看作是機會而不是威脅，研究過程中如有不能預期的事件發生，必須願意調整和改變研究的計畫和程序。質性研究雖然有時可依循某些研究方法的指引，但這些

指引並不是絕對的規則，質性研究者就像是一位藝術家，有時即是自己的方法論者，不受研究程序和方法技巧的限制，質性研究既是分析性的科學，也是創造性的藝術。

四、參與者觀點

質性研究者邀請現場人們參與研究而成為研究參與者，根據符號互動論，參與者觀點（participant perspectives）是參與研究的人們經由日常的社會互動，將生活中各種人事物對其個人的意義，形成一套理解的看法和信念的價值觀，而人們所理解和相信的社會意義即決定了人們的行動（Erickson, 1986）。意義是人們在社會互動中產生的社會結果，質性研究者關注人們如何定義他們的生活，希望瞭解人們如何界定他們生活經驗的意義，因此需要盡可能正確掌握研究參與者自己的觀點，持續努力去發現參與者正在經驗些什麼、如何解釋他們的經驗、以及如何組織其生活中的社會意義。

質性研究者需要從研究參與者局內人（insider）或本地人（native）的主位觀點（emic perspective），去瞭解參與者如何由其主位觀點發展出個人的行動，人們在日常生活中理解生活周遭的世界並賦予其意義，日常生活世界即構成其局內人的觀點，研究者如欲觸及參與者的生活世界，即須從參與者的主位觀點著眼，並適當運用研究者的客位觀點（etic perspective），謹慎地蒐集和分析資料，以闡釋參與者如何建構其日常生活世界的意義。

五、研究者反思

每個人都是所屬社會文化的產物，個人的信念和喜好都受到社會化的影響，因此質性研究者也不可能完全保持價值中立，研究者的反思（reflection）意指探查自己與理智涉及的理論、文化、和政治脈絡如何影響到研究，仔細思量自己個人的思想、觀察、和語言使用的前提為何，探究社會性地建構自己和建構研究參與者的方式（Alvesson & Sköldberg,

2018: 326）。

　　質性研究者採取開放與接納的態度，以貼近參與者所處的生活情境，也和參與者緊密互動、相互磋商、並且相互影響，試圖對參與者的經驗和觀點作互為主體性（intersubjectivity）溝通以及詮釋性瞭解（interpretive understanding），同理移情體驗參與者內在生活諸多成功或失敗的人性經驗，同時也須努力檢視和反思自己的主觀信念、價值、想法、假定、感覺、以及可能的偏見對於研究的可能影響，並試著減低或避免這些影響，對於研究結果的檢核與修訂，發展高度的自覺和敏銳的反思能力。

六、厚實的描述

　　質性研究者蒐集資料時，注意到發生於研究場所和參與者的每個細節，沒有任何細節被認為是瑣碎或不重要的，並假定每個細節都可能是關鍵的線索，可藉以更深入瞭解所探究的現象。質性研究者主要透過文字描述現場所看到和聽到的每個關鍵細節，描述是進行質性研究的先行基礎，描述這裡或這個人發生了什麼事，據以轉化為資料的分析與詮釋，分析事情如何發生與詮釋事情的整體意義（Wolcott, 1994）。

　　描述性的資料須是有關研究參與者的厚實的描述（thick description），意指描述具有厚度和真實度，描述的不僅是參與者的行動表象，更須深入描述行動有關的動機、意圖、以及社會關係的行動次序和活動細節，保留參與者與人互動經驗的感覺、行動、與意義，從厚實的描述中解釋參與者行動所依循的在地知識（local knowledge），連結至更廣泛的社會情境脈絡，進一步朝向一個文化的詮釋（Geertz, 1973: 17-28）。

七、意義的詮釋

　　人類的行動受到所處情境脈絡的影響，質性研究者的觀察描述也須具有脈絡性的深度和厚度，深厚真實地描述某個事實現象的細節、情感和人際社會網絡關係，描述社會互動中個人的聲音、行動、感受和意義，厚實

的描述提供資料分析的架構，也包含詮釋意義所需要的內容，厚實的描述即導向厚實的詮釋（thick interpretation），導向於瞭解、闡明和詮釋某種文化情景、人世現象或人類經驗的意義（Denzin, 1989: 101）。

　　質性研究者觀看世上發生的每件事情都好像是第一次發生，沒有一件事情是理所當然，也沒有什麼社會生活層面太世俗或太平常而了無新意，人世社會所有的場所和人們都值得深入探究其潛藏的內涵和意義，就如同人類學家雖然經常觀察研究的是某一個場所或某一個人，但經由對這個場所或這個人的風俗、人情、語言、儀式或民俗知識等深刻的瞭解，人類學家對於基本的人性內涵和意義也能產生全面的洞察。

八、學習的過程

　　參照民族誌的文化概念，民族誌者進入一個自然的現場，描述現場的人們如何觀看、聆聽、說話、思考和行動，以瞭解人們如何組織他們的行動和解釋他們的經驗，從現場的在地觀點和人們的內在觀點來看，民族誌者其實並非在「研究」人們，而主要是向人們「學習」他們的文化知識（Spradley, 1980: 3）。基本上質性研究者即是學習者，向研究參與者學習他們觀看世界的方式，質性研究者需要有與研究現場人們接觸及建立關係的能力，經由現場經驗而學習瞭解世界上各種不同的場所和人們生活的現象和生命的意義。

　　質性研究的現場工作，促使研究者學習欣賞、溝通和接受與自己不同生活方式或文化傳統的人們，同時激發研究者對自己的價值觀有新的覺知和反思，因而察覺到影響其自身行動的許多潛在文化前提。從民族誌的文化觀點看，現場經驗就像是一種文化的經驗，其中包括四個主要的學習工作：瞭解文化的概念和學習現場工作的方法、選擇一個文化情景和接觸可提供現場訊息的報導人（informant）、在現場蒐集和記錄文化的資料、分析資料以及撰寫一個文化的描述和解釋（Spradley & McCurdy, 1972: 3-4）。本書接著第二章起，即是在闡述有關質性研究的學習課題，第二

章是研究設計，第三章是蒐集資料，第四章是分析資料，第五章則是撰寫研究報告。

肆、摘要

　　質性研究描述人世現象，理解和詮釋人類生活世界的意義，質性研究方法源自多元的理論源頭和觀點導向，主要包括：民族誌的文化概念，著重人們解釋經驗的文化知識；現象學的經驗本質，本質是人們相互理解的核心意義；符號互動論的社會意義，社會互動賦予生活世界的社會意義；俗民方法學的生活日常，關注人們日常生活的處事方法；詮釋學的意義論證，著重於理解人世現象多重的意義；建構論的相對現實，強調不同個體創建相對的社會建構現實；以及批判理論的正義發聲，研究要為社會發聲和賦權。教育研究者可選取研究理論觀點，進行特定派典的質性教育研究，亦可採行一般質性研究通用的方法取向，運用整體的視野、探究情境的脈絡、採取彈性的程序、瞭解研究參與者觀點、研究者反思自身的主觀想法、厚實描述教育現象、深入教育意義的詮釋、學習質性教育研究的過程。

第二章

研究設計

依據第一章所述質性研究的意義、理論觀點、方法取徑，本章開始闡述質性研究方法。一個研究的進行常開始於研究設計，質性研究採行動態的研究設計，設計內容主要包括研究問題的形成、研究場所和參與者的選擇、以及研究倫理與研究檢核的規劃。

壹、動態的設計

一般的研究設計是研究者從這裡到那裡的邏輯計畫，這裡指的是最初擬訂的研究問題，那裡則是回答研究問題的最後結論，從這裡到那裡的過程，經由蒐集和分析資料的許多步驟（Yin, 2014: 28）。質性研究採行彈性的研究程序，從這裡走到那裡，並不是一條直線式步驟分明的行走路線，而是開放的、有彈性的、可能沿路調整方向的行程，需要採行走動式的動態設計。

一、循環過程與互動取向

質性研究是周而復始進行各項研究工作的循環過程，質性研究設計亦

是各項研究工作互動進行的模式。

（一）循環的研究過程

　　質性研究的工作從形成研究問題至撰寫研究報告，如參照 Spradley（1980: 26-35）提出的民族誌研究過程，是一個周而復始的循環過程，循環進行的研究工作包括；選擇一個研究方案、問問題、蒐集資料、作記錄、分析資料、撰寫研究報告，周而復始進行這些研究工作，直至完成最後的研究報告（見圖 2-1）。

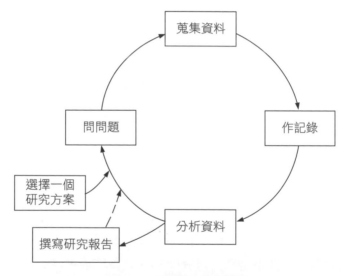

圖 2-1　民族誌循環過程

（資料來源：Spradley, 1980: 29）

　　圖 2-1 中循環進行六項研究工作，其工作內容主要包括：

　　1. **選擇一個研究方案**：研究者考慮研究的範圍，即考慮研究的場所是單一或多樣的社會情境，或考慮選取一位或多位研究參與者（詳見本章

第參節「研究場所和參與者」）。

2.**問問題**：研究者進入研究現場是由問問題開始，這些問題不是研究者自己預先設定，而是在現場情境中逐漸形成，進入研究的循環周期，研究者將持續發現新的問題，這些新的問題引導著觀察的方向，而初步分析這些觀察資料，可能發現較為特定的問題，又接著進行更有焦點的觀察，問問題就這樣引導著研究者重複進行研究的循環周期。

3.**蒐集資料**：研究者如是藉著觀察和訪談的方式蒐集資料，開始時先廣泛地觀察記錄研究現場的整體情境和發生的事情，經由分析初步蒐集的資料，開始逐漸縮小觀察的焦點，接著進一步分析資料和持續在現場觀察，針對更為特定的細節進行觀察，即使觀察逐漸變得更有焦點，研究者仍持續進行一般廣泛的觀察，直到研究結果逐漸呈現。

4.**作記錄**：蒐集資料的過程中隨時使用文字或器具記錄資料，記錄工作包括：寫觀察或訪談記錄、繪圖、錄音、拍照、錄影等。

5.**分析資料**：資料的分析與蒐集交互進行，而不是等到蒐集大量資料後才開始分析，資料的分析其實是一個發現問題的過程，研究者從分析已蒐集的資料中持續發現問題，並從新發現的問題中知道還需要蒐集些什麼資料。

6.**撰寫研究報告**：完成研究報告雖是研究的最後工作，撰寫報告在研究開始即持續進行，撰寫過程中可能引發新的問題或需要更多資料，促使研究者更密集地蒐集和分析資料，因此撰寫報告亦納入研究的循環周期。

Agar（1980: 9）比喻民族誌者是專業的陌生人（professional stranger），研究者進入陌生的現場學習某些事情（蒐集某些資料），試著瞭解這些事情（分析解釋這些資料），接著參照更多新的現場經驗（蒐集更多資料），再回頭看看先前對於資料的解釋是否合理（再繼續分析資料），然後再修訂原來的解釋（分析解釋更多資料），如此反覆進行辯證的檢視、

質疑、反思、重新建構的研究過程。因此質性研究者走在研究的路途，常需要進行回溯式的重新思考，回首再思之前走過的研究足跡，再展望之後的研究方向。

　　質性研究者開始進入研究現場時，對於研究目的或方式可能存有著一些想法，接著在現場中逐漸加以澄清或調整，因此不是以預先的概念或任何明確的研究設計構成研究，而是研究本身（study itself）構成研究（research）（Bogdan & Biklen, 2007: 54）。實際進行的研究本身，有待研究者在研究完成後再予以回顧，陳述他們在研究過程中曾經遇到哪些人、發生哪些事、看到哪些事物、碰到哪些問題、以及與這些人事物互動和相關問題磋商的實況，這些研究實況的回顧內容，之後即構成研究報告中的研究方法部分，具體說明研究真實採行的方法。質性研究者如將研究設計視為研究過程的回顧，而不是準備執行研究的計畫，研究者在研究開始時並不一定先作研究設計（Yin, 2016: 84）。

　　如擬進行的質性研究是學校的課堂作業、學位論文、或申請獎助的專題研究，研究者常需預擬訂書面的研究計畫，寫明如何進行研究或研究結果的可能貢獻等。研究者如需先擬訂研究計畫，可試著先進入研究現場蒐集初步的資料，並在計畫中具體說明現場經驗、現場初步發現的研究焦點、和謹慎搜尋的研究方向，讓閱讀研究計畫的單位對研究有較具體的理解；而如果研究者沒有預先進入現場觀察，所寫的研究計畫即須保持高度的推測，參照有關文獻概要說明可能探究的題目以及可能如何進行研究（Bogdan & Biklen, 2007: 78）。換言之，質性研究者可藉由初步的研究循環過程，在研究現場與人們接觸過程中，獲取有關研究的回饋和線索，逐漸醞釀和發展研究的方向，而在參照運用這份研究計畫時，基本上需要保持開放的心態，隨時願意修訂和調整原擬的計畫，讓質性研究周期得以周而復始運轉自如。

（二）互動的設計要素

　　質性研究過程是周而復始地選擇研究方案、問問題、蒐集資料、作記錄、分析資料、撰寫研究報告，質性研究設計即需要採取動態的模式，例如 Maxwell（2013）提出一種互動取向（interactive approach）的研究設計模式，將研究目的、概念的架構、研究問題、方法和效度，整合為持續互動的五個設計要素（見圖 2-2），每個要素需要思考回應下列問題（3-7 頁）：

　　1.**目的**：你的研究為什麼值得做？你想要澄清什麼議題、想要影響什麼實務和政策？你為何要進行這個研究、為什麼我們應該關切這個研究的結果？

　　2.**概念的架構**：你認為你計畫研究的議題、場域、或人們正在發生什麼事？什麼理論、信念、和先前的研究發現可引導這個研究？你將採用什麼文獻、初步的研究、和個人的經驗，來理解你要研究的人或議題？

　　3.**研究問題**：你對於所研究的場所和對象，想要更明確瞭解什麼？你對於這些有什麼不明瞭而想要學習？什麼問題最能針對這些學習和理解、這些問題將如何彼此連結？

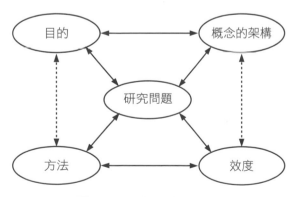

圖 2-2　研究設計互動取向

（資料來源：Maxwell, 2013: 5）

4. **方法**：你將實際做些什麼以進行這個研究？你將採用什麼方法和技術以蒐集和分析資料？方法包括四個部分：(1)建立和研究參與者關係；(2)選擇研究場域、對象、資料蒐集的時間和地點、和其他資料來源；(3)蒐集資料的方法；(4)分析資料的策略和技術。

5. **效度**（validity）：你的研究結果和結論可能會如何發生錯誤？對於這些研究結果和結論，什麼是可能的另類解釋和效度威脅？你將如何處理這些問題？你已有或可能蒐集的資料，將如何支持或挑戰你對於所發生事情的想法？我們為什麼應該相信你的研究結果？

此研究設計模式中所謂的效度，Maxwell針對質性研究的特性，以常識性的概念直接定義效度為研究的描述、解釋、詮釋、結論、或其他報告的正確性（correctness）或可信性（credibility），而不是指任何可被比較之客觀事實的存在；至於將效度獨立列為研究設計的一個要素，而不併入方法中，是要強調質性研究須在研究目標和研究情況關係中評估效度，評估可能導致研究結果和詮釋不可信的效度威脅（Maxwell, 2013: 121-123）。

圖2-2展現上述研究設計五項要素彼此互動和相互連結的統整關係，要素之間的雙向箭頭線條，表示要素彼此間的來回互動和緊密連結，圖中的研究問題不是位於直線式的起始點，而是位於研究設計的中心，顯示研究問題是此互動模式的心臟，最直接連結和影響模式的其他四個要素，也最直接受到其他四個要素的相互影響，因而研究問題可能在研究進行中，因應其他要素的影響而隨時需要加以調整。

研究問題是研究設計模式上下兩個部分之間的主要連繫，模式上半部的三角形連結研究問題、目的、和概念的架構，通常是研究設計最先發展的概念部分，研究問題與目的應有清楚的連結關係、並立基於概念的架構，目的須接受概念架構的知會，概念的架構與研究問題和目的有所關聯。同樣地，模式下半部的三角形連結研究問題、方法和效度，是研究設計中較具操作性質的部分，採用的方法須能回答研究問題和處理這些回答

結果的效度威脅，研究問題則須考量方法的可行性和效度威脅的嚴重性，而特定效度威脅的可能性、相關性、和處理方式，則決定於所選擇的研究問題和方法。研究設計之五個要素的連結並不是固定不動，而像是用橡皮筋彈性地連結要素之間的關係，讓研究設計保有某種程度伸展和彎曲的伸縮性和靈活性，如果設計的要素之間可能因超過伸展程度或在特定壓力下發生斷裂，使得研究設計變得無效，研究者即需要重新檢視和連結設計要素間的關聯性和統整性（Maxwell, 2013: 5）。

參照圖 2-2 研究設計的互動取向，試以賴美玟（2007）的幼兒假扮遊戲呈現心智理論研究為例，擬訂研究設計五項要素的下列重點：

1. **目的**：探究幼兒發展與遊戲理論的關係、幼兒發展與遊戲的實務應用。

2. **概念的架構**：心智理論是社會互動的先備知識、假扮遊戲的表徵能力是發展心智理論的基礎、假扮遊戲呈現心智理論的幼教意涵。

3. **研究問題**：幼兒在假扮遊戲架構外（out of frame）呈現的心智理論內涵？幼兒在假扮遊戲架構內（within frame）呈現的心智理論內涵？

4. **方法**：現場觀察筆記與錄影、訪談幼兒和老師、蒐集文件資料、假扮遊戲和心智理論內涵的編碼分析。

5. **效度**：三角檢測、研究參與者稽查資料的記錄與分析、長期持續的現場觀察。

賴美玟（2007）在此研究論文的研究方法部分，回顧說明研究進行的流程（42 頁），並展示研究架構的流程圖（見圖 2-3）。

研究進行之前，先蒐集並閱讀許多關於心智理論及假扮遊戲的相關文獻，閱讀完相關文獻並歸納想法之後，隨即界定研究問題。之後尋找研究現場，並在 92 年 12 月 15 日至 93 年 4 月 30 日期間進入研究現場，以觀察、訪談、文件資料蒐集三種方法蒐集有關

幼兒的資料；期間一方面進行蒐集資料的工作，同時一方面也進行資料分析。在每次觀察結束後，儘快將錄影及錄音的資料整理成逐字稿，另一方面將觀察逐字稿、訪談紀錄及文件資料，按照假扮遊戲的內外架構中內涵及心智理論內涵來進行編碼分析。在分析過程中，發現所蒐集的資料尚有一些缺乏以致推論困難，因此93年7月14日至9月30日再次進入研究現場觀察蒐集資料，並且在分析資料時，常需要同時參考錄影、筆記、訪談及文件資料，使分析到一致性。所以蒐集資料及分析資料兩方面是不斷來回循環進行，最後根據研究問題及所分析的資料來撰寫研究報告。

如將所擬本研究設計要素的重點，與圖 2-3 實際進行研究的架構流程相互對照，研究設計的「概念的架構」主要引導出研究流程的「文獻探

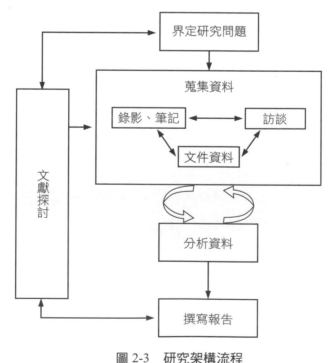

圖 2-3　研究架構流程

（資料來源：賴美玟，2007：43）

討」，研究設計的「目的」和「研究問題」引導出研究流程的「界定研究問題」，研究設計的「方法」，引導出研究流程的「蒐集資料」和「分析資料」，研究設計的「效度」則納入蒐集和分析資料流程，並未於流程圖中單獨呈現。

二、探索性研究

　　研究者作研究設計或擬訂研究計畫時，可先進入研究現場與人們接觸和蒐集初步的資料，進行前導的探索性研究（pilot study），藉以測試和提煉研究計畫所述的研究問題、現場工作程序、資料蒐集和分析方式，讓研究者有機會先作研究的練習，試著從不同的角度觀察不同的現象，或者試驗不同的研究取徑，因而可能更加洞察研究的主題和開展探究的技巧（Yin, 2016: 39）。

　　進行探索性研究時所作的記錄，雖然可能是備忘錄的形式，但可具體顯示研究者探尋的研究方向或現場技巧，對於之後進行正式研究具有前導的價值。例如，Sally（1985）進行一所白人幼兒學校與一所黑人幼兒學校的比較民族誌研究，在研究開始之前，曾先進入另一所幼兒學校進行四個月的探索性研究，以初步探索一個學前幼兒學校的情形。在探索性的研究過程中，Sally 嘗試在充滿行動、活動和互動的幼兒教室環境中發展各種觀察探究的方法，其中包括密集的觀察、廣泛的現場記錄、經常的發問、深度的訪談、繪製個別幼兒在教室移動路線和位置的流程圖、繪製教室活動和材料的平面圖等，探究的方向包括師生之間的互動、幼兒之間的互動、教師的語言、幼兒的語言、幼兒的活動型態等；Sally將此探索性研究寫成專文，在學術會議上發表，隨後並參照探索性研究的經驗和方法，進入正式研究的兩所幼兒學校進行一年的現場觀察，觀察兩所學校的幼兒、教師、活動、材料、時間和空間的現象和事件，如何交織出不同取向的文化傳承過程，白人幼兒學校傳遞著個人取向的價值信念，而黑人幼兒學校傳遞著集體取向的價值信念。

　　宋慶珍（2005）和林文莉（2009）的碩士論文都是有關幼兒書寫萌發的研究，也都在碩士班修習幼兒語文教育專題研究的課程時，先進行有關幼兒讀寫的探索性研究。宋慶珍（2005：1-4）觀察記錄自己姪兒的讀寫發展現象，作為這門課程的期末報告作業，在探索研究過程中，觀察到姪兒對於書寫的興趣高昂和熱愛，觀察記錄逐漸聚焦在書寫方面，並進一步形成碩士論文探究幼兒書寫萌發的主題；林文莉（2009：3）蒐集自己兒子發展中的書寫作品和家庭讀寫觀察記錄，探究幼兒書寫萌發在真實生活中的現象，並思考自己與兒子進行親子書寫互動的關係，寫成讀寫萌發個案初探論文在研討會發表（林文莉，2007）。又例如，陸璇（2016：37）進行幼兒「主題活動回顧畫」內容的碩士論文研究，研究者先進入幼兒園現場進行一學期的前導研究，發現原預定的個案幼兒的繪畫情形並不適合參與研究，因而正式研究時更換個案幼兒，其研究目的原擬分析幼兒主題畫中顯露的情感，經由前導研究發現情感分析過於主觀，因而轉變研究目的為探究幼兒主題活動回顧畫呈現的經驗和繪畫表現，又因為前導研究進行主題活動回顧畫的次數與主題活動的次數相比過少，之後正式研究時，即將主題活動回顧畫納入為幼兒固定的作息活動，以確保蒐集到較多回顧畫內容的研究資料。

貳、研究的問題

一、問題的形成

　　質性研究進行之前，研究者可能對某種人世現象產生探究的興趣，然後試著進入現場時，心中可能存有某些一般性的問題，至於更明確特定的研究問題，常是在研究進行中逐漸醞釀形成。換言之，質性研究設計雖提出預擬的研究問題，主要是用來擴展資料蒐集的方向，而不是要限定資料蒐集的範圍，較為明確特定的研究問題常是蒐集資料過程的產物，研究問

題是在研究現場持續地被辨認、澄清、磋商、和修訂。

研究者開始進行質性研究時，須保持研究問題的開放性和一般性，然後經由初期的現場觀察後，再評估初步的研究問題是否與現場觀察資料有所關聯、是否與現場局內人的觀點有所關聯、或是否有其他研究問題從資料中顯現，如果這些問題的答案是肯定的，表示可能逐漸形成更明確的研究焦點，而如果答案是否定的，即可能需要重新形成研究問題，或甚至可能需要改變整個研究的方向（Jorgensen, 1989: 32-34）。

質性研究的研究過程，就像是一個由上而下逐漸縮小底部的漏斗（引自 Agar, 1980: 136）：

你開始進入現場後，開放地廣泛接收所有能學到的事情，並透過觀察和訪談交互檢核你所學到的，當你開始將你的興趣焦點放在特定的主題時，漏斗即逐漸縮小；你縮小研究焦點，可能是因為你先前帶到現場的一個興趣，可能是因為你在初期的現場工作中學到了某些焦點，也可能兩者都有，但你仍然繼續從已學習到的事情中作交替的學習；最後，當你接近漏斗的縮小底部時，你開始作系統的測試，然而，即使到了這裡，測試的結果仍常會產生進一步的問題，所以你將又回到你的學習角色，藉以獲得更好的瞭解，當漏斗縮小，你的問題可能愈來愈明確，但你絕不停止學習。

林文莉（2009）在家裡觀察研究兒子四歲到六歲五個月期間的書寫萌發情形，身為母親的研究者原來就是研究現場的局內人，研究問題意識的凝聚發展即歷經漏斗式的時程（見圖2-4）（引自林文莉，2009：68-69）：

2006 年 8 月──我的觀察與體驗：個案初探的開始從漏斗大開口的一端開始，是我所好奇的一般性問題與現象，譬如：我在閱讀

2006 年 8 月～
我的觀察與體驗：
個案初探的開始

2007 年 5 月～
初探研究後凝聚的焦點：
母親陪伴、幼兒書寫發展

2008 年 2 月～
特定問題焦點形成

圖 2-4　研究問題發展時程

（資料來源：林文莉，2009：68）

讀寫萌發相關理論的同時，觀察體驗到身邊幼兒的讀寫萌發歷程，並對理論與實務之間的連結產生興趣。

2007 年 5 月——初探研究後凝聚的焦點：母親陪伴、幼兒書寫發展漏斗的中段，是從我的觀察經驗與文獻理論對話中，所凝聚的現象與問題予以聚焦，譬如：我從五個多月的讀寫萌發個案初探研究過程中，逐漸體會母親陪伴幼兒在讀寫萌發過程中的重要性，並從初步資料整理中，將研究問題與焦點逐漸凝聚於幼兒的書寫發展與母親參與的關係。

2008 年 2 月——特定問題焦點形成在漏斗開口最小的一端，我的觀察與理論邏輯交互作用，並逐漸凝聚出研究之特定化的問題焦點。

二、經驗的感知

質性研究者所以對某種研究問題感興趣，常是開啟於研究者個人過去

或當前生活或工作經驗中遇見的機緣（Riemer, 1977），質性研究問題常是淵源於研究者個人經驗的感想、思考、關懷、或好奇為基礎，此即自然探究者所謂研究開始於你所在之地（starting where you are）（Lofland & Lofland, 1995: 11）。質性研究者對於自身日常所處環境多加反省和思考，對於某一種人世現象或議題產生特別的興趣或深刻的感觸，因而醞釀了某些想法或問題，想要進一步加以探究、瞭解和詮釋其意義。例如下列質性研究三個實例，即顯示質性研究問題在研究者自身所在之地的生活和工作中發展，融合了研究者個人背景經驗有關的情緒體驗、親密熟悉感、以及學術探究的興趣和動機。

　　Griffith 與 Smith（2005）探究母職為學校教育工作（mothering for schooling），是由於感思自己身為單親媽媽和職業婦女，曾經深深感受與孩子的學校之間緊張的關係與困窘的情緒經驗，依據美國主流的雙親家庭和全時媽媽的母職論述（mothering discourse），視母親為一個奉獻的角色，母親的職責必須配合孩子的學校生活作息、聽從學校老師的要求、參與協助學校的行政和教學，為孩子的學校教育事務盡心盡力，這樣的論述形成一種意識形態，兩位研究者感思自己的母職經驗曾充滿著性別角色與社會階級不平等的意識形態，回首來時路，將自身經驗延伸擴展為研究，探究其他母親投入孩子學校教育的工作經驗，如何連結母職工作與學校教育之間系統性的體制與更大層次的社會關係。

　　倪鳴香（2004a）陳述自己進入教育學傳記研究領域，是源自於自身在幼教工作中理論與實務間矛盾的呼喚；在臺灣八〇年代早期的幼教工作場域，幼兒教師仍處於類似保姆角色的階段，大學畢業的幼兒教師共同面臨幼教專業化與自我專業角色認同的問題；她曾以幼兒園主任的身分，關注教師自我專業發展以推動組織成長的管理構想，開始與園裡的教師們在團體固定的聚會中，每個人輪流述說自己成為幼師的經歷，這些故事即開啟了她日後追尋口述傳記研究的興趣，另外再加上在幼教實務工作中運用國外幼師發展理論的矛盾，因而激發出本土化幼兒教育傳記研究的視野。

又例如，李文玫（2019）從自身成長於客家庄的客家女性反思，進而與其他客家女性和文化工作者以及社區連結的生命經驗，進行客家敘說、敘說客家的探究，研究發展方向是以客家作為一種族群的想像，將人類的生命視為一種文化文本和故事，透過生命敘說的探究方式與文化心理學的視角，建構客家女詩人和客庄社會文化工作者朝向在地主體性而展現的多元樣貌；客家研究著重於族群和人的議題，人們身處在社會文化中，文化中的人類心理現象論點認為文化是一種社會性的實踐性活動，文化心理學的探究視角可豐厚客家研究，開展作為生命主體的個人與文化之間相互影響與建構的動態歷程（191-194 頁）。

三、文獻的研讀

質性研究問題主要是在現場實地逐漸醞釀、發展和澄清，研究問題形成過程中，研讀有關研究的文獻，用來擴展研究問題的可能方向，當原有的研究問題需要改變或修訂時，研究者反覆閱讀或質疑更多文獻，可能從中學習如何形成更適合的研究問題，並在研究過程中持續測試文獻中的理論概念（Agar, 1980: 26）。

質性研究者在研究初期，心中存有的想法或問題可能著重實際的問題，也可能著重理論性的問題，例如社會學方面的研究，實際的問題可能是關於一所醫院、學校或少年法庭，而理論的問題則可能是有關社會化或社會控制等社會學理論的問題。然而，實際和理論的問題常是相互關聯，質性研究問題常同時想要瞭解實際的問題以及測試、補充、調整、擴展、修訂既有的理論，或想要展現理論的實際內涵和應用意涵，或試圖進一步創建新的理論。例如前述宋慶珍（2005）、林文莉（2009）進行幼兒書寫萌發的個案研究，從初始的探索性研究即持續與文獻中的讀寫萌發理論對話，因而對讀寫理論與實務之間的連結產生研究的興趣和動機。

質性研究問題的形成，一方面源自研究者對自身經驗的感知，另一方面也可能是對於文獻中理論概念的探討和質疑。例如前述倪鳴香（2004a）

從事本土化幼兒教育傳記研究，根源於自身幼教實務工作與西方文獻理論運用上矛盾的覺醒，對照臺灣幼師專業成長故事的對話與西方文獻中幼師線性式專業發展階段理論，察覺普世性齊一式的教師發展論，可能忽視個別主體的獨特性和在地的文化社會特性，因而激勵自己進入臺灣在地的幼兒教育傳記研究途徑。

又例如前述 Griffith 與 Smith（2005: 2-3）探究母職為學校教育工作，感知自己的母職經驗曾處於學校支配統御關係的社會體制（institution），採用建制民族誌（institutional ethnography），以社會關係為研究重點、立基於人們的日常生活經驗和知識觀點，連結至系統性的社會體制與社會權力關係，研究問題的形成思路是從研究者自我的母職經驗出發，納入研究中其他母親的母職工作經驗，並連結至文獻中有關母職、女性、學校教育、社會階級的不平等歷史軌跡，探究母職日常生活經驗定位在社會權力的關係地圖，辨識家庭與學校組織體制之間如何塑造不平等的現象。

參照文獻中有關理論運用於研究的設計與發展，可能提供更寬廣的研究視野，例如創業實作課程如何產生學習的研究（王致遠、蔡敦浩、吳孟珍、李至昱，2017），依據文獻中的實踐理論（theory of practice）和創制研究法（enactive research）為研究基礎，開展在大學企業管理研究所碩士班進行創業實作教學的研究視野，實踐理論主張創業就是實踐，以自身行動來創制環境和創造機會，創制研究法是一種應用於創業的互動研究，創業學習發生於日常生活實踐中，研究者親身加入學習者啟動的創業歷程，讓學習者透過義賣二手貨的情境實際經驗反思創業的歷程，研究者取得創業內部人觀點，瞭解創業者如何在日常生活進行各種創意活動並產生學習。

質性研究問題形成與發展的思路上須靈活運用文獻，用來擴展研究問題的概念和可能方向，同時也須注意避免被文獻所限制和束縛，運用文獻的方式必須是反覆深入研讀、探討和質疑，批判性地反思自身的有關經驗以及在現場的所見所聞，是否或如何與文獻中的理論概念有所關聯，如有

所關聯則可能引導研究者從大處著眼，看見研究問題概念更為寬廣的研究方向，並從小處著手，開始仔細地蒐集與研究問題有關的資料。

參、研究場所和參與者

　　質性研究設計的方法部分，須考量資料蒐集單位的層級和數量，資料蒐集單位是指研究的場所或參與者，一個研究的資料蒐集單位常包含一個以上的層級，其中分為較廣大的層級和較窄小的層級，層級的大小區分是相對性的，例如在一個研究中，社區是較廣大的層級，社區內的場所則是較窄小層級，而在另一個研究中，場所成為較廣大的層級，場所內的人們則是較窄小層級；研究中每個層級可能有不同數量的單位，例如研究中較廣大層級是一個單位（如某一個場所），較狹小層級則是一個以上的多個單位（如同一個場所的多位參與者），資料蒐集的單位及其數量、單位層級間的關係、以及層級與研究主題的關係，都是質性研究設計需要考量的議題（Yin, 2016: 91-93）。

一、研究的場所

　　質性研究的資料蒐集單位如是指特定的場所，研究者選擇何種場所及幾個場所，即決定了資料蒐集的範圍。參照民族誌研究的循環周期，研究者開始選擇一個研究方案時，即須考慮研究的範圍，民族誌的研究範圍可從鉅觀民族誌（macro-ethnography）到微觀民族誌（micro-ethnography），圖 2-5 由上而下顯示由鉅觀至微觀民族誌研究的不同層級社會單位，亦即顯示資料蒐集單位由較廣大層級至較窄小層級之間的關係。

　　圖 2-5 由上而下列舉研究的各個社會單位，研究主題如以臺灣的都市生活為例，臺灣的某一個都市就是一個複雜的社會，可在這整個都市進行鉅觀的研究，複雜的社會之下包含不同的多樣社區，接著多樣社區之下的某個單一社區，單一社區之下又包含多樣的社會機構（如學校、醫院、銀

研究的範圍	研究的社會單位
鉅觀民族誌	複雜的社會
↑	多樣的社區
	單一的社區
	多樣的社會機構
	單一的社會機構
↓	多樣的社會情境
微觀民族誌	單一的社會情境

圖 2-5　民族誌研究的社會單位

（資料來源：Spradley, 1980: 30）

行、公司、教會等機構），接著如學校這個單一機構又包含多樣的社會情境（如不同的班級教室情境），而每個班級教室則是單一的社會情境，可在某個班級教室進行微觀的研究。又例如，同樣是有關兒童讀寫的研究，研究者可依照研究興趣和研究問題，選擇在單一的社會情境（如家庭）、單一的社會機構（如學校）、單一的社區、兩個以上多樣的社區，進行下列兒童讀寫的研究，這些研究實例分別顯示資料蒐集單位層級間的關係以及層級與研究主題的關係。

　　在單一社會情境的家庭進行兒童讀寫的研究，例如宋慶珍（2005）和林文莉（2009）都是在自己的家居生活情境探究幼兒的書寫萌發，宋慶珍觀察姪子三歲至四歲三個月期間，在家探索書寫的外在型式和運用書寫的原則和概念，林文莉探究兒子四歲到六歲五個月期間，在家庭自然情境中書寫萌發的現象，以及研究者身為母親陪伴兒子書寫萌發的方式、想法與省思；這兩個研究資料蒐集的較廣大層級是一個家庭，較窄小層級是一位幼兒和母親。

　　在單一社會機構的學校進行兒童讀寫的研究，例如 Blazer（1986）在

一所實施非正式取向寫字方案的幼稚園，進行一個學年的民族誌研究，探究五歲幼兒在自發探索寫字過程中，與同儕互動談論所寫的字和寫字探索之間的關係，以擴展有關幼兒學習寫字與社會互動脈絡的理論洞察力；這個研究資料蒐集的較廣大層級是一間學校，較窄小層級則是教室裡的多位幼兒。

在單一的社區進行兒童讀寫的研究，例如 Zborowski（1955）描述分析東歐一個猶太社區的兒童在家裡和學校讀書的現象，包括在家裡與父母共讀和學校教師的教學方法。研究顯示讀書識字不僅是溝通表達自我的日常生活事件，更是社會地位和文化延續的象徵；這個研究的資料蒐集單位有三個層級，最廣大層級是一個社區，接著較窄小層級是社區裡的多個家庭和學校，最窄小層級則是家庭裡多數兒童及其父母和學校教師。

在兩個多樣的社區進行兒童讀寫的研究，例如語言人類學學家 Heath（1986）進入美國兩個勞工階層的白人社區和黑人社區，在社區及其家庭和學校觀察人們在生活和工作中使用文字的方式（ways with words），以瞭解兩個社區居民日常讀寫的生活情境和讀寫的方式；這個研究最廣大層級是兩個社區，接著較窄小層級是社區裡的多個家庭和學校，最窄小層級則是社區的居民、兒童、和學校教師。

二、參與研究的個案

質性研究常進行個案式的研究，有特定界線的研究個案（case）可泛指社會文化中的個人、角色、群體、社區、組織、國家、政策，也可指某個空間環境或場所、某個時期發生的事件或過程等，這些人事時地物的案例是研究的分析單位，主要須根據研究目的和問題，界定個案的概念性質、社會規模、物理位置、和時間範圍（Miles et al., 2020: 24-26; Yin, 2014: 31）。個案研究設計依照研究的個案數，分為單一個案設計（single-case designs）和多重個案設計（multiple-case designs），如研究者聚焦於探究某一個場所或一位參與者，即是進行單一個案研究，如探究兩個或更多的

場所或參與者，即是進行多重個案研究（Yin, 2014: 50）。如前述民族誌研究的社會單位（見圖 2-5），單一的社會單位即屬於單一個案設計，複雜和多樣的社會單位即屬於多重個案設計。

　　單一和多重個案研究還可進一步依照研究的分析單位分為整體的（holistic）和嵌入的（embedded）兩種研究設計，而分別形成四種不同的設計類型，包括：單一個案整體（single-case holistic）設計、單一個案嵌入（single-case embedded）設計、多重個案整體（multiple-case holistic）設計、多重個案嵌入（multiple-case embedded）設計（Yin, 2014: 50）；單一個案整體意指單一個案即是整體的分析單位，單一個案嵌入意指單一個案嵌入兩個或更多的分析單位，同樣地，多重個案整體意指兩個或更多的多重個案即是整體的分析單位，多重個案嵌入意指多重個案中的每個個案又分別嵌入兩個或更多的分析單位。

　　如研究目的著重於探究個案的整體性質，即採行整體的個案研究，如果顧慮整體的研究可能缺乏足夠清楚的資料，且研究個案原就含有次級的分析單位，即採行嵌入分析單位的個案研究，集中心力探究每個分析單位的細節。但要注意的是，採行嵌入分析單位的個案研究，探究每個分析單位之後，基本上還是需要回歸整合研究目的所針對的個案特質。例如，鄭曉楓（2018）以幸福理論模式探討高齡者進修碩士學位過程中所經驗的幸福內涵，選取十三位五十五歲以上碩士研究生為參與研究的多重個案，幸福理論的五個元素（正向情緒、全然投入、正向關係、意義、成就）作為嵌入的分析單位，即屬於多重個案嵌入設計，研究透過個別深度訪談十三位個案蒐集資料，分析每位個案資料的幸福元素，形成十三份單一個案報告，再進行跨個案分析，串聯相關文本，持續修訂幸福元素的定義和解釋，以建構高齡者進修碩士學位的幸福圖像。

　　質性研究設計較廣或較窄層級的資料蒐集單位以及個案的數量，一方面取決於研究目的和主題，另一方面也需要考量實務的可行性。一般而言，針對相同的研究主題，多重個案研究比單一個案研究更具有說服力，

多重個案研究可對照比較跨個案之間研究結果的同異，例如前述 Heath（1986）研究美國兩個勞工階層白人社區和黑人社區，可對比兩個社區人們在生活和工作中使用文字方式的異同，研究發現兩個社區的居民使用讀寫的方式，分別有其不同的傳統目的和功能，這種傳統又不同於另一主流階層人們讀寫的方式，而主流階層一直主導著社區的學校教育，因而顯示兒童讀寫學習在社區生活、家庭生活，和學校教育之間的脈絡關係。

　　研究者進行較廣大層級單位的多重個案研究，需要投入更多的時間、心力、資源才可能完成，如有研究時間或資源的限制，務實的可行方式是分次採行多重個案研究，即先完成第一個單一個案研究，如有顯著意義的研究結果，再考慮進行後續的第二個單一個案研究；至於較窄小層級單位的研究個案數量，則須考慮研究主題的複雜性和資料蒐集的深度，如是針對複雜的研究主題，單一或少數的個案研究較可能蒐集到有深度的資料，個案數量多至數十位的多重個案研究，則可能蒐集到大量而較為淺層的資料（Yin, 2016: 96-98）。因此個案研究設計可保持彈性，先從單一或兩個個案研究開始，再參酌現場和參與者情況以及研究的時間和資源，逐漸增加個案的數量。

三、個案的選取與特性

　　質性研究個案的選擇，主要是選取能符合研究目的和研究問題的案例，一方面考量透過什麼路徑和方式來選取，另一方面考量選取什麼樣特性的個案，以達成研究目的和回答研究問題。

（一）選取的路徑

　　質性研究個案的選取路徑，關聯到研究問題形成與研究現場選擇之間的前後順序（Jorgensen, 1989: 29-32）：

　　1. 從問題到現場：意指研究者進入研究現場之前，對於想要研究的問題多少有些一般的概念或想法，這個問題可能來自於研究者個人的興

趣、某個抽象的知識或理論、或是其他研究尚未發現的主題,研究者參照這個問題的初始概念,選擇其認為適合的研究場所,並帶著這個預擬的問題進入現場,但是對於研究問題與現場的適合性保持開放的態度,預期原預擬的問題或初始概念可能並不適合此現場,而可能需要另外尋找研究場所。

2.從現場到問題:意指研究者原來沒有研究的具體想法,而是在自己的生活或工作中,隨著自然而來的機緣,曾經到過某個現場或接觸某些人,從中逐漸發展出研究的興趣和問題。

比較上述兩種前後順序,從問題到現場,是研究者先對某個問題感興趣,想要瞭解這個問題是怎麼一回事,而特意去選取研究的場所和對象;從現場到問題,則是研究者隨著偶發的機緣或彈性的機會遇見某個場所或某些人,對這個場所或這些人感興趣,想瞭解這裡或這些人究竟發生了什麼事,依循著研究的線索發展出研究問題,而選擇針對這個現場或人們進行研究,這種情形就如同前述研究開始於研究者所在之地。

(二)選取的方式

上述從問題到現場的路徑,朝向採行目的性的立意取樣(purposive sampling),即特意去尋找和選取最可能獲得豐富資料以回答研究問題的場所和參與者;從現場到問題的路徑,則朝向採行機遇取樣,隨著自然的機緣或機會遇見某個場所或某些人,引發出研究的興趣和問題,而選取這個場所或這些人為研究樣本。

研究取樣不論是從研究問題出發或是從研究現場出發,研究個案和研究問題總是需要相互契合,也都須注意避免流於方便取樣,也就是避免取樣只是因為其省時、省力、容易取得資料的便利性,而未再加確定此樣本確實符合研究目的或具有研究意義,研究取樣如只是取其方便性,將無法正確選出適合研究題旨的樣本。

　　當進行多重個案研究時，立意和機遇取樣可能兩者並行，例如開始先是經由機遇取樣發展出研究問題，再透過立意取樣尋找更多適合研究的樣本，而如果立意取得的樣本數量過多而難以處理時，亦可採用簡單隨機抽樣的方式抽取研究需要的樣本數，以減低研究者自己立意選擇判斷的偏誤。多重個案研究需要尋找較多樣本時，可採用滾雪球取樣（snowball sampling），意指先找到第一個或少數幾個符合研究目的的樣本，再請已有的樣本介紹或引薦適合研究的更多新樣本，就像滾雪球一樣越滾越大，累積更多可選擇的樣本，再參照研究目的決定取樣（Yin, 2016: 93-95）。研究者採用滾雪球取樣的方式，可透過自己的生活或工作人脈，經由老師、同學、同事、朋友、家人或親戚等的介紹或引薦，滾雪球式地接續認識更多可能適合研究的樣本，再從中選取確實適合研究的樣本。此外，亦可透過報刊或網路公開徵求自願參與者，再從中選取適合研究的樣本。

　　質性研究取樣可運用多種方式和管道，選取與研究目的契合的個案或樣本，例如莊邠如（2018）進行幼兒家長選擇共學團體信念的研究，研究目的是要瞭解幼兒家長選擇共學團體的想法、參與共學團體活動的行為、以及對子女的教育期待，選取七位參與共學團體的幼兒家長以及三位共學團體的創辦者進行訪談；選取這些研究對象的方式是透過多媒體平台，例如：親子雜誌、相關協會網站、通訊軟體（Line）、臉書（facebook）等獲得共學團體的相關資料，並且請身邊友人協助找尋相關的研究對象，採用滾雪球的方式，經由最初找到的第一位研究對象的引薦和協助，認識更多符合研究目的的幼兒家長和共學團體創辦者，選取幼兒家長的考量重點，包括：家長沒有為子女選擇進入幼兒園就學、參加共學團體滿半年以上、以及具有高度意願參與研究和接受訪談（31-33 頁）。

（三）個案的特性

　　質性研究選取的研究個案，基本上須具有與研究目的和問題有關的特性，以達成研究目的和回答研究問題。例如以學校為研究場所，場所的特

性包括所在位置、校史長短、規模大小等，如以教師為研究參與者，教師
的特性包括性別、年齡、年資、任教的學校類型或年級等。歸納而言，質
性研究設計參照研究目的、研究問題、和概念的架構選取研究個案，主要
考量單一個案或多重個案的下列特性（Maxwell, 2013: 98-99; Yin, 2014:
51-53）：

　　1.**一般型**：屬於一般類型、平均水準、或代表大多數情況的個案，
例如班級內成績中等、身心發展表現一般水準的學生，或是學校日常進行
的例行活動。

　　2.**極端型**：位於極端情況或表現的個案，例如班級內成績最高或最
低的學生、身心發展表現極為特殊的學生，或是學校突發的異常事件。

　　3.**獨特型**：具有某方面獨特表現或事蹟的個案，例如任職年資長達
四十年的資深教育或社會工作者、曾獲獨特獎章表揚的獲獎者、或是某個
領域的典範人物。例如陳蕙芬（2019）探究高度機構化的教育場域，創新
者如何以柔韌設計（robust design）化解機構阻力以推廣創新，選取臺灣
小學教育知名的教育創新代表人物為個案，個案範圍還包含其帶動成立的
線上備課社群、開發的教學輔具與其團隊其他老師，研究採用實務觀點深
入學校的教學與學習實務，探索機構帶給教師在教學準備與教學實行的創
新阻力，以及個案老師如何運用物件（教學案例、平台與輔具）來化解此
機構阻力，達到創新採用、擴散與對學習者的教育效果。

　　4.**關鍵型**：個案能提供先前未曾研究或無法研究的關鍵資料，此資
料具有最大範圍的應用性，例如倪鳴香（2009）探究幼稚園教師職業角色
的自我創化，先以滾雪球方式，採訪三十二位臺灣各地工作年資十年以上
仍在職的幼師，因關注幼師職場人事流動現象的研究興趣，挑選了其中一
份極具遷移性性格的文本作為研究對象，文本中這位幼師敘說她在十四年
幼師生涯中換了十個工作場域的故事，呈現臺灣幼師職業史的變遷圖像。

　　5.**理論型**：適合用來測試或擴展某個理論的個案，例如賴美玟

（2007）探究幼兒假扮遊戲呈現心智理論的內涵，選取一位年齡四歲半的幼兒為個案，是因為根據研究文獻，幼兒在四歲至五歲期間的心智理論理解能力上有躍升的現象，且因為在幼稚園初步觀察到這位幼兒假扮遊戲的數量及種類相當多元，適合作為測試心智理論與假扮遊戲關係的研究個案，藉以看到心智理論能力正在發展且躍升的幼兒，玩假扮遊戲時推論自己和他人心理狀態的情形。

6.**同質性**：選取特質相同或極少變異的多重個案，特質可指性別、年齡、教育、職業等，著重於探究有關此特質的群體對某項議題的看法，例如國內會計教育改革與創新的專案研究（李書行、王澤世、戚務君、薛富井、蘇裕惠，2018），參與團體訪談的成員職業都屬於會計領域，都熟悉會計的共通語言，包括會計師事務所的專業合夥人、人資長、企業財會主管、國內大學會計系系主任，以彙集會計從業人員對會計教育革新的意見和看法。

7.**最大變異性**：先界定研究個案的特性可能有關的各種最大變異（maximum variation），例如有關場所、人們、時間、地點等最大變異的異質特性，以有系統的方式選取各種不同變異類型的多重個案。例如，朱麗玲與郭丁熒（2019）探究一位初任校長成為一位專業校長的修為，從中找尋專業治理性的內涵以及在專業發展中自理性的發展，參與研究的八位教育人員，年齡和年資分布於老年、中年和青年，服務學校分別為大型、中型和小型的學校，即是選取年齡、年資、學校類型各有不同變異的參與者。Eriksson、Boistrup 與 Thornberg（2018）探究瑞典小學教師在教室的回饋理念，選擇參與研究的教師之間進行了最大化變異（maximise variations），即盡可能尋找不同經驗、背景、任教學校的教師，選取的十三位小學教師（十位女性和三位男性），分別在十一所不同的學校任教四至四十年，任教學校分別位在八個不同的區域，有些任教於較大型的市區學校，其他則分別任教於小型的郊區學校、低社經與混合社經區域的學校、學生群體種族混合的學校、或是學生幾乎都不是少數族群背景的學

校，訪談這些教師回饋學生的理念，是依據不同社經、種族、地理位置多樣變異的學生群體，藉以發現來自廣泛脈絡的教師在教室常有的回饋理念。

8.**可比較型**：選取的個案可作相互比較，或是相同個案隨著時間變化的比較，或者是跨個案的多重個案比較，選取可比較型的個案進行比較研究，亦可支持研究結果的效度（Maxwell, 2013: 129）。選取在不同時間點探究的相同個案，著重於比較個案隨著時間階段的前後變化情形，例如戴芳煒與蔡敏玲（2013）探討金門縣一群兒童從幼稚園大班到小學一年級與老師共讀圖畫書，回應討論問題的思考脈絡在這兩年間的展現與轉變，以及老師在共讀活動中帶領和提問及回應兒童的方式。選取跨個案比較的多重個案，著重於相互比較個案特性展現的異同，例如筆者比較兩位幼稚園園長教室觀點的研究（黃瑞琴，1991b），選取這兩位園長作為研究參與者，是經由現場的初步訪視和觀察，覺察她們對於辦學的談話以及兩個園的教室生活呈現相對不同的取向，因而引發比較兩位園長教室觀點的研究主題。

9.**內部推論性**：質性研究選取某個場所或人們進行研究，研究結果雖不強調推論到個案以外的其他外部場所或人們，但可考慮研究結果在個案內部情境中的推論，即所謂內部推論性（internal generalizability）（Maxwell, 2013: 137）。如考慮研究樣本的內部推論性，即須瞭解研究情境和個案有關研究問題的變異，例如李璧岑（2015：76）在自己任教的幼兒園班級探究幼兒參與閩南語兒歌活動的經驗，為了瞭解個別幼兒的經驗課程而採取個案研究，先請班上幼兒家長填答「幼兒家庭語言背景問卷」，以瞭解班上幼兒家庭本土語言背景的變異，調查結果顯示班上大多數幼兒的家庭本土語言是閩南語和客家語，因此選取班上兩位個案幼兒分別具有閩南語和客家語的家庭語言背景，預期針對這兩位在班上具有基本代表性的個案研究結果，可推論到班級內部其他未參與個案研究的大多數幼兒。

（四）機動的選取過程

　　如同質性研究設計是彈性的動態過程，研究個案的選取也是機動的選擇與抉擇過程，在取樣過程中需要相互考量上述選取的路徑方式和個案特性，以選取與研究興趣和目的相互契合的個案。例如，許惠茹（2009）運用詮釋現象學為研究方法，探究國中三年級學生考試經驗的意義與本質，採取立意取樣，選取南部某一所國中為研究場域，這所國中相當重視學生的升學考試，例如由行政所安排的國三學生基測模擬考就有十次之多，每年的第一志願錄取率，均是學校年度招生與家長選擇學校的重要指標；為了取得回應研究問題的豐富資料，不限定研究對象的選取，公開徵求校內對考試有特殊經驗或感受的國三學生參與研究，共計招募六名學生參與研究。

　　筆者比較兩位幼稚園園長教室觀點的研究（黃瑞琴，1991b），是隨著在兩所幼稚園訪視的機緣，開展一段機遇取樣的歷程。研究中的一位園長，原就是筆者熟識的幼教前輩，曾經常去她興辦的幼稚園拜訪和學習，對於園長常用自己的語法敘說辦學心路歷程的談話方式，留存著很深刻的印象。研究中的另一位園長，則是筆者因公務需要去訪視該園而認識。訪視時看到該園教室貼著許多字卡，似乎頗適合當時預擬的幼兒讀寫研究方向，徵得園長的同意而進入該園觀察幼兒的文字經驗，在該園觀察期間，園長常主動談起她辦學的經驗和對於教學的想法，隨著在該園觀察日久，筆者逐漸察覺園長談到教室的時間分配、空間布置和幼兒活動時，所使用的語言和關切的焦點與前一位園長有相對不同的取向，因而邀請這兩位可比較教室觀點的園長參與研究。

　　倪鳴香（2004b）以生命史觀探究幼兒教師童年經驗與職業角色的形成，研究目的為探討幼師童年經驗如何影響其踏上幼教之途，選取資深幼師為資料採集對象，以滾雪球方式，由熟識介紹願意接受採訪分布在臺灣各地年資達十五年以上的幼師，研究採樣不僅考量童年經驗之研究，亦希

望包括後續職業專業認同歷程之研究，研究者依據過去十年採樣的經驗，通常年資七年以下的幼師職業口述資料，尚缺乏足以探究專業認同歷程之內涵，因此採樣設定在年資十五年以上的幼師；研究者採訪了二十一位資深教師及園長的職業生命傳記作為研究的母樣本，經閱讀每份敘述內容比對後，依據童年經驗之研究目的，選取口述內容包含童年影響經驗的樣本十三份，再依文本敘述意義的獨特性，分次選出具差異性的樣本進行分析，最後篩選出四個分別在家庭、學校、社會文化及母職教師具典型代表性的案例進行文本意義詮釋，本研究取樣依據研究目的需要，可說是由研究初始延續至資料蒐集與分析詮釋過程，由研究個案的選取延續至文本資料樣本篩選過程。

　　複雜的社會中總是有很多場所和人們值得被探究，質性研究者選取研究的個案，還需要確定自己主觀的研究興趣和能力以及衡量研究場所的客觀狀況。研究者需確定自己對於研究個案有足夠的興趣，願意投入時間和心力去瞭解他們，但有時也不需要固著於原先的研究興趣，可在現場持續探尋研究的可能性，修訂原有的期望或改變原來的研究設計；研究者還需評估自己的研究能力，確信自己有能力在現場有效獲得想要的資料，通常在較大型或較多數的研究場所需要具備較多的研究經驗和能力，因此初學的研究者可先選擇單一和較小型的場所。另一方面，研究者也需考量研究場所的實際狀況，例如場所位置最好不要離住家太遠，以免花費太多來回往返的時間，而影響密集進入現場探究的次數，並且初學的研究者最好選擇較為開放或較容易進入的公眾場所，避免選擇較為封閉和較難接近的私人場所（Bogdan & Biklen, 2007: 56-58; Jorgensen, 1989: 12-13, 40-50）。

四、跨文化的建議

　　研究者選擇在自己熟悉的生活或工作場域作研究，通常較容易選取研究的場所和參與者，然而如從民族誌的文化觀點看，研究者要學習某個場所的文化，須避免將現場的每件事情都視為理所當然，如果研究是針對原

已熟悉的文化情景，研究者更需要有高度的自覺。初學的教育研究者如想激發自己對於教育文化的覺知和敏感度，需先超越自己從小即長期身處其中的學校教育體制，可先選擇在正式學校以外的場域作探索性研究，透過這樣不同的研究經驗和體驗，再回頭來探究正式的學校教育，將可能促使自己重新覺知學校教育的潛在意義。這種跨越不同文化場域的經驗，就像民族誌強調的跨文化經驗，居住在外地或外國一段時間，經歷不同文化間的洗禮和衝擊，文化觀念隨即變得意義非凡，有助於瞭解當地人們主要的想法、價值觀和行為，也能促使反思自己原有的行為和信念，對於文化的意義產生新的自覺（Fetterman, 2010/2013: 43-44）。

　　跨文化的經驗可能擴展教育研究者的文化觀點和視野，例如筆者曾在美國修讀三門教育人類學的系列課程（黃瑞琴，1996），首先修課學生必須修讀「教育的人類學觀點」，這門課的指定閱讀書籍是描述原始社會生活的人類學著作，期以啟發學生思考教育在人類社會的原始意義，並能質疑在沒有學校、沒有老師的原始社會，是否有教育在進行或如何進行；接著修讀第二門課「人類學與教育」，指定閱讀的書籍是民族誌教授Spradley 與 McCurdy（1972）指導大學生所作的民族誌報告，書中呈現美國複雜社會的各種文化場所、情景、現象，包括：珠寶店、初級中學、一個班級、老人公寓、廚房、宗教團體、竊車集團、打獵集團、飛機上的空中小姐、消防隊員、兒童遊戲和搭便車等，藉由這本書引導修課學生體認人類社會的每個場所、每件事情、或每個人都不是理所當然地存在，每種日常情景和現象皆有其形成的本土內在觀點；最後修讀第三門課「教育人類學研究」，每個修課學生必須實地作一個初步的研究，而且必須到學校以外的社會場所，或是找個與學校教育沒有直接關係的參與者，並特別鼓勵學生尋找與自己的社會文化背景不同的研究場所或對象，藉以學習和發展更加廣闊和敏銳的教育文化觀。

　　人類學家Lancy（2015/2017）從民族誌的文獻檔案挖掘有關童年本質的洞見，發現不同文化環境中對兒童有三種不同的看法：視兒童為寶貴的

天真可愛小天使（cherubs）、視兒童為有商品化實用價值的私人財產（chattel）、視兒童為暗中被偷換而留下的醜陋小孩（changelings）；從不同文化的三個童年觀點探究家庭結構與生殖現象、兒童的照顧者、兒童受到的待遇、兒童的遊戲、兒童的工作、兒童的學校教育、和兒童轉型為成人的過程，顯示童年本質在不同文化中存有巨大差異，現代富裕社會視兒童為天使的幼兒至上觀點，與人類學家研究其他社會而闡述的童年觀形成強烈對比；如採取人類學的觀點看待童年，兒童的學校教育就會顯得非常古怪，正式學校許多特色都與兒童學習的慣常方式恰恰相反，兒童原有的紛繁學習渠道都被現代的學校取代（Lancy, 2015/2017: 31）。兒童教育工作者面對童年在不同文化的不同本質，需要在工作中敏感覺知兒童所處文化情境中家庭結構和學校教育的童年本質；同樣地，教育研究者面對文化多元的臺灣社會情境，每個場所或個案都可能蘊含不同的文化意義和教育本質，有待教育研究者開展多元文化的視野，敏感覺知和探尋有待研究的各種各樣場所和個案。

肆、研究倫理與研究檢核

質性研究是研究者與參與者互動和對話的過程，前述互動的研究設計之方法要素即包括建立與參與者的關係，人際之間互動關係涉及道德、權利、責任的倫理議題，研究的倫理即是指研究者和參與者之間道德、權利、責任的相互關係；另一方面，互動的研究設計之效度要素，著重於處理研究過程中可能的特定效度威脅，因此研究設計亦須考量研究的檢核。

一、研究的倫理

在日常生活中，人們經常會碰到一些微妙的、瑣細的倫理道德情境，例如：我是否可以因自己的需要而有意地去親近一個人呢？當我看到某些我認為不太合乎情理的人或事情時，我該有怎樣的反應呢？我不斷探問別

人的事情是合乎道德嗎？質性研究者進入一個場所進行長期的觀察和訪談，與現場人們之間需要發展一種長期的、密切的、彼此信任的關係，在這樣的互動過程中，人際之間許多微妙倫理的課題常會彰顯出來（黃瑞琴，1990b）。

質性研究整個過程都可能產生有關研究場所和參與者的倫理議題，例如在研究開始前，須告知參與者有關研究的目的或焦點，獲得參與者同意及簽署參與研究的同意書，並預先體察和回應特定參與者的身心需求；在蒐集資料時，須告知參與者將如何使用所蒐集的資料，在資料中使用匿名以保護場所和參與者的隱私，並謹慎保存資料以免資料外洩；分析資料時，邀請參與者檢核所分析的結果確實反應其觀點；發表或出版研究報告時，使用適當且無偏見的語言文字，誠實報告從資料中獲取的研究發現，提供參與者研究報告的副本作為回饋（Creswell, 2016: 51-52; Flick, 2014: 58-61）。這些研究過程中的基本倫理，亦是質性研究設計需要考量的要素內涵。

二、研究的檢核

為確保質性研究歷程和研究結果的品質，研究設計需考量研究檢核的標準和施行方法。

（一）檢核的標準

參照第一章所闡述質性研究的理論觀點導向和方法取向，本節選取較適用於質性研究方法論的檢核標準，主要是針對研究結果可被相信或被信任的效度（validity）、可信性（credibility）、信實性（trustworthiness）；效度是前述互動研究設計的要素之一，意指研究的描述、解釋、詮釋、結論的正確性或可信性，而不是指可被比較之任何客觀事實的存在（Maxwell, 2013: 121）；一個具有可信性的研究，是研究者能適當正確地蒐集和解釋資料，使得研究發現和結論準確呈現所研究的世界（Yin, 2016: 85）；至

於研究的信實性，主要關注讀者（包括研究者自己）能夠接受研究發現值得被信任的說服力（Lincoln & Guba,1985: 290）。歸納而言，質性研究標準的效度、可信性與信實性，都直接意指研究資料的蒐集、描述、詮釋、和結論，具有確實可被相信的研究品質。

進一步分析信實性的標準內涵，Lincoln 與 Guba（1985: 37）提出信實性是根據自然主義派典（naturalist paradigm）的下列觀點：現實（reality）是多元、被建構、和整體的；求知者與被知者是互動和不能分離的；唯有時間和脈絡中的假說是可能的；所有實體（entities）都是相互同時形成的狀態，不可能區分其中的因果關係，探究會涉入研究者的價值；根據自然主義派典建立信實性的四個標準包括：可信性（credibility）、可遷移性（transferability）、可靠性（dependability）、可確認性（confirmability）（Lincoln & Guba,1985: 301-328）。

這四個信實性的標準，亦是建構論探究強調的研究品質標準，簡要而言，可信性意指研究者真實呈現研究參與者的多元觀點，研究結果是可以信賴的；可遷移性意指對於研究場域和參與者作有效的厚實描述，讓讀者得以評估研究情境與其自己所類推或所處情境的相似程度，由讀者來決定研究結果可遷移至其他相似情境的可能性；可靠性意指研究者蒐集和處理資料的方式嚴謹而可靠，取得和參與者情況高度一致的可靠性資料；可確認性意指研究結果確實根據所蒐集的資料並與資料有密切連結，研究過程獲得可確認的社會現實（Guba & Lincoln, 1989: 236-243）。

（二）檢核的方法

依據前述互動的研究設計模式，研究者可參照研究目的、概念的架構、研究問題和方法，擬訂增進研究效度的檢核方法，包括：密集的長期參與、蒐集豐富的資料、尋找和分析矛盾和反面案例、參與者查核、尋求回饋意見、三角檢測等（Maxwell, 2013: 126-129; Silverman, 2005: 209-226）；增進研究信實性的檢核，主要是以長期投入、持續觀察、三角檢測、同儕

簡報、反面案例分析和成員檢核，加強研究的可信性，以深厚描述加強研究的遷移性，以詳細記錄研究過程加強研究的可靠性和可確認性，以及透過研究者撰寫反思日誌對研究信實性作綜合的反省思考（Guba & Lincoln, 1989: 236-239; Lincoln & Guba,1985: 301-328）。以下歸納有關研究的效度與信實性基本上相類似的檢核方法，可納入研究設計並落實於整個研究過程：

1. **長期投入現場**：研究者需有長期充足的時間參與現場，和參與者緊密地相處互動，進行持續不懈的現場觀察或訪談，對於現場情況和參與者產生完整和深度的瞭解。

2. **豐富的資料與厚實的描述**：蒐集豐富、多樣、完整的資料，厚實描述現場和參與者的情況，藉以全面參照和支持資料的分析和解釋。

3. **尋找與分析反面案例**：尋找的反面案例（negative cases），是指資料中呈現相互矛盾的事例或不符合多數類型的例外事例，研究者採取對立的思考、質疑的態度，駁斥的原則，對照分析和持續思考這些反面案例可能有的意義。

4. **參與者回饋和成員檢核**：將資料的整理記錄、分析資料的結果和寫成的報告初稿，透過參與者回饋（participant feedback）和成員檢核（member checking），商請研究參與者回饋資料的描述和分析詮釋是否明確呈現其觀點和想法，或商請現場成員檢核有關現場人、事、物的資料記錄和研究發現，再參照他們提出的回饋與檢核意見，釐清資料的描述和分析詮釋可能有的偏差和誤解。

5. **同儕評論和外部審查**：採用同儕評論（peer review）或同儕審視（peer debriefing），請熟悉研究主題的同儕參與分析相同的資料，或評論審核研究的潛在弱點和缺陷，以減少研究者個人的偏誤並協助改進研究；或是採用審查跡證（audit trail），研究者詳細記錄資料蒐集和分析的步驟、細節和想法，讓其他外部研究者可藉由檢視這些研究跡證的記錄，進

行整個研究過程和結果的外部審查（external audit），將這些審查蹤跡的記錄放在研究報告中，亦可讓閱讀報告的讀者，用來參考決定研究結果對其他相似情境的遷移性。

6.**三角檢測法**：此法是源自於航海測量和軍事調查的三角檢測法（triangulation），是根據三角學幾何學的原理，三個不同參照點的交叉能用來測量一個物體的精確位置；質性研究引用三角檢測法的不同參照點，意指研究者針對同一個社會現象，可運用兩種以上的多重觀點交叉檢視與查核研究過程，藉以盡可能避免探究的偏誤和研究者個人偏見，增進研究結果的正確性（Jick, 1983）。三角檢測法主要是以多重觀點作多重檢測或交叉查核，可採用下列方法、資料來源、理論、研究者的檢核方法（Denzin, 1989）：

(1)方法：在一個研究中使用多重的方法探究同一問題，例如使用觀察、訪談、蒐集文件等各種方法（見第三章「蒐集資料」的方法）。

(2)資料來源：在一個研究中使用某一種方法時，用來取得不同的人、時間、地點、事情等多種來源的資料，例如使用訪談法時，訪談不同的人、在不同的時間或地點進行訪談、訪談不同的事情等。

(3)理論：採用研究有關的多種理論觀點或概念架構，分析資料和詮釋研究結果。

(4)研究者：由兩位或更多的分析者分析資料及檢核研究發現，或是由多位研究者組成研究小組，每位成員都積極參與整個研究過程。

採用質性研究方法或混合質的與量的方法（mixing qualitative and quatitative methods），方法的三角檢測又可分為兩種檢測方法，一是方法間（between- methods）三角檢測，採用多種且各自獨立的研究方法探究同一個研究問題，二是方法內（within one method）三角檢測，是在同一個

研究方法內使用多重技術蒐集資料,例如使用不同的量表來測量同一個構念(Jick, 1983)。

歸納而言,三角檢測法是運用多種不同的方法蒐集資料,運用一種方法蒐集不同來源的資料,採用不同的理論概念分析詮釋資料,以及多位研究者參與研究。這四個面向的三角檢測可相互建立起全面性的三角檢測,其中不同的研究者可帶來各種理論觀點和方法取徑,不同的方法可帶來多種來源的資料,不同來源的資料又可引發不同的理論概念以分析詮釋資料(Flick, 2018)。

質性研究設計擬使用全面或部分的三角檢測法,還需要考量其研究確實符合下列問題(Flick, 2014: 184-185):

(1)研究議題需要數個方法的取徑嗎?

(2)研究問題聚焦於議題的許多方面或層次嗎?

(3)研究議題具有許多理論的觀點嗎?

(4)需要蒐集不同層次的資料以瞭解研究的議題嗎?

(5)研究的時間和資源容許使用三角檢測法嗎?

(6)可期待研究參與者能接受數個方法(例如被觀察和訪談)嗎?如此多個方法不致於過度挑戰或困擾參與者嗎?

質性研究者無論決定採用幾種三角檢測法,基本上不是用來證實研究發現或驗證研究結果的一致性,而是一種嚴謹的研究承諾,謹慎採用差異化的研究面向,對於資料的蒐集和分析詮釋,取得更多互補和替代性的選項,擴展更多外加的知識和觀點,增進詮釋性研究的廣度和深度,貢獻於提升研究的品質(Denzin, 1989: 235-246; Flick, 2018)。藉由不同的方法、資料來源、理論或研究者而產生的研究結果,有些是一致的或有的是不一致的,其實即呈現人世現象交織著相同或不同的本質,皆具有進一步解析和詮釋的意義。

以上所述質性研究檢核的各種方法,分別是從研究者、參與者、讀者

或評論者的角度著眼，其中三角檢測法、尋找反面案例是從研究者的角度，參與者回饋、成員檢核、長期投入現場觀察是從參與者的角度，豐富的資料和深厚的描述、同儕評論、外部稽核則是從讀者或評論者的角度，如綜合考量研究議題以及研究的時間和資源，通常一個研究可選用二或三種檢核研究的策略（Creswell, 2016: 192-194）。例如前述賴美玟（2007）研究幼兒假扮遊戲呈現的心智理論，選用三角檢測法、參與者稽查、和長期持續的現場觀察來建構研究的信實性（摘引自賴美玟，2007：61-62）：

1. 三角檢測法：研究者在蒐集資料過程中，採用錄影、現場觀察、訪談及文件蒐集等方法，並且之後對各種方法所蒐集的資料交叉比對，以求相互驗證的一致性。並且，反覆閱讀及檢驗小豪在假扮遊戲過程中的逐字稿，深入瞭解他玩假裝遊戲的情境脈絡，並適時修正資料分析的內容，以確保研究資料的正確性及可靠性，另外，在分析每個假扮遊戲事件中所呈現的是何種心智理論內涵時，會尋求一位具有幼兒教育背景及研究經驗的同學一起從事檢核資料的工作，與我一起分析每個事件呈現的是何種心智理論，在兩人各自完成分類之後再一起比對結果，如果有歸類結果不一樣的時候，則會重複討論至最後獲得共識才確認歸類。

2. 參與者稽查：研究者在研究過程中會將訪談或錄影記錄資料交給園長、園裡老師們及指導教授確認資料的正確性，並提供意見作為修改的參考依據。

3. 長期且持續的現場觀察：長期在研究現場做觀察，可幫助研究者獲取更多的資料以茲檢證，研究者從民國九十二年十二月開始進入現場觀察，於九十三年九月退出研究現場，藉由長時間進入研究場域的觀察與訪談，可以獲得更完整豐富的資料，並且增進對研究參與者的瞭解。

（三）研究者的反思

從研究者著眼的自我反思，是綜合上述研究檢核方法的重要機制（Creswell, 2016: 192; Lincoln & Guba,1985: 328），前述互動式研究設計包含五個設計要素，研究者敏銳的反思能力，則可說是促進質性研究檢核的內在元素。

反思（reflection）意指思考形成自己行為的情況，探查個人和理智有關的理論、文化及政治脈絡如何影響研究內容，其影響研究的方式常很難被覺察，研究者的反思即試圖仔細思量自己的思想、觀察及語言使用的前提為何，研究者反思的核心，就是想要覺察社會性地建構自己及建構研究參與者的行動方式，因為意義被建構在行動脈絡中，意義產生於建構的行動（Alvesson & Sköldberg, 2018: 326）。常與反思連結的反身性（reflexive），意指研究者本身即是一種質問形式的後設理論性的反思和應用實踐，藉由反身性持續評估知識與處理知識方法之間的關係，在知識發展的過程中，亦即在經驗素材被建構、詮釋和寫作的過程中，必須謹慎關注不同種類的語言、社會、政治、和理論元素交織在一起的方式（Alvesson & Sköldberg, 2018: 329）。

Patton（2015: 71-72）認為反思可導向瞭解和承認自己的觀點，擁有觀點即發聲貫穿反思，自我反思的聲音是第一人稱（我）主動語態的聲音，不同於學術傳統象徵之第三人稱被動語態的聲音，研究者的反思涉及反身性三角檢測（reflexive triangulation）的覺察，是以反思的螢幕（screens）為中心，透過反思問題進行三個角度的反思（72頁）：

1.**反思的螢幕**：反思的重點包括文化、年齡、性別、階級、社會地位、教育、家庭、政治、語言、價值觀。

2.**三個角度的反思問題**：

(1)研究者本身的角度：我知道什麼？我如何得知我所知的？什麼

形塑我的觀點？我以什麼語態的聲音分享我的觀點？我藉著我的研究發現做些什麼？

(2) 研究參與者的角度：他們如何得知他們所知的？什麼形塑他們的世界觀？他們對我有什麼看法？為什麼？我如何知道？我對他們有什麼看法？

(3) 閱讀研究報告的讀者角度：他們對於我提出的研究報告內容，理解到些什麼？他們如何觀看我所提出的發現？他們對我有什麼看法？我對他們有什麼看法？

　　質性研究設計的開始，研究者就要試著激發自己批判性的反思，例如藉由廣泛閱讀和熟習各種歧異的理論、清空自己原有常識性的預設心思、以及在知識立場上保持彈性，以增進自己反身性的創造力（Alvesson & Sköldberg, 2018: 332）；或由兩位或更多的研究者組成研究團隊，研究者之間具有共通的研究取徑，但各別鑽研不同領域或不同而互補的理論，亦有助於擴展一定程度的反思能力（Alvesson & Sköldberg, 2018: 393）。

　　本節以上所述質性研究的檢核標準和檢核方法以及研究者反思，並非只是口頭宣稱或書面保證，而是需要貫穿於整個研究過程中持續進行和具體落實，接著於第三章蒐集資料、第四章分析資料、第五章撰寫研究報告的有關章節中，分別進一步說明研究檢核和研究者反思的施行細節。

伍、摘要

　　質性研究採取動態的研究設計，將研究目的、概念的架構、研究問題、方法和效度，整合為互動取向的設計要素，研究者可先進行探索性研究，試探研究設計要素並練習探究技巧。質性研究的研究問題常在研究進行中逐漸發展和澄清，研究問題醞釀於研究者個人生活或工作經驗的感知，研究者反覆閱讀和質疑有關研究的文獻，從中學習如何形成更適合的研究問題。

　　質性研究的場所可選在不同大小層級的社會單位，包括：複雜的社會、多樣的社區、單一的社區、多樣的社會機構、單一的社會機構、多樣的社會情境、和單一的社會情境。質性研究依照研究個案數，可分為某個場所或參與者的單一個案設計，和兩個以上場所或參與者的多重個案設計；研究個案的選取路徑，或是從問題到現場，參照某個問題的想法選擇場所，或是從現場到問題，在參與某個現場的過程中發展研究問題；個案選取方式可採行目的性的立意取樣或機遇取樣，選取具有某種特性的個案，其特性包括：一般型、極端型、獨特型、關鍵型、理論型、同質性、最大變異性、可比較型、和內部推論性。建議初學的教育研究者可先選擇在正式學校以外的場域作探索性研究，以激發對於教育文化的覺知和敏感度。

　　質性研究須考量研究的倫理議題以及研究結果可被信任的效度、可信性、信實性，研究品質的檢核方法包括：長期投入現場、豐富的資料與厚實的描述、尋找與分析反面案例、參與者回饋和成員檢核、同儕評論和外部審查、以及三角檢測法，研究者自身的反思是綜合研究檢核的重要機制。

第三章

蒐集資料

　　質性研究是蒐集資料、分析資料、撰寫研究報告循環進行的過程，以下分成三章分別闡述蒐集資料、分析資料、和撰寫報告的方法。本章首先闡述研究者蒐集資料時，如何進入研究現場、如何建立現場的關係，接著闡述質性研究採用的參與觀察、訪談、蒐集檔案和其他資料的方法，最後討論研究的檢核和倫理課題。

壹、進入研究現場

　　質性研究的現場工作並沒有絕對的標準技術，學習現場工作的唯一方式就是進入現場實地去進行（Bogdan, 1983），進入研究現場需要勤勞與耐心，研究者需要與現場的人們磋商，逐漸獲得現場人們的信任和合作，並開始逐步蒐集與其研究興趣和目的有關的資料。如果進入某個現場碰到困難，試著繼續與現場的人們磋商，這其中並沒有一定的準則可供決定何時該放棄某個場所或改換另一個場所，然而為避免盲目地嘗試錯誤，研究者進入某個現場時，可先評估現場的情形和運用可行的策略。

一、現場的評估

　　研究者在接近和進入某個研究現場時，基本上宜先評估研究者自己和現場的關係、現場的性質、現場人們的屬性（Lofland & Lofland, 1995: 22-25; Spradley, 1980: 45-50; Taylor & Bogdan, 1984: 18-20），以及考量多元文化的研究場域。

（一）研究者與現場的關係

　　研究者評估自身介入現場的程度，如果研究者原本就是研究現場的成員，即自然而然地已經進入了現場，例如老師在自己任教的學校或班級進行研究，或是父母親在家裡進行自己孩子的研究，雖然研究者在自己的工作或生活現場進行研究，原本就很熟悉現場的人們，不需要經由進入現場的努力磋商過程，但也可能因為與現場人們距離太近，而將現場發生的事情都視為理所當然，以致無法發展出研究的洞察力，現場人們也可能很難對原本熟識的研究者暢所欲言，在這種情形下，研究者需要做的是和現場保持研究上的適度距離。

　　另一方面，如果研究者原是某個現場的局外人或陌生人，在進入該現場時，研究者需要做的則是縮減彼此的距離，試著和現場人們建立熟悉的關係，雖然研究者需經歷由陌生至熟悉的努力過程，但在這過程中可以很自然地開始問現場人們一些基本的問題，從而開始觸及現場的在地觀點。因此研究者不需對自己與現場的關係過於自信或失望，不論自己與現場是局內人或局外人的關係，在進入現場之時，都各有其便利之處和需要努力之處。

（二）現場的性質

　　研究者如是進入大型或較複雜的現場，需要花費較多的時間和心力，如研究者進入現場後，覺察原想觀察的現象很少出現於這個場所，即可能

需要另外尋找適合研究的場所。此外，還需考量現場的公開程度是屬於公眾的場所（如公園、博物館），或是屬於公開但有特定產權的半公眾場所（如商店、學校），或是私人專屬的場所或住宅，進入公眾場所研究通常不需要經由商議，進入半公眾場所研究則需要獲得場所主管或業主的同意，進入私人場所研究則必須取得該場所每個人的信任和同意。如果現場或現場人們的性質和一般的社會價值有所衝突（如少年幫派），研究者進入這些場所可能較為困難，即使得以進入該場所研究，可蒐集的資料亦可能有所侷限，但如果某個場所關聯到社會上的重要議題，尤其尚未有研究探究此類型的場所，即使可能是有限資料的初探研究，亦具有啟發性的研究價值。

（三）現場人們的屬性

研究者須能充分接近現場人們以觸及所要探究的現象，現場人們的屬性包括性別、年齡、種族、社會階層、教育程度等，如研究者與現場人們的屬性差異太大，可能影響進入現場的過程和範圍，例如一位中年女性研究者到一個社區進行有關兒童養育的研究，可能比一位年輕未婚的男性研究者較容易接近社區的家庭婦女，而這些婦女對女性研究者也較可能暢所欲言。

評估研究現場時，研究者需要考量和因應現場人們的屬性，但也避免過於強調屬性而自我設限，許多質性研究文獻顯示研究者常有能力突破自己和參與者的屬性差異，例如：成人研究小孩的團體、年輕人研究老年婦女或退休者社區、西方人研究非洲的部落社會等，人類學家Ogbu（1974）藉著自己在非洲的成長背景，在美國的都市社區進行少數族群兒童教育的民族誌研究，即能很自然地在現場提問各種有關少數族群的問題，而能探究一般美國人可能視為理所當然的現象。又例如，王文欽與賴念華（2011）研究四位女性肢體障礙者的心理劇團體暖身經驗，研究者之一身為男性，反省自身對於女性受訪者使用結構式且不夠靈活的訪談方式，是

文化建構在自身男性氣質上理性的限制，然而研究者依循學術研究重要的精神，將注意力放在未能發聲的弱勢的人與事上，亦能努力嘗試超越自身限制，盡可能持平誠懇地站在女性肢障者的立場和女性障礙朋友一起發聲，而使得研究論文具有具體實用的成就（26-27 頁）。

（四）多元文化的場域

多元的社會中常有很多場所和人們值得被探究，研究者亦有能力超越國界與文化差異，如第二章第參節「研究場所和參與者」提出之跨文化的建議，身處於臺灣多元文化場域的研究者，需激發自己對臺灣社會文化的覺知和敏感度，關注性別、年齡、族群、社經階層等不同屬性的社會人群，擴展研究和社會關懷的視野，努力聆聽臺灣多元的聲音，探究臺灣多樣化的人世現象。

例如關注不同年齡的研究參與者，陳燕禎與林義學（2014）研究高齡化社會老年人跌倒成因與友善生活環境，在臺灣中部地區一個老人社區照顧服務單位，選取六位有跌倒經驗的老年人以及十一位有照顧跌倒經驗老人的照顧者，進行三次的深度訪談，受訪的老年人平均七十三歲，教育程度多為國小或不識字，直率地說出自身的跌倒經驗，例如：「……我眼睛看不到，常常也會因為沒看到東西……去踢到東西來跌倒，……」「……我骨頭也常常斷掉。……我是沒有去撞到頭，但是我每次跌倒，骨頭都會斷掉，我很怕……，我現在這隻手，也是因為跌倒，所以現在常常會酸痛，……」研究連結老年人和照顧者的觀點，瞭解老人跌倒時的生理狀態、發生跌倒主因、容易發生跌倒場所、以及跌倒造成的傷害和影響，並提出預防老人跌倒支持系統與建構高齡友善生活環境的意涵。

例如關注不同族群的研究參與者，葉秀燕與吳孟蓉（2014）研究族群技藝與文化創意產業，以花蓮縣秀林鄉太魯閣部落織布的文化創意產業為研究場域，探究在觀光資本主義的脈絡下，織布的族群技藝作為文化創意產業及原住民女性經濟自主的可能性；研究採取參與觀察和深度訪談法，

研究者親自參與秀林鄉傳統暨創作織布培訓班，觀察記錄太魯閣女性學員
如何學習傳統結合現代創意的文化技藝，並在部落工坊或家庭工作室個別
訪談十一位太魯閣女性織布工作者，她們的談話由衷反映了族群技藝迎合
產業市場需求以及作為女性增能的意義，例如：「因為遊客的需要，年
輕、中年的啦，我們會配合他們需要的顏色來織（這樣）。我們還是把我
們的文化配在裡面，不會完全變樣。」「有時候我也會幫人家做加工，然
後再去給人家做成型，所以我們部落裡很多部落媽媽都是自己做的東西，
都是獨一無二的，沒有人跟妳一樣。而且有的人不喜歡跟別人拿一樣的東
西，她們喜歡自己的東西拿在自己的手上會有榮譽感，這也是增加她們心
裡面的滿足感。」

二、進入現場的策略

　　進入研究現場有兩種基本的策略，一種是暗中的策略，當研究者無法
透過商議進入現場，或該現場是對局外人封閉的場所，研究即在現場人們
不知情的情況下暗中進行，研究者可能在該場所擔任某個參與的角色（如
擔任志工），這種方式常會產生研究倫理的爭議；另一種是公開的策略，
即明確獲得進入現場研究的同意，這種方式較少產生研究倫理的問題，一
般研究者進入現場大多採用這種公開的策略（Jorgensen, 1989: 45-49）。

（一）公開的策略

　　如果研究者原本即是某個場所的成員，想在此場所公開進行研究，即
需要表明自己的研究意圖，獲得現場人們正式的同意，而如果研究者是場
所的局外人，進入公開程度不同的公眾、半公眾或私人場所時，即需分別
運用下列不同的策略（Taylor & Bogdan, 1984: 24）：

　　1.公眾場所：進入公眾場所時，研究者不需對遇見的一般人們介紹
自己是研究人員，而對於在研究上將有持續關係的某些人，研究者就需要

作自我介紹，尤其須在人們開始懷疑其研究意圖之前，即要表明自己的研究者身分。

2. 半公眾場所：多數質性研究者是進入半公眾的場所，例如教育研究者進入學校或是社會學者進入社會機構，進入半公眾場所大多是先尋求該場所主管或守門人（gatekeeper）的同意和支持，再逐漸獲得現場其他人們的信任。

3. 私人場所：如是進入私人所屬的場所，研究者可透過自己的朋友或同事介紹，或住進想要研究的人們居住的社區，讓自己成為社區的一員，與社區居民作朋友，使用社區的商店，參加社區的公眾集會，透過參與這些社區活動，試著獲得允許進入私人的場所或家中進行研究。

研究者進入的場所如是一個特定的機構組織，可直接自我介紹及表明自己的身分，也可透過認識該機構的朋友、家人、同事等中間人的介紹或引薦，機構的主管或人們與中間人的關係愈接近，愈可能將他們對中間人的信任延伸至研究者。研究者進入機構的首要策略是獲得機構主管的同意，但要注意的是，如研究的對象是針對該機構較低階層的人們，研究者須避免與高階層主管保持太密切的合作關係，以免使得低階層人們有所顧忌，例如研究的對象是學校的教師們，研究者與學校的校長或主任宜保持適度的關係，以免教師們對研究者有所防衛而對研究有所保留。

研究者以局外人身分公開進入一個場所，即在要求現場人們讓自己接近他們的生活和內在感覺，現場人們即有權利知道為什麼要允許外人這樣的介入。質性研究者如何告訴現場人們有關研究的事情，可參照下列幾個重點的建議（Bogdan & Biklen, 2007: 87-88；Taylor & Bogdan, 1984: 25-27）：

1. 簡短直接回答現場人們的問題：現場人們常想知道研究者為什麼來這裡、以及來這裡做什麼，對這類問題只需給予一個簡單直接的回答，不要使用專業術語，也不需告訴人們太多的研究細節，以免可能影響他們

自然的言行表現，然而研究者仍須預備一些研究細節，以備人們問起一些研究上的細節問題時，可再加以補充說明。

2.**因應對現場人們拒絕參與研究**：現場人們如不想參與研究，例如可能會說：「我們太忙，恐怕沒有時間回答你的許多問題」，或是說：「在我們這裡，你恐怕不會發現什麼很有趣的事情」，研究者須預先準備如何因應回答這類拒絕研究的說詞。

3.**說明研究主要是針對某個議題**：向現場人們說明研究並不是針對這裡特定的個人，而主要是想瞭解場所有關的一個議題，例如進入一所學校研究，向學校校長和老師說明研究著重於瞭解教育的某個議題。

4.**說明選擇此場所進行研究的理由**：說明這裡為什麼是一個適合的或理想的研究場所，例如進入一所學校研究，告訴學校的校長和老師，自己曾聽說有關校內某位老師的優良事蹟：「我想要訪談有豐富教學經驗的資深老師，聽說您對教學很有自己的見解。」

5.**說明研究將不會干擾現場**：強調研究將會配合現場人們的生活作息，不會干擾現場的例行活動，也不會侵害人們的隱私，場所和個人的名字都會用化名記錄或發表。

6.**說明研究發現將有的用途**：如進行較短期的學期研究報告，告訴現場人們誰將會讀到這份報告，如進行較長期的學位論文研究，可等到更仔細評估這個現場後，再向人們說明將如何使用研究發現，如進入現場時尚未能確定研究的用途，可向人們說明之後將會和他們討論研究的計畫和用途。

7.**因應現場人們的期望**：有的現場人們可能期望獲得回報，研究者須決定準備給予他們什麼回報，人們可能要求研究者提供某些服務，研究者可適時給予現場服務或協助，但注意不要因而占去研究的時間和注意力，人們也可能期望獲得一份研究報告，研究者可斟酌研究的議題，答應研究完成後將贈予全部或摘要的報告。

（二）暗中的策略

　　研究者如是暗中進入一個公眾場所，這裡原是每個民眾都可進入，研究者也和一般民眾一樣自然地進入，而如是暗中進入一個半公眾或私人的場所，這裡並非每個人都可自由進入，這時研究者可能就像個偵探一樣。有些研究者認為沒有先獲得現場人們的正式同意，自己即暗中開始蒐集資料，是絕對違反研究的倫理，而且在這種暗中的情況，研究者也很難與現場人們自然地互動，萬一其研究意圖被人們識破，必將破壞彼此的關係，因此認為在任何情況都不應使用暗中的策略。然而，有些研究者使用暗中策略的觀點，是認為人類生活本來就充滿了衝突、不誠實、和自我欺騙，如研究者總是需要向人們宣告自己的研究興趣或目的，大多數的人類生活領域都不可能被研究，就公眾場所的實際情況而言，也不可能告訴場所的每個民眾，有人正在觀察和研究他們。

　　如仔細比較所謂暗中的和公開的程度，其實質性研究在某種方式和程度上常都是暗中的、秘密的（Lofland & Lofland, 1995: 32），因為研究者常是依循著個人的興趣，先進入某個場所看看，而後才決定是否在這裡正式進行研究，在這種情況下，除非研究者預先告知現場人們可能在這裡進行研究，否則在進入現場的初期，即不可能完全避免某些暗中的方式；研究者最初使用暗中進入的策略，常只是為了不要驚動或干擾到現場，等到與現場人們建立了信任的關係，才告知其研究的意圖和興趣。尤其研究者如探究社會敏感議題，不希望現場人們知道他正在進行研究，以免影響人們真實的行為表現，例如研究犯罪的次文化時，暗中的策略較可能獲得真實的資料。另一方面，有的研究者雖然採用公開進入現場的策略，也只是先簡要說明有關研究的想法，因現場人們不一定能瞭解研究有關的詞彙和概念，如明確告知研究的目的，反而可能導致人們對於研究的誤解。

　　雖然質性研究常有某種程度的秘密性，針對特定目的或參與者的研究，也可能得採取某種程度的暗中策略，才得以進入研究現場及接觸到參

與者，本章以下闡述研究者與參與者的關係以及蒐集資料的方式，基本上傾向採行公開的策略進行研究，以符合基本的研究倫理。

貳、建立現場的關係

質性研究者本身即是研究的主要工具，這個研究工具帶著自己的思想和情感，進入一個同樣也是充滿思想和情感的社會情境蒐集資料，研究者身處研究情境的過程，有時就像是一段學習為人處事的人生過程，需要學習如何與現場人們及研究參與者溝通意念和情感，彼此之間建立起和諧與信任的關係。

一、關係的內涵

Corsaro（1981）進入托兒所觀察研究幼兒的同儕文化時，幼兒常好奇地問他一連串問題：「你是誰？你是老師嗎？你要來和我們一起玩嗎？你是爸爸嗎？你有哥哥姊姊嗎？」筆者到幼稚園觀察時，幼兒也經常問：「你是媽媽、還是老師？我猜是老師，你是別的地方的老師，到這裡來就是老師？」幼兒詢問這些問題的情形，即顯示現場人們對外來研究者的好奇反應，常會想知道研究者是誰以及和現場的關係，研究者即需要建立與現場人們和諧融洽的信任關係（rapport）。研究者與現場人們及研究參與者建立關係的過程，就像在日常生活交朋友的過程，只是在研究現場建立關係是較為有意和自覺的過程。

研究者開始進入研究現場時，向現場人們說明研究的目的與程序，就是建立現場關係的第一步，然而在整個研究過程中，更重要的是對待現場人們的態度和方式，如人類學家 Wax（1971: 365）自述現場工作經驗：

大多數敏感的人們不會相信一個陌生人告訴他們的話，人們最後將會判斷和相信一個研究者，不是因為他最初說些什麼有關他自

己或他的研究，而是因為他的生活和行動方式，以及他對待人們的方式。

質性研究者與現場人們相處過程涉及一個持續的關係，包括：去到一個人們不認識他的地方、找到報導人、讓人們認識他、得到他們的合作、與他們建立密切的關係，這其中又涉及基本的衝突，研究者一方面要和參與者建立信任的關係，另一方面又想知道參與者可能不願意透露的事情（Spradley & McCurdy, 1972: 41）。研究者將發現面臨這樣複雜的關係，是最具挑戰的研究課題，在研究過程中，現場人們對研究者的反應可能從懷疑、冷淡、容忍、憎恨、敵意、不喜歡，逐漸發展為謹慎的合作、友誼、信任、溫暖、和親密；同樣地，研究者自身也可能對現場人們或特定個人產生不喜歡、害怕、冷淡、容忍、友誼、和愛等正面或負面的不同情緒。

質性研究者在發展和研究參與者的關係時，常可能混合著如下列許多情緒壓力（Lofland & Lofland, 1995: 46-52）：一是欺騙與擔心被揭穿，因現場人們不可能知道研究者正在做的每件事，研究者可能會感覺自己似乎在欺騙人們，擔心被人們看出自己正在研究的事情；二是厭惡與想要撤退，研究者可能不喜歡或甚至厭惡正在觀察或訪談的人，如果這個感覺過於強烈，研究者可能試圖隱藏自己的真實感覺，或者想要準備離開現場；三是同情與想要幫助，現場人們可能需要某種幫助，研究者也常以某些方式給予幫助，但有時人們面臨很嚴重的困難，可能需要研究者全時間的幫助，讓研究者覺得很為難，猶豫是否應暫時停止研究，才能盡心盡力去幫助人們；四是疏離與想要成為在地人，每個人都希望被周遭人們所接納，希望成為在地人群的一份子，然而作為現場邊緣人似的研究者，可能長期經驗著寂寞與疏離的感覺，而想要改變研究者的立場，停止現場的觀察記錄，改為入境隨俗融入現場群體，想要在地化（going native），才覺得較為自在和舒服。研究者自覺到如上述的情緒壓力，若從正向的角度看，即表示關切和注意到自己和參與者的關係發展。

二、建立關係的策略

　　研究者和參與者發展合作關係的策略，涉及如何處理研究現場的情緒壓力、如何獲得現場人們的接納和支持、如何建立現場的信任與合作關係、如何磋商研究者的角色、以及如何尊重參與者的特質（Bogdan & Biklen, 2007: 94-98; Lofland & Lofland, 1995: 52; Spradley & McCurdy, 1972: 42-44）。

（一）處理情緒壓力

　　研究者進入一個陌生的情境，面對不熟悉的人們而想要探尋他們的生活方式，常會覺得焦慮和害怕，在研究開始時處理這種焦慮和情緒壓力，是與現場人們發展關係的首要課題。研究者宜誠實面對和承認自己的焦慮，與朋友談一談自己的害怕心情，試著辨認自己害怕什麼和為什麼害怕，例如是害怕現場工作很困難、害怕接近一個陌生人、覺得問問題很困難、還是懷疑自己作研究的能力。研究者需接納自己有這些焦慮是很正常的情形，在一個新場所與不熟悉的人相處自然會產生焦慮，這就像進入一個陌生環境學習另一種文化時，常會感受到異文化的震撼，研究者最初有這些害怕的感覺常只是暫時的，隨著與現場人們相處日久，害怕的感覺將逐漸消失。

（二）獲得接納和支持

　　研究者最初與現場人們接觸時，首要目標是先獲得他們的接納，研究者需顯得友善和有禮貌。在現場開始幾天，不要操之過急而試著做太多事情，第一天先大概認識一下現場的人們即可，開始只問些一般性的問題，不要問許多特定的或有爭議性問題，多讓現場人們有機會說話或問問題。最初進入現場時，需要向人們大略說明研究的目的和方式，強調他們參與研究是自願性的，在研究進行時，也常需要向人們保證他們的身分和所提供的資料都將是保密的，並且隨時樂於回答現場人們的問題，以逐漸獲得

他們的支持。此外，研究者也需注意自己穿著適合研究情境的服裝，例如穿著較正式的服裝去訪問公司主管，或穿著適合活動的服裝去幼兒園參與觀察幼兒的活動，以顯示尊重研究場所屬性的基本態度。

　　研究者想要獲得現場人們的支持，就像在學習一個陌生的文化或次文化，需仔細觀看和傾聽現場所顯露的訊息，逐漸熟悉現場人們的日常生活方式。研究者對現場人們的信仰、價值、和活動須保持道德上的中立性，不要將現場人們私下告訴自己的話再轉告別人，不要說閒話，也不要以自己的觀點糾正人們的談話和行動。研究者如果與現場人們有所爭論，將在心理上威脅到人們的信念和自信，而損害彼此之間的關係，研究者的態度如是支持的、真誠的、瞭解的、顯得有興趣的、不爭論的、甚至是同情的，將可能獲得現場人們更多的資料。研究者要獲得現場人們的接納和支持，可能很快且很容易，也可能需要經歷較長時間的努力，研究者可自覺到已獲得人們接納的微妙徵兆，例如，人們對他呈現的身體語言和姿勢、人們不拒絕他的參與觀察和訪談、覺得和現場人們的互動很自然，有時現場人們也會直接向研究者表示自己參與研究的興趣或意願。

（三）建立信任與合作的關係

　　人際之間的掩飾、說謊、誇張、和有意無意的欺騙等關係，都是研究者蒐集資料的心理障礙，當研究者和現場人們建立起信任與合作的關係，才得以蒐集正確可信的資料，增進研究的品質。研究者與現場人們發展信任與合作關係，常需要更廣泛密集地參與人們的日常生活，表達對他們的關切、願意傾聽他們的談話、或發掘彼此共同的興趣，讓人們更願意開放地談起他們的興趣、活動、和經驗，因而建立起彼此之間的友誼。有時研究者也可與現場人們談談自己，或甚至談談自己個人的秘密，這種自我的顯露表示對人們的信任，也可能促使對方更進一步談談他們自己，因而更能深入瞭解人們內在的觀點。

　　各種人際關係在程度上常是相對的，研究者可能與現場某些人發展信

任和親密的友誼關係，與其他人則維持良好但較少親密的關係，或是相反地與某些人發生不友善或敵意的關係。然而，現場人們的不信任或不合作有時也可能轉變成有利的，研究者可試著直接與人們談談他們不友善的原因，而可能澄清彼此的誤解並得到他們的合作，也可能因此幫助研究者更加洞察現場人們的內心世界。

　　在現場蒐集資料的過程中，研究者宜保持平常心和輕鬆自然的態度，讓現場人們也覺得輕鬆自在而給予信任。雖然研究者在現場需隨時記得預擬的研究目標，但並不需要利用現場的每一分鐘蒐集資料，有時與研究參與者建立信任的關係需要透過日常的社交活動。例如，筆者在美國修讀教育人類學研究的課程，這門課的學期報告是探究一位美國老太太的生命史，筆者除了每週定期去她的住家作較正式的訪問之外，有時還陪伴這位獨居的老太太一起到超級市場購物、上教堂聚會、到校園散步慢跑、或到餐廳用餐，這些日常活動讓我們之間的關係更加密切，老太太也更開放自在地訴說許多個人的生活往事，提供更多有關她個人生命史的資料。

（四）磋商研究者的角色

　　質性研究是一個學習的過程，研究者對於參與者是扮演著一個學習者或甚至是缺乏能力者的角色，因研究參與者通常不會樂於教一位全知全能的專家，然而要注意的是，這個策略如果運用過度，可能會產生負面的效果，使得研究者被現場人們看作是缺乏能力或笨拙的，而沒有意願參與這個似乎不重要的研究。因此，研究者一方面須避免顯得全知全能而讓參與者有威脅感，另一方面也須適度顯得有足夠的知識和能力去作這個研究，以建立雙方互相尊重和信任的互動關係。

　　由於研究者需要向參與者蒐集有關他們的資料，研究者的角色對參與者而言，似乎是個片面的受惠者，研究者擁有透過參與者獲得研究資料的機會，而研究者有什麼能提供給其研究參與者，以回報他們給予研究者的信任、合作、資料和友誼，這是一個涉及互惠與交換的倫理課題；有時交

換的媒介可能涉及金錢和有價物質，例如許多有經費資助的研究方案，常會付費或贈送有價物質給參與者，藉以增進他們持續參與研究的意願，但是金錢也可能將雙方關係定義為雇主和被雇者的商業交易關係。在研究過程中，研究者如能真誠給予參與者尊重、關切、稱讚與感謝，這些人性化的互惠表達將比金錢物質更能鞏固雙方的信任與合作關係。

（五）尊重研究參與者的特質

　　研究參與者的性別、年齡、種族或社會階層等屬性特質，常構成其獨特的生活世界，當研究者尋求與自己不同特質的參與者建立關係時，尤其需要尊重參與者的特質。如以研究年幼的兒童為例，研究者面臨的挑戰是如何探究兒童所建構的世界及其意義，兒童作為研究參與者的探究，須注意三個 R 的原則：責任（Responsibility）、尊重（Respect）、反思（Reflection）（Fine & Sandstrom, 1988: 75-76）；責任是指成人對兒童負有道德責任，成人必須保護兒童，不應故意忽視兒童對自己或他人的傷害；尊重是探究兒童的核心，意指要讓兒童表達自己的意見和自己作決定，尊重兒童有選擇是否參與研究的權利；反思是指所有成人都經歷過童年，在理論上成人應具有瞭解兒童如何感覺的省思能力，研究者可藉著省思自己的童年經驗，學習從兒童的立場和觀點去瞭解兒童的生活，瞭解兒童如何建構他們自己的世界。Jackson（1968, 1990: xxii）觀察研究小學教室生活，即在研究專書的序言自述為了瞭解小學生在教室生活的意義，甚至動用自己的童年記憶去深思。

　　具體而言，身為成人的研究者在小學或幼兒園研究兒童時，尊重兒童的方式如下（Fine & Sandstrom, 1988: 38-48）：

　　1.降低成人的角色：年齡的差距基本上阻隔成人研究者與兒童之間的平等互動，研究者須降低自己的成人角色，消除成人的權威，作兒童的朋友，尊重兒童的需求，以一種虛心學習的心態，學習進入兒童的世界。

2.**建立信任的關係**：平等地與兒童相處，願意傾聽兒童說話，接納並分享兒童的行動和價值觀，避免習慣性地使用獎賞、禮物、食物或金錢等對待兒童，這些方式有時雖可能增進與兒童的關係而能蒐集更多資料，但有時也可能造成研究者和兒童之間緊張而不自然的關係。

3.**調整督導的角色**：避免直接介入兒童發生的事件，面對兒童之間的糾紛問題，請原班老師出面處理，或請兒童自己去告訴老師；兒童的活動常可能產生身體的傷害，這時有些研究者會覺得有責任介入或給予幫助，有些研究者則仍堅持採觀察而不介入的角色，是恐怕介入會改變他想觀察自然發生的事情，介入或不介入，雖有待研究者參酌現場情況作抉擇，但是對於尚需要被保護的兒童，研究者適時的適切介入是必要的研究倫理。

4.**獲得家長、老師、兒童的同意**：研究之前，先徵求兒童的家長、老師、或監護人同意以兒童為研究對象，並獲得他們簽名的正式同意書，兒童雖不可能完全瞭解研究的目的，研究者也應盡可能具體告訴兒童自己來這裡要做些什麼事，獲得兒童的接納和同意參與研究。

在兒童的住家或社會情境進行研究，都需要逐漸獲得兒童的信任與合作，例如，林文莉（2009）在家裡觀察研究兒子四歲到六歲五個月期間的書寫萌發，身為母親的研究者，對於是否要對兒子公開或隱瞞研究目的，覺得自己並沒有完全的掌控權，而是在居家生活親子互動的研究過程中，逐漸獲得兒子同意參與研究（摘引自林文莉，2009：66-67）：

> 我與安安（化名）朝夕相處，在我尚無研究目的地蒐集其書寫作
> 品時，親子互動與記錄是很自然地進行著；但在他滿四歲以後，
> 我開始密集地蒐集與記錄他每次的書寫動機與行為，安安似乎感
> 受到了我的「異常行為」，並且開始模仿我打電腦、拍照與寫記
> 錄的行為……雖然我並未明確告知我的研究目的，也不希望自己

的研究目的影響他自然的書寫萌發過程，但是他從父母親日常生活對話中理解到母親在「做作業」（寫論文），……為了要讓我有多一點的時間可以陪他玩，安安曾表示自己有能力可以幫助我完成功課，但是安安也曾經主動表達他對我這樣密集地記錄與非正式訪談感到困擾與不耐煩。……當他遮住書寫內容或藏起來時，我就苦苦哀求他讓我繼續記錄，通常他會露出笑容，答應我的懇求，如果他堅持不肯，我就會放棄記錄。我也請他告訴我，甚麼時候不希望我記錄，我就不作記錄。

我必須完全尊重他的決定，他才願意讓我持續研究。……在我的研究進行約一年的時候，安安逐漸出現主動提供書寫作品以及自我紀錄書寫內容的情形，有時候他也會提醒我該來記錄他正在書寫的活動了！因此，安安漸漸地在我同時身為母親與研究者的自然情境影響下成為我的「協同研究者」。

參、參與觀察

幼兒的發展與輔導是幼兒教育領域的基礎課題，在思考如何輔導幼兒身體、認知、語文、社會、情緒等身心各方面發展時，亦需要參照幼兒在真實生活情境身心發展的描述性資料，據以研擬符合幼兒發展的輔導原則和方法。Corsaro（1981）即指出傳統的發展理論觀點，常只將社會化視為幼兒長成大人的一般過程，而沒有考慮到幼兒成長過程的日常生活事件，研究者常脫離幼兒生活的情境脈絡，以成人自己的觀點去解釋幼兒的行為，如欲真正瞭解幼兒自身對其自我或周遭事物的看法，研究者必須親身進入幼兒的生活世界，Corsaro 即進入一所托兒所參與觀察，觀察幼兒交朋友和發展友誼的實際過程。這種親臨現場的參與觀察方式，是質性研究者蒐集資料的主要方法。

一、參與觀察的意義與角色

參與觀察（participant observation）源自於人類學家的現場田野工作，對人類學而言，參與觀察是進入一個文化的洗禮，研究者經年累月住在研究現場，將自己融入現場人們的生活中，學習人們的語言，觀察人們的日常活動，瞭解人們的基本信念、害怕、和期望，還要維持專業的距離，以適當地觀察和記錄資料（Fetterman, 2010/2013: 71-72; Pelto & Pelto, 1978: 67-68）。

（一）參與觀察的意義

每個人即使不是其他文化的參與觀察者，至少也是他自己文化的參與觀察者，但一般人在生活中常只是隨意觀看周遭人事物，而研究者在現場不是被動地隨意觀望，而是積極導向下列參與觀察的意義（Jorgensen, 1989: 12-22）：

1. **探究方法定位於此時此地的日常生活**：從參與觀察者的觀點看，日常生活世界是通常的、典型的、例行的，研究者從此時此地開始形成研究問題，並在此時此地參與觀察。

2. **研究觀點著重人類生活的瞭解與解釋**：參與觀察的目的在於提供有關人類生活實際上與理論上的意義，從參與觀察中啟發的概念和理論，提供瞭解某個現象的觀點和解釋。

3. **採用直接觀察和其他蒐集資料的方法**：直接觀察是蒐集資料的主要方法，也常採用如訪談、文件蒐集、問卷調查等其他方法蒐集資料，參與觀察者可能是單一的研究者，也可能是一組研究團隊。

4. **建立和維持與現場人們的關係**：研究者常需參與現場人們的日常生活，觀察和實際經驗現場局內人的生活意義，人類生活的意義是經由同情的內省而觸及，參與觀察是接近人類生活主觀層面的一個特殊策略。

5. **強調一種發現的邏輯**：參與觀察是在具體的人類現實中建立概念理論的過程，這個過程是開放的、有彈性的，藉以辨認和定義研究的問題概念、以及蒐集和評估資料證據的適當程序，研究者盡可能利用現場情境呈現的各種機會，探究人們具體的生活經驗中潛在的在地理論。

參與觀察幾乎可適用於研究人類生活的各個層面，研究者經由參與觀察，描述在某個情境中什麼在進行、誰或什麼涉入其中、事情發生於何時何地、事情如何發生、以及事情為什麼發生等，參與觀察特別適用於研究某種過程、人們之間和事件之間的關係、人們和事件的組織、以及人類社會生活的脈絡等議題。

在質性研究方法的論述中，雖常區分所謂的觀察和訪談，然而許多人類學和社會學的現場研究報告顯示，參與觀察常同時包含研究者觀看、聆聽和訪談現場的人們，許多參與觀察資料是藉著訪談而蒐集，而從參與觀察所獲得的資料，亦可提供研究者發展訪談問題或其他研究工具的線索和洞察力。本章雖分節論述參與觀察和訪談的意義和方法，參與觀察用來蒐集資料，其實與訪談有相輔相成的密切關係。

（二）參與觀察的角色

每個人都是自己文化的日常參與者，一旦熟悉自己所處社會文化的規則後，即很難意識到自己是個文化的參與者，相較於一般的日常參與者，研究者在現場的參與觀察有其不同的目的、心態和角度（Spradley, 1980: 53-58）：

1. **目的**：參與觀察者進入社會場所的目的，一是參與場所原已進行中的活動，二是觀察場所的活動和人們，而日常參與者常只是進行符合自己需要的活動。

2. **心態**：參與觀察者須提高注意的廣度和敏感度，對現場作整體全面的觀察，而日常參與者常只關注個人的生活焦點。

3.**角度**：參與觀察者同時經驗著局外人和局內人的角度，一方面是局外人直接觀察現場人們的活動，一方面試圖瞭解現場局內人的情感和信念，而日常參與者常侷限於個人的主觀經驗。

研究者在現場的觀察，按照參與現場人們生活或活動的連續程度，可仔細區分為四種角色（Gold, 1958）：

1.**完全觀察者**（complete observer）：研究者不參與現場活動，也不與現場人們互動，完全以局外人的身分從旁觀察。

2.**觀察者即為參與者**（observer-as-participant）：研究者大多數時間都是從旁觀察，以觀察和作記錄為主，只有偶爾參與活動。

3.**參與者即為觀察者**（participant-as-observer）：研究者大多數時間都投入現場活動，以參與活動為主，再適時觀察和作記錄。

4.**完全參與者**（complete participant）：研究者是現場的成員和局內人，參與現場的所有活動，並與現場人們互動。

這四種研究者角色形成一個連續的取向，一端是完全觀察者，另一端是完全參與者，研究者常會移動於這兩端之間，傾向於作一個觀察者即參與者、或是一個參與者即觀察者，參與觀察可視為從完全局外人（觀察者）到完全局內人（參與者）的相互移動。Gold（1958）指出觀察研究者參與現場的角色，可能隨著研究時期而有所不同，通常研究開始初期，研究者傾向於只是從旁觀察的完全觀察者，然後隨著與現場人們關係的逐漸發展，逐漸增加參與人們活動的時間，而朝向部分或完全參與者的角色移動，到了研究後期則可能再退出參與，以免因過度參與或陷入參與者之間的關係而迷失觀察主旨。

二、參與和觀察的方式

更具體而言，參與觀察的參與方式和觀察方式，隨著研究時期分別採

行不同的方法取向。

（一）參與的方式

Spradley（1980: 58-62）針對觀察者是否及如何參與或介入現場活動，分為下列五種參與的方式：

1. **不參與、不介入**：完全不參與現場活動，例如觀看電視節目並分析其內容主題，即是完全不介入。

2. **被動消極參與、介入程度低**：觀察者出現於現場，很少或偶爾與人們互動交談，常停留在一個定點作觀察記錄，例如在公眾場所觀察常開始於這種程度的參與，場所人們不認識觀察者，也不知道觀察者在做什麼。

3. **中度參與**：觀察者維持現場局內人和局外人之間的平衡，常同時進行參與和觀察，或平均分配參與和觀察的時間。

4. **主動積極參與**：觀察者積極參與人們的活動，主動與現場人們一起做相同的事情，充分知道人們的活動規則。

5. **完全參與、介入程度最高**：觀察者即是現場的成員，完全參與現場的日常生活，也常介入或影響現場的各種事情。

在某些現場情況，研究者可能很難同時專心參與和觀察，因主觀情感的參與介入常可能影響觀察，研究者參與愈多，可能觀察到的愈少，反之亦然。然而，有自覺的研究者較能同時在現場參與和觀察，研究者愈多參與人們的日常生活，接觸人們所想、所做、所感覺的事情，愈可能蒐集到局內人觀點的資料。例如，Wolcott（1967）在一個印第安村落研究跨文化的教育時，擔任該村落兒童的教師，讓自己成為村落的一份子，參與村落的各種日常活動；進行一位小學校長的民族誌研究（Wolcott, 1984），採取參與者即觀察者的角色，常參與學校的各種活動，同時作觀察者的記錄。

研究者參與現場的角色和方式，定義了研究者蒐集資料的社會位置，

有時即使是較為被動消極的參與，也可減少和參與者的距離感，可較為近距離觀察參與者，以便於更仔細蒐集資料。例如，賴美玟（2007）在幼稚園觀察研究幼兒假扮遊戲呈現的心智理論，園方表示老師都是讓幼兒自行處理事情，希望研究者儘量不要與幼兒互動，因此研究者在幼兒園現場觀察時，界定自己是一個觀察者即參與者，通常坐在角落看著幼兒玩，不主動介入幼兒的遊戲，除非幼兒主動詢問研究者的意見，再簡單給予回應；起初有些幼兒會因為研究者的觀察注視，對著研究者靦靦地笑並停止遊戲或走開，但在一週之後，幼兒便漸漸適應遊戲時會有人在旁邊觀看，研究者即可更走近幼兒觀察，聽見幼兒在遊戲中有關心智理論的談話（55頁）。

（二）觀察的方式

　　隨著研究時期，現場觀察的方式就像是一個漏斗，研究開始的漏斗上端開口將所看到的所有事情都容納進去，研究過程中逐漸縮小觀察的範圍，到了漏斗下端縮得最小的底部，更集中於觀察某些特定的焦點，觀察的方式可說是從開始的非焦點觀察，逐漸增加焦點式的觀察。

　　研究者剛開始進入一個新的場所，可採用非干擾的（unobtrusive）簡單觀察（simple observation），以不干擾現場及不與人們緊密互動的間接方式，觀看現場的外部特徵和人們的外觀行為，避免因研究者的出現而引發現場人們不尋常的反應；研究者進行簡單觀察時，保持開放的眼光觀看，並簡要記錄場所的物理空間和一般情景，例如：這是哪一種建築、是典型的或特殊的建築、空間如何組織和安排、進行著什麼活動，同時也蒐集現場人們和事件的一般資料，例如：現場有哪些人、他們的表情動作和衣著、他們在做些什麼或說些什麼特殊的事情（Webb, Casmpbell, Schwartz, & Sechrest, 2000）。研究者透過初步的簡單觀察而較為熟悉現場後，即開始探尋現場有關研究問題的焦點，並開始較有系統地觀察某些特定的現象或事情，接著可能一再重複進行觀察、試著分析、集中焦點、再聚焦觀察的過程，在這過程中研究者同時也在蒐集和記錄潛在的重要資料。

Spradley（1980: 73-128）按照研究的發展時期，將民族誌者參與觀察的方式明確分為：描述的觀察（descriptive observation）、焦點的觀察（focused observation）、選擇的觀察（selective observation）：

1. 描述的觀察：研究初期開始描述的觀察，觀察描述研究現場的一般情況，包括：(1)空間：物理的位置或場所；(2)行動者：有關的人們；(3)活動：人們所做的系列相關行動；(4)物體：呈現或使用的實物；(5)行動：人們所做的單一行動；(6)事件：人們進行的系列相關活動；(7)時間：隨著時間發生的順序；(8)目標：人們試圖完成的事情；(9)感情：被感覺和表達的情緒。在現場觀察描述一般情況後，可進一步觀察描述較為特定的事項，包括：(1)什麼是所有的……（場所、行動、事件、感情等）；(2)你可不可以仔細地描述……（物體、時間、目標等）；(3)你可不可以告訴我有關所有的……（人們、活動等）。

2. 焦點的觀察：研究過程中逐漸縮小觀察的範圍，找到下列觀察的重點，進行焦點式的觀察：

(1) 研究者的興趣：初步分析觀察資料呈現的各個領域，檢視哪個領域看起來是有趣的，閱讀文獻也可能指引哪些是有興趣探究的焦點。

(2) 參與者的建議：研究參與者有時也會提出他們覺得重要的事情，可參照他們的建議，選擇進一步觀察的焦點，有時現場人們經常重複的話題，也可能是觀察的焦點，研究者如已建立與現場人們的密切關係，也可直接詢問他們認為什麼是最重要的部分，建議研究者試著去發現。

(3) 理論的議題：初步分析觀察資料呈現的各個領域，有些可能涉及社會科學的理論議題，例如涉及學校的社會組織理論，即可能開始聚焦於觀察一個班級教師和學生群體的社會組織。

(4) 社會的問題：初步分析觀察資料呈現的某個領域，如是當今社

會上人們關心的問題，也可能形成觀察的焦點。

(5)資料的領域：初步分析觀察資料呈現的某個領域，似乎能組織
和連繫其他多數的領域，這個領域即可能是重要的觀察焦點。

3.**選擇的觀察**：選擇的觀察就像是漏斗縮得最小的下端，集中於某
些特定的觀察焦點，這時研究者開始在現場尋找資料類別之間的不同，經
常問自己對照式的問題：「這一類和那一類資料之間有什麼不同？」如發
現了一兩個不同之處，試著繼續去尋找更多的不同類別。

參照上述的描述的觀察、焦點的觀察、選擇的觀察的進程，研究者觀
察描述現場的物理狀況，亦可注意場所的物理痕跡（physical traces），意
指人們在現場過往的行為所累積留下的資料線索，例如：橫越過草地的捷
徑表示人們較喜愛走的通道、圖書的汙損狀況表示書本使用的頻率、菸灰
缸裡的香菸數表示人的緊張程度、家中書房裡的書籍數量表示這個人的文
雅（Webb et al., 2000），觀察描述現場的這些物理痕跡，也可能提示進一
步作焦點觀察和選擇觀察的線索。

三、參與觀察的策略

從開始進入研究現場，進行參與觀察的過程中，至準備離開研究現
場，可參酌運用下列策略技巧。

（一）進入現場

本章第壹節所述「進入研究現場」的基本方式和策略，皆可沿用為參
與觀察的策略。研究者剛進入現場進行觀察時，由於現場的人們、事件和
行動經常流動得很快，一方面可能覺得興奮和好奇，一方面又可能坐立不
安，覺得很挫折和漫無頭緒，或是淹沒在觀察所得的資料中。因此在進入
現場的初期幾天，研究者宜保持較為消極被動的角色，先慢慢地熟悉環
境，並試著斟酌自己在現場的合宜表現，例如：該穿什麼樣的服裝、該坐

在哪裡才不會妨礙別人、是否可以到處走動等問題，給自己也給現場人們多一點時間彼此認識，而不需要急著蒐集資料，並節制每次觀察的時間，等到較熟悉現場和觀察記錄的技巧，再增加觀察的時間。

（二）維持和參與者的關係

參與觀察過程中，維持和參與者的信任關係，可參考本章第貳節「建立現場的關係」所述原則，並運用下列具體的策略（Taylor & Bogdan, 1984: 38）：

1. **配合參與者的時間**：配合參與者平日生活或工作的例行時間，避免干擾或改變其原來的作息時間。

2. **分享共同的興趣**：有時和參與者分享彼此共同的興趣，談談共同感興趣的話題，有助於增進信任與合作的關係。

3. **提供協助**：獲得他人信任的一種方式是協助做些事情，例如筆者在幼稚園觀察時，有時幫園長接聽電話或幫老師分發幼兒的餐點。

4. **謙恭有禮**：保持謙虛、恭敬、有禮貌的態度，不宜過度顯得自己很有知識，或像是來評鑑考核，以免讓參與者存有戒心。

5. **顯得很感興趣**：對於參與者所說的事情，以表情和回應顯得很有興趣聆聽，讓參與者願意說得更多。

（三）尋找主要報導人

參與觀察者需與現場所有人發展信任的關係，然而這種信任關係常來得很慢，有時與某些人可能一直無法建立關係，因現場研究的時間和範圍常有所限制，在研究初期可先試著和現場一位或幾位主要報導人（key informants）建立密切關係，這些人是提供現場資料的主要來源，能先告訴研究者現場的過去歷史，帶領研究者在現場各處看看或向現場人們介紹研究者。依據民族誌的文化研究觀點，在觀察現場尋找理想的文化報導人

（cultural informant），最好具有下列有助於研究的特質（Spradley & McCurdy, 1972: 47-48）：

1.**清楚知道研究現場的文化**：例如想研究學校的教師文化，相較於初任教師或資淺教師，較資深的教師更具有清楚的教師文化知識，自然是學校研究適宜的主要報導人。

2.**願意談**：願意談的報導人能提供更多的資料，因有時一個人雖然知道得很多，但由於某些因素，如可能不信任陌生人或覺得自己口才不好，而不願意談論所知道的事情。

3.**非分析式的說話方式**：報導人要能直接敘說自己知道的事情，說話內容保留事情的原本樣式，避免用分析式的話語，將具體事物解析成抽象的概念。

（四）化熟悉為新奇

研究者在現場蒐集資料時，須持續保持質疑的心態，如同民族誌者在自己熟悉的社會環境作研究，須採取哲學家似的批判思考態度，化熟悉為新奇（making the familiar strange）（Erickson, 1984），持續檢視現場似乎理所當然的熟悉現象，轉化為具有新穎意義的解釋。例如，筆者比較兩位幼稚園園長教室觀點的研究（黃瑞琴，1991b），在其中一所園內參與觀察時，反覆質疑：為什麼教室前面都要掛著黑板、為什麼牆壁上貼著許多好寶寶的標語、為什麼幼兒要在相同或固定時間一起排隊上廁所；而在另一所園內參與觀察時，反覆質疑：為什麼幼兒整個早上都在玩、為什麼沒有安排讓幼兒一起吃點心的特定時間、為什麼幼兒可以隨時去上廁所；觀察並質疑幼兒園這些習以為常的景象，可能轉化為教育和社會文化的深刻意義。

（五）擬訂觀察指引

　　研究者進入研究現場一段時間後，可參照研究目的和初步觀察的現場情況，擬訂一份較為仔細的觀察指引（observation guide），列舉現場觀察可包含的領域和重點，藉以提醒自己擴展資料蒐集的方向，這些預擬的觀察領域和重點在觀察過程中仍可持續修訂。例如，有關身心障礙兒童回歸主流的學校教育研究，觀察指引中列舉的觀察領域包括：學校的描述、班級或方案、教師和其他人員、定義為障礙的兒童、典型的兒童、課程、家長、校長和其他支持的行政人員，每個領域又分別列出觀察的主題，例如「定義為障礙的兒童」領域列出的觀察重點包括（引自 Bogdan & Biklen, 2007: 181-182）：

- 障礙兒童和典型兒童所做的有何相同或不同。
- 同儕關係──他們的社會計量、教師如何影響。
- 典型的一天。
- 身體外觀的描述。
- 臨床的描述（障礙的嚴重性、獨立性）。
- 學校和家庭史。
- 班上其他人如何對待或看待他們。
- 物理空間的位置──坐在哪裡、與教師和其他兒童的相對位置。
- 其他人用來描述他們的字詞。
- 教師如何界定兒童的進步情形（與其他人的同異）、社會目標和學業目標之間的平衡。
- 個別教育計畫。
- 與教師接觸的程度數量和性質（和典型兒童相比較）。

（六）問問題

　　研究者在現場參與觀察總是伴隨著發問和訪談，參與觀察的過程可能是複雜的，而常是從一個簡單的問題開始，例如「請問廁所在哪裡？」要去找到廁所，就讓研究者開始觀察一個場所的地理位置。在進入現場初期，研究者問的問題需讓人們自由自在地說出心裡的話，說他們自己關切的事情，而不是強迫人們回答研究者關切的問題。在研究初期，研究者問些開放式問題，例如：「接著怎麼樣了？」「能不能多告訴我一些有關這裡的事？」這類問題能讓人們以他們自己的方式和觀點回答。

　　當研究者已熟悉研究現場，發問的問題可轉換成更有焦點和指引方向，例如可初步分析已蒐集的資料，對照人們所說的話和被觀察到的行為是否一致，再針對言行不一致的焦點問問題，讓人們進一步說明自己所說的和所做的事情。到了研究後期，研究者已充分瞭解研究現場，即可使用更積極的問話策略，例如問些較敏感或觸及禁忌的問題，或請人們更深入談論某些特定的事情（Taylor & Bogdan, 1984: 48-50）。

（七）學習傾聽語言

　　任何社會群體都發展出他們自己常用的語彙，在一個場所經常使用的語彙，提供場所人們如何定義他們生活世界的重要線索，也指引著研究者持續觀察和問問題的方向。研究者須仔細檢視現場人們使用語言的功能，在人們使用語言的真實脈絡中，瞭解說話者個人主觀的假定和目的（Taylor & Bogdan, 1984: 51-52）。參與觀察者也需要是個傾聽者，當現場人們描述一件事情時，一個好的傾聽者能聽到人們使用的每個字句，理解其中蘊含的心情和情感，並從中瞭解人們觀看世界的內在觀點。

（八）體驗現場的感受

　　現場的參與觀察就像人類所有行為一樣具有主觀的感受，參與觀察者

須發展對現場人們的同理心，用心體驗與分享人們的經驗、痛苦、和歡樂，觀察者如讓自己遠離參與者的感受，可能侷限於自己的觀點看待事情，而無法同理瞭解參與者的內在觀點。在現場的參與觀察，研究者自我的想法和情感是和參與者建立關係的重要媒介，這種情感如果能被自覺地處理和記錄，亦有助於同理瞭解參與者的觀點，並且是避免研究者偏見的一種方式，如以下實例所示（摘引自 Bogdan & Biklen, 2007: 101）：

> 一位觀察研究者在一所初中進行研究，第一次探訪學校餐廳，深深覺得那裡情況真是失控和混亂，充滿震耳欲聾的聲音、蒸熟食物和垃圾桶的氣味、推擠和吶喊。她一到那裡，就覺得如果不馬上離開，她將會大叫起來。其研究中的老師對她說他們第一次到這餐廳時，也有和她一樣的感覺。……然後，觀察者到教師們的辦公室，有的教師談到餐廳的情形，觀察者對他們說自己在餐廳那段時間，幾乎將她「毀滅」，教師們也開始談論他們以前最初幾週在餐廳輪值的感覺，但他們向觀察者保證說：「妳將會慢慢習慣的，現在我們有些人還真的很享受這種感覺。」觀察者和教師分享她的感受，而她也能知悉教師們的內在感覺。

這個例子顯示，研究者自己的感受是促使參與者反思情感的來源，研究者自己的情緒反應引發探究的預感，因而產生有關參與者經驗的研究問題，研究者的情感能被仔細省察和適當表達，並與現場局內人分享情感，有助於建立和研究參與者的關係。

（九）考量現場觀察的時間

研究者在現場要觀察多久或什麼時候來觀察，須持續地商議和調整，在研究開始時，研究者確知自己有多少時間作研究，即試著在預期的時間蒐集資料和完成研究；例如研究者想要在四個月內完成資料的蒐集，每週

有兩天到現場觀察，但在現場蒐集資料一段時間後，覺得先前低估了觀察所需要的時間，即須增加每週的現場觀察時間、或延長研究的期限、或是縮小研究的範圍和焦點。

每次到現場觀察時間的長短和間隔，也是需要考量的重點，研究者每次在現場觀察的時間，最好不要超過隨後需要回憶和作記錄的時間；安排的觀察時段也會影響所蒐集的資料內容，例如研究焦點是學校的一個班級，觀察的時間範圍如能包括某一整天、某一個星期、或一個學期的不同時段，較可能觀察到這個班級的整體現象。

（十）離開現場

質性研究者幾乎很難感覺到研究是絕對的完成，可能總覺得還有一些方面需要觀察或還有一個人需要訪談，現場的情況常有變化，總是有讓研究者感興趣的事情發生，但最終研究者仍須彈性確定一個研究的終點，通常當發現所蒐集的資料變成重複的，有些資料開始顯得多餘的，並且沒有獲得新的洞察力，這時即可減少在現場的時間，並準備離開現場。

由於長期在現場用盡心力觀察，離開現場對於研究者可能是一種情緒的紓解，但也可能是困難的時刻，因離開現場意指將解除與現場人們的依附關係，有時甚至可能讓參與者覺得被利用來作研究，也許因為這個緣故，觀察者可能選擇在現場停留比研究需要更長的時間，並慢慢減少到現場的次數，讓人們知道研究即將結束，在心理上感覺較為舒緩，如此也可預留之後可能再回到現場研究的機會（Taylor & Bodgan, 1984: 67-68）。

四、現場記錄的方式

研究現場的參與觀察和日常隨興觀察之間的很大不同，是參與觀察者每次從現場蒐集資料回來後，須隨即詳細記錄在現場看到、聽到、經驗到的人們、事件、活動、和談話，並記錄自己對現場經驗的想法、反思、情感，這些記錄稱為現場記錄（field notes）（或稱田野記錄、筆記、札

記）。研究者作現場記錄的過程，可分為在現場即時的備忘記錄或簡要筆記，以及每次現場觀察後完成的完整記錄。

（一）現場的備忘記錄

如果研究者在現場只專注作記錄，可能減低與現場人們互動的機會，也可能干擾彼此的信任關係，Bogdan（1983）在教導現場工作的課程中，認為須訓練學生在現場工作中運用專注記憶的能力，因此特別要求學生不要在現場人們面前作記錄，而需要學習專心地注意現場發生的每件事情，並要求學生一離開現場，即應該獨自坐下來，盡可能仔細地重組剛才觀察的事情，從一個小時的現場觀察記憶，試著回憶寫出約二十頁的記錄。

研究現場的人們、事件、活動、和談話快速流動呈現，有些資料重點稍縱即逝，研究者在現場觀察時，在不影響需要與現場人們互動的情況下，可先使用縮寫符號或速記代號等，快速記下代表某個事件或某段談話的關鍵字句，在該次觀察之後，即可參照這些備忘的代號和字句，回憶重組在現場看到的和聽到的資料。

研究者作現場的備忘記錄，可參考下列幾個技巧（Taylor & Bogdan, 1984: 54-56）：

1.**注意**：在現場專心地觀看和聆聽。

2.**集中焦點**：每次觀察以某個人、互動、事件、或活動等作為記錄的焦點。

3.**尋找人們談話的主要用詞**：現場記錄並不需要記住人們說的每一句話，試著記錄人們每次談話的主要語詞。

4.**注意人們每次談話最先和最後說的話**：人們的談話常隨著一定的順序，例如特定的問題產生特定的反應、一個談話引發另一個談話、一個話題引發另一個有關的話題，研究者記下某次談話如何開始，常就能隨著追蹤到談話結束。

5.回溯談話和情景：在現場看到或聽到某件事情，隨即在心中將談話和情景視覺化重複一次，在觀察一段時間後休息一下，再次回憶重組剛才發生的事。

6.節制觀察的時間：每次觀察到能記住的資料份量，即可離開現場，尤其開始進入一個新的現場，除非那裡發生有關研究的重要事情，每次觀察的時間不宜超過一個小時。

7.觀察後隨即作記錄：觀察和記錄之間不要拖延，如觀察和記錄的時間隔得愈長，所能記得的資料將愈少。

8.畫出現場圖：在圖中標示自己在現場的移動路線和停留定點，以幫助自己回憶起沿線發生的特定事情。

9.現場概要的口述錄音：如果觀察和記錄之間有段間隔時間，觀察時可先口述觀察的概要並錄音，例如觀察的場所是在車上，研究者可透過錄音，用口語概要地敘述車上或沿路看到的事情，之後再將口述錄音轉譯成文字記錄。

10.檢核記錄內容：研究者在某次觀察後幾天或甚至幾週後，常會回憶起之前觀察所遺漏的事情，這些漏失的資料須被合併到記錄中。

（二）整理現場記錄

研究者每次在現場觀察後，須隨即增補現場的備忘記錄，通常一個小時的現場觀察之後，可能需要花費四至六個小時作出完整的現場記錄。整理每次現場觀察的記錄時，可先列出每次觀察的主要事件大綱，再按照大綱詳細書寫記錄，讓現場的事件和對話，按其發生的先後時間在心中視覺化重演，並從心中流向紙本記錄或電腦檔案。如現場的備忘記錄有直接留存人們的完整語句，即用引號寫成直接引句，如只留存研究者聽到的語句重點，則寫成間接引述的記錄。觀察研究者宜盡可能親自整理和書寫現場記錄，不要假手他人，讓自己在書寫記錄過程中更加瞭解資料的細節。

　　每位研究者可按照個人書寫或整理資料的習慣，發展紙本或電腦檔案的現場記錄格式，這樣的格式基本上須便於作資料的描述、反思和分析，整理現場記錄可參考下列具體要點（Hitchcock & Hughes, 1989: 67-68; Taylor & Bogdan, 1984: 59-60）：

　　1. 只用單面書寫紙本記錄，以便於檢視和分析資料。

　　2. 每次的觀察記錄都從新的一頁開始，並標明頁次。

　　3. 每次的觀察記錄前附加標題頁，以便隨時查閱資料，標題頁內容包括：記錄的編號（如【觀20190830】代表2019年8月30日的觀察記錄）；觀察的時間、地點或位置；觀察情境的概要描述；主要報導人或參與者的簡要資料；本次記錄的內容摘要。

　　4. 在記錄首頁可繪製觀察場所平面圖，標示研究者的移動路線和沿線觀察特定事情的記錄頁次，以便查閱該頁記錄的事情資料。

　　5. 在記錄旁左邊或右邊預留約三分之一的空白欄位，以備用來註記對該部分記錄的反思、初步分析或補充細節。

　　6. 將記錄明確分成許多段落，每次新出現一個人、地、事物或談話，即另換新的一段開始，讓記錄中每個人物、事件、或話題自成一個段落，以便之後分析資料時，可清楚分明地逐段註記分析的重點。

　　7. 將逐字引述參與者的話語畫上底線或標示不同顏色，讓這些話語在記錄中明顯而易於辨認。

　　8. 現場紙本記錄或電腦檔案至少複製三份完整的副本，一份用來隨時查閱，一份用來註記分析重點，另一份則完整保留為原始存檔以防遺失或受損，之後開始密集分析資料，將可能需要複製更多用來編輯剪貼的資料副本。

五、現場記錄的內容

　　研究者開始進入現場，即開始作現場的備忘記錄和完整記錄，記錄時

心中假定現場發生的每件事情都是潛在的重要資料來源；到了研究較後期，更瞭解現場人們和確定研究焦點後，記錄的內容可能就較有選擇性。現場記錄包括描述的和反思的內容，描述記錄是描述現場的人們、行動、事件和談話，反思記錄則是研究者個人對於研究的想法、推測、情感、問題、預感和印象。

（一）描述記錄

描述記錄須具體厚實，避免使用淺薄、含糊、評斷的文字，例如下列兩句含糊的描述，其中的不安和生氣兩個字含有不同可能性的動作和情況，分別修改為兩句具體的描述，即明確呈現有關不安和生氣的特定動作和事件（引自 Pelto & Pelto, 1978: 70-71）：

含糊的描述：男孩在陌生人面前很不安。

具體的描述：男孩站在這些陌生人面前，顯得很不安，一直變換
　　　　　　著雙腳的姿勢，結巴地說話，聲音低得很難被聽
　　　　　　到，還一直摸著左手臂上的結疤，當陌生人開始走
　　　　　　向屋內，男孩跑到屋後就消失不見了。

含糊的描述：那孩子很生氣，因為鄰居的孩子都不和跟他玩。

具體的描述：那孩子告訴我他很生氣，因為鄰居的孩子都不肯和
　　　　　　他一起玩，他說他曾帶著他的弓箭玩具到明華家，
　　　　　　但明華把他趕出去，還叫著辱罵他。

由於現場的整體情形不可能完全被掌握，現場的描述其實都代表某種程度的選擇和判斷，由研究者決定要描述什麼和使用什麼字句來描述，基本上須參照研究目的，盡可能具體描述下列內容（Bogdan & Biklen, 2007: 121-122）：

1. **人物**：描述某個人的外表、衣著、說話、行動，顯示一個人的獨特風格，並描述這個人與他人的互動情形，某個人第一次出現在記錄時，須予以仔細的描述，之後只需要描寫有所改變的不同部分。

2. **對話**：描述現場人們之間的談話或私下告訴研究者的話，引述人們所說的重要話語或特殊用語，也記錄人們說話時的口音、表情和手勢，如引述話語近似人們原來說的每個字句，可直接加上引號（如某人說：「……」），如不是很確定，則間接敘述研究者記得的話語（如某人說……），而如果非常不確定，則只要摘錄記得的關鍵話語。

3. **物理場所**：描述現場戶外和室內的各個大小場所，由大而小描述場所的細節（例如由大而小描述校園、大樓、教室），亦可畫出場所的平面圖，例如教室的櫥櫃、桌椅、地板、牆面、布告欄等設施。

4. **特殊事件**：描述參與特殊事件者的名單、參與態度、和行動方式。

5. **活動**：描述現場人們的活動、行為、互動類型、特殊行動。

6. **觀察研究者的行為**：質性研究者自身是資料蒐集的工具，因此需要描述自己在現場的行為、舉動、與現場人們的談話、以及其他任何可能影響資料蒐集的事情；人們的行動和談話只能在其情境脈絡中去瞭解，研究者自身也是這脈絡的一部分，研究者雖應試著減少自己對現場的影響，但總是免不了會產生某些影響，透過描述記錄自己在現場的行為和談話，有助於評估自己對現場不適當的影響，並適度調整自己在現場的行動。

上述第三點描述物理場所，可畫出場所的平面圖，亦可畫出現場人們在場所的移動路線。例如 Jackson（1968, 1990: xiii）觀察研究小學的教室生活，在研究報告專書序言中自述，他觀察到小學老師常在教室課堂走來走去，就在紙上畫出教室的輪廓圖，將教室圖分成四個象限區，畫出老師在教室走動的路線，並標示老師在教室每個象限區停留的時間以及與學生對話的次數，這些路線圖和對話計數揭露了學校生活的本質，讓他理解到老師在課堂走來走去，是在強調個人化學習的理念，是想要同時照顧到教

室裡二、三十個學生。因此描述的人事物如涉及數量的多少，以明確的數字作記錄，而避免使用如很多、很小等含糊的字眼，以增進研究結果可被信賴的效度（Maxwell, 2013: 128; Silverman, 2005: 209-226）。

Sally（1985）採用比較民族誌比較各一所黑人和白人幼兒學校傳遞生活經驗和價值的方式，亦將個別幼兒在充滿行動、活動、和互動的教室中，走動的時間、位置及路線繪製成流程圖，展現個別孩子使用教室空間和轉換活動位置的不同樣式，按照時間和空間因素而繪製的流程圖，可用來分析個別孩子在教室生活的自然史（natural history）（Hitchcock & Hughes, 1989: 183）。教室流程圖的樣式，例如筆者曾指導學生將其在幼稚園教室實習所作的個別幼兒觀察記錄，繪製成流程圖（見圖 3-1），下列觀察記錄的文字配合圖中的流動路線，得以看見個別幼兒一個上午在教室的經驗圖像（圖文資料引自學生的觀察記錄）。

9:01　強強緊跟著前面的小朋友，隨著隊伍走到操場，到操場後，強強自動和旁邊的小朋友圍成個圈圈跳舞。

9:12　強強進教室後，隨著音樂做律動，音樂停了以後，強強也馬上停止動作，跟著老師的指示，深呼吸、輕輕的坐下來，強強領子敞開，像很熱般的搧風。

9:35　分組活動時，老師安排強強用蠟筆描圖形，他拿起半圓形的紙型說：「我要用半圓形的畫。」旁邊的小女生對他說：「你去問啦！」，最後他走向在前面的老師說：「老師，我畫了半圓形的，接下去要畫什麼？」，老師回答說：「繼續畫！」強強和旁邊的小女生打勾勾說：「我有忍者龜哦！」，隨後翻出一張印有忍者龜圖案的紙片，給其他的小朋友看。強強拿了一個三角形描在圖畫紙上，強強描完圖形後，把那個三角形射回桌子上去，他看到有參觀的姊姊在幫他旁邊的小女生按住紙型，他就指著那個小

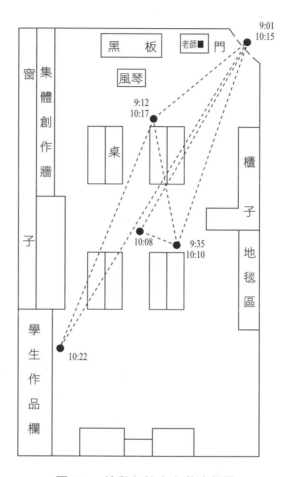

圖 3-1　幼兒在教室走動流程圖

女生說：「她不會畫圖啦！」

10:08　強強走向老師說：「老師我畫好了！」老師說：「去蓋上
　　　　章」，他便回到他的座位拿印章，很謹慎的把印章蓋在圖
　　　　畫紙的右上方。

10:10　強強收起他的蠟筆，並在蠟筆盒上用橡皮筋綁了一個十字
　　　　後，便幫忙其他的小朋友把蠟筆收到盒子裡去。

10:15　強強準備排隊去洗手上廁所，他看到一個老師剛好從廁所

裡出來，他便指著老師說：「老師也在洗手耶！」

10:17　強強洗完手後回到座位坐下，等小老師分點心，老師要小
　　　　朋友邊等邊唸兒歌，強強沒有看牆上壁報紙上的字，就自
　　　　己一直往下唸。

10:22　強強吃完點心後，便跑到教室後面的作品欄前，指著其中
　　　　一張照片對旁邊的小女生說：「這是在日本拍的耶！」強
　　　　強又在那裡看了一會兒便跑到操場去玩了。

（二）反思記錄

　　現場的觀察研究者須透過自己的想法、信念、情感、想像，發展對現場人們觀點的洞察力，並在記錄中記下這些主觀的反省思考，以追蹤自己對現場的瞭解和進一步的探究方向，並藉以注意和控制自己在現場觀察的效應，這些自我反思記錄是之後密集分析資料時的重要參照依據。研究者反省思考的記錄內容可包括（Bogdan & Biklen, 2007: 123-124）：

　　1.**資料分析**：研究者思考自己從資料中得知什麼、資料呈現的主題、顯示的類型、資料之間的連結、其他附加和突發的想法，亦可將資料分析寫成分析的備忘錄（analytic memos）。

　　2.**研究方法**：反思研究的過程和策略、研究設計的決定、與特定參與者的關係、與某個參與者之間的特別問題、或其他兩難的問題，以及反思如何處理這些問題的想法，評估已經處理完成和尚未做到的部分，思考所面臨的研究方法問題和作決定。

　　3.**研究倫理**：現場工作常涉入參與者的生活，而持續引發研究者反思參與者價值觀和專業研究之間關係，記錄研究倫理兩難的反思有助於整理這些難題。

　　4.**觀察者心境**：觀察研究者正式進入現場前，先盡可能充分記錄自

已對研究現場的假定和研究結果的期望，之後用來對照比較實際與現場人們接觸的研究過程，記錄個人對先前研究假定和期望的重新思考。

5.**待澄清疑點**：指出長久感到困惑的事情，或更正先前記錄的錯誤。

每次參與觀察的現場記錄中，描述與反思的內容須相互呼應，配合描述的內容段落，將其省思評註寫在描述記錄旁預留的空白欄位（見前一小節「現場記錄的方式」），或是在每個描述段落之後接著寫上反思評註。例如，對照上述描述記錄和反思記錄的內容項目，以下摘引筆者所作幼稚園現場記錄，描述記錄分別是幼兒上廁所的「事件」和遊戲的「活動」，反思記錄則是有關「資料分析」和「觀察者心境」：

　描述記錄：劉老師站在教室前面，叫小朋友到門口排隊，準備一
　　　　　　起去上廁所，妞妞從座位上站起來，兩手拉著短褲
　　　　　　角，臉上顯得有點慌張，跑出門口，王阿姨站在門
　　　　　　口，擋住妞妞說：「去排隊。」妞妞跑回教室前面，
　　　　　　對劉老師說：「她不給我去上廁所。」劉老師說：
　　　　　　「上廁所，要排隊。」

　反思記錄：今天是開學第三天，妞妞可能還沒學到在團體生活
　　　　　　中，要一起排隊去上廁所，不像在家裡可以想去就
　　　　　　去。我覺得這一點很有趣，幼兒上學不僅要學習控制
　　　　　　自己的行為，可能還需要學習控制自然的生理需要。
　　　　　　「生理控制」可暫定為幼兒學習上學的主題之一，除
　　　　　　了上廁所之外，或許還有其他方面的生理控制需要學
　　　　　　習。

　描述記錄：我走到當作娃娃家的小房間，四個女孩圍坐成一桌，
　　　　　　桌上放著五個塑膠盤，分別盛著樹葉、紙片、和鈕
　　　　　　扣。我聽到她們之間這樣的對話，欣儀：「我們兩個

都想當媽媽，我當大媽，妳當二媽。」佩穎：「我不
是二媽，我是普通的媽媽，我是煮菜的媽媽，妳當煮
飯的媽媽。」薇文：「我也要當媽媽。」佩穎：「這
樣就有三個媽媽。」薇文：「我當買東西的媽媽。」

反思記錄：我原以為幼兒在遊戲中扮演角色是很偶發隨意的，但
是她們在遊戲中似乎有意識地定義著自己的角色，也
在定義別人的角色和自己的關係，就像在主動建構著
人際的角色關係，或許是一種「人際定位」的遊戲類
型。

肆、訪談

每個人從出生起就一直在學習用語言表達自己以及與周遭的人們談
話，訪談基本上即是源自於這種人際間的表達與談話。本節先闡述質性研
究的訪談意義與對象、訪談的方式、訪談的策略，接著闡述質性研究採用
的特定訪談方式，包括：同時訪談多數人的團體訪談、有關受訪者生命經
驗的訪談、以及與年幼兒童的訪談，最後說明訪談的記錄。

一、訪談的意義與對象

質性研究採用的訪談（interview），主要是兩個人之間有關研究目的
的談話，由其中一個人（研究者）蒐集另一個人（研究參與者或報導人）
的口語資料，訪談雖源自於日常的談話，但研究的訪談與日常談話的不
同，主要在於訪談須深入探究人們的生活經驗和內在觀點，質性研究的訪
談即常著重於深度的訪談。

（一）訪談的意義

　　質性研究運用訪談的方法，一是作為蒐集資料的主要方式，二是配合前述的參與觀察或其他研究技巧，作為蒐集資料的輔助方式。參與觀察是在現場直接看到人們正在做的和說的事情，但無法看到人們內在的想法或現場過去發生的事，如研究者想要瞭解現場人們的內在觀點，除了進入現場參與觀察，還需要與他們談話，才得以瞭解人們內在的信念、夢想、動機、判斷、價值、態度和情緒等內心世界（Langness & Frank, 1981: 45）。一般而言，訪談特別適用於下列研究的情況（Taylor & Bogdan, 1984: 80-83）：

　　1.**研究興趣較為確定**：如研究者的研究興趣已相當清楚和確定，即可直接找到有關的參與者，隨即進行訪談。

　　2.**研究場所和人們較不能接近**：訪談可用於探究較無法接近的特殊場所或人們，或是探究過去發生的事情。

　　3.**研究有時間的限制**：參與觀察需要花時間進入現場、熟悉現場人們、等待人們自發說什麼或做什麼，訪談雖也可能面對類似的問題，但訪談通常能預先安排在一段較短的時間內完成。

　　4.**探究較多的場所和人們**：如是較多數場所和人們的多重個案研究，可分別進入各個場所訪談各個參與者。

　　5.**探究人們的內在觀點**：訪談過程能顯露受訪者的內在觀點、想法、情感和價值觀，讓研究者得以設身處地進入參與者的內心世界。

　　然而，訪談基本上是一種談話的形式，訪談資料主要是參與者的口語敘述，如同一般人的談話可能會有欺騙或誇大的情形，受訪者在訪談時所說的和其在真實情境所做的可能有很大的不同，訪談者如沒有機會直接觀察到人們所做的事情，即可能誤用或曲解人們在訪談時所說的資料。訪談可能有這樣的限制，因此須先清楚認識訪談的對象，建立信任的合作關

係，以確保能蒐集到可被信賴的資料。

（二）訪談的對象和關係

　　質性研究的訪談對象即是現場的報導人或研究參與者，在訪談開始之初，研究者可能對於訪談人選及如何找到這些人只有一般的想法，沒有預先確定訪談對象的人數和特性。例如，有的研究者試著先訪談熟悉某種事情的人，然後酌情變換不同特性的訪談對象，有的研究者則在現場參與觀察時，試著尋找較熟悉現場文化的主要報導人，注意到那些人最密集參與現場的活動，這些人通常即是擁有最多現場第一手資料的主要報導人，研究方法兼採訪談和參與觀察，亦可檢核受訪者的談話是否符合其實際的行動。

　　在進行訪談之初，研究者須先向訪談對象說明有關研究倫理的要點，例如訪談的目的、所談的人和場所都用化名記錄、讓受訪者檢視訪談資料等，以獲取受訪者對研究的信任。研究者通常真正開始進行訪談，才能知道需要做多少次的訪談，因此避免一開始即要求訪談對象答應花很多時間訪談，宜等到幾次訪談之後，再與訪談對象商議進一步的訪談時間表。訪談的次數和時間需參照研究者和受訪者各自的時間，每次訪談常需要兩個小時，如果訪談時間太短，可能無法蒐集到足夠的資料，而如果訪談時間太長，則可能讓研究者和受訪者都覺得很疲累。為了維持訪談的流程，可試著每個星期都和受訪者會面，並找到一個不受干擾的訪談場所，主要需讓受訪者在訪談過程中覺得舒適自在。

　　研究訪談者和受訪者之間的關係，通常較單方面有利於研究訪談者，讓其有機會進行研究以獲得學位或發表論文，而受訪者並沒有獲得什麼實質的回報，但他們必須付出很多時間和心力接受訪談。由於這種單方面有利的訪談關係，研究訪談者須用心維持參與者的受訪意願，將參與者視為一個人而不只是資料的來源。進行訪談期間，研究者和參與者的關係可能趨於緊張，參與者可能厭倦於回答問題或開始覺得受訪是種負擔，研究者

則可能對參與者不願回答問題或常跳開特定問題而感到不悅。為了避免這樣的緊張關係，研究訪談者須敏感察覺參與者的情緒低潮，並及時表達關切和給予鼓勵，有時也可暫時停止訪談，休息一段時間，或與參與者一起做些娛樂活動，增進雙方的友誼關係，有助於持續維持和完成訪談的流程（Taylor & Bogdan, 1984: 100-102）。

二、訪談的方式

人們在日常生活的談話方式，有的較為隨意，有的較為正式，質性研究的訪談方式也有非正式和較正式的取向，兩者的相對區別主要是訪談程序和訪談問題的結構性（Patton, 2015: 438）：

（一）非正式的訪談

非正式訪談是一種自由的、開放的、非指示的、非結構的（unstructured）訪談方式，不預設訪談的話題或方向，主要讓研究參與者或報導人自己產生話題和延伸談話的方向；研究者的角色是注意傾聽，以感興趣的表情和簡單的語言回應及鼓勵參與者繼續說，或隨著參與者的話題提出想要瞭解的問題，讓參與者覺得研究者很想從訪談中學到一些事情。透過參與者自己敘說的話語，可讓研究者在確定其研究焦點之前，學習什麼是參與者觀點認為的重要焦點。在研究進行初期，研究者進入現場作初步的觀察時，可透過非正式訪談和參與者交談對話，發展與建立彼此的合作關係，或用來發展之後正式訪談的問題。

（二）正式的訪談

隨著研究的進行，研究者和參與者建立充分的關係，並且明確知道想要訪問的問題，訪談即漸趨向半結構（semi-structured）或結構的（structured）方式，依循著特定的問題進行訪談。比較而言，半結構式訪談是參照研究目的預先選擇某些較為廣泛的問題，擬成訪談大綱或訪談指

引，但在進行訪談過程中，何時或如何提出這些問題則較沒有預定的程序；結構式訪談則是在預擬的訪談問題大綱或指引中，明確設定訪問主題及各主題包含的系列問題。

　　正式的訪談雖有預擬訪談的問題，主要都是採用開放式問題，研究者亦保持開放的態度，讓參與者自由回答敘說自己的想法。進行正式的訪談時，研究者須先說明這次訪談的目的和重點，提醒參與者談話的方向，但如果研究過程中持續產生新的訪問主題，即須跟著修訂原來訪談大綱中的問題。在程度上最為正式和最有結構的訪談，就像是採用有固定問題和答案選項的問卷，研究者逐題提問問卷上的問題，讓受訪者選擇每題預定的答案選項，這種方式可在較短時間內詢問很多問題並蒐集很多位受訪者的資料，研究者須參照研究目的和研究情境，選擇採用半結構式、結構式、或問卷式的正式訪談方式。

三、訪談的策略

　　研究者採行前述不同的訪談方式，主要運用的策略技巧亦有所不同，非正式訪談的主要策略是隨機引發談話和積極的傾聽，半結構式訪談的主要策略是詢問有關研究目的之問題，結構式訪談的主要策略是按照預擬的問題進行訪談。研究採行任一種或多種訪談方式，宜盡可能朝向深度訪談（in-depth interview），以同情的同理心（sympathetic empathy）省察參與者的內在聲音，聽見參與者主觀經驗的信念、想法、感受，從中看見所研究現象的本質（Witz, Goodwin, Hart, & Thomas, 2001）。深度訪談可參考運用如下列的傾聽、提問、探問等策略，以深入探究受訪的參與者內在觀點。

（一）創造談話的氣氛

　　研究的訪談者須創造能讓受訪的參與者覺得自在的談話氣氛，形成彼此的默契和信任感，研究者可透過下列合宜的訪談態度，創造合宜的談話

氣氛（Taylor & Bogdan, 1984: 93-95）：

1.接納與瞭解：當受訪者談到個人的經驗與情感時，訪談者須接納受訪者所說的內容，不要作任何判斷或評論其是非對錯，當受訪者談到個人覺得困窘的事情時，訪談者須表示自己的瞭解和同理心，例如對受訪者說：「我知道你的意思」、「我也曾發生這樣的事」、「我自己也曾經想做這種事」、「我有一個朋友也做過這種事」。

2.讓人們說：訪談者須支持受訪者的談話，適時以點頭、感興趣的表情姿勢、或簡短的口語回應（例如說：「是的」、「這點很有趣」），鼓勵受訪者繼續說下去。訪談者有時需要很大的耐心，尤其當受訪者可能說很多訪談者並不感興趣的事情時，訪談者仍須避免急著打斷受訪者的談話，可試著用微妙的表情或姿勢（例如停止點頭回應），暗示受訪者回到訪談的話題，或婉轉告訴受訪者改變話題（例如說：「我想要回到剛才你說的事情」）。

3.集中注意：在持續的訪談過程中，訪談者可能很容易分心，尤其如是藉由錄音進行訪談時，訪談者不需要當場記錄每句談話，即可能分散訪談的注意力。訪談者須時時提醒自己集中注意力，表示對受訪者所說的很感興趣，並注意到何時及如何提出適當的問題，如不確知受訪者所說的意思，可請受訪者試著再說明和澄清，例如請問受訪者：「你這樣說的意思是……」讓受訪者覺得訪談者很有興趣更加瞭解自己，而願意說得更多；訪談者亦可複述受訪者說過的話，讓受訪者知道訪談者所聽到的內容，並讓受訪者有機會再說明解釋自己談過的事情，以確認訪談者真正瞭解自己的談話。

4.敏感覺察：訪談者須敏感覺察自己的訪問和表情如何影響到受訪者，對受訪者的態度須是同情和友善的，談話過程中受訪者如有短暫的靜默，訪談者不要急於再問問題，而須讓受訪者有再慢慢想一下的從容時間；另一方面，受訪者談過一個主題後，訪談者也可保持短暫的停頓或沉

默，暗示受訪者說出更多有關這個主題的內容，也讓受訪者不會覺得有被
強迫說話的壓力。

（二）同理的傾聽

　　質性研究者自身是蒐集和分析資料的工具，進行研究時須廣泛運用自
己的經驗、想像、智慧、情感，覺察自己與資料呈現的類似經驗，例如參
與者談到與其孫兒們的相處關係，研究者亦反思自己的家庭經驗以及與祖
父母的關係，這樣的經驗同理過程可幫助研究者瞭解參與者談話的意思
（McCracken, 1988: 18-19）。

　　研究者在訪談過程中，須敏感覺察參與者談話音調的轉變，音調轉變
是談話者態度和情感的重要線索，尤其當參與者的音調轉變為悲傷、沮
喪、或哽咽時，可能是想宣洩過去的悲傷經驗，也可能是觸及個人內在秘
密而覺得有壓力，這時研究者須學習體恤參與者音調內含的態度和情感。
例如，筆者探究兩位幼稚園園長的教室觀點（黃瑞琴，1991b），其中一
位園長在訪談時說：「剛開辦園時，我好勝心也很強，但一方面也很脆
弱，可以說是不堪一擊，有什麼苦都要一個人來承擔，也沒有人幫助我，
老師下班後，自己一個人就在這邊哭（眼圈有點發紅、音調哽咽），我現
在的觀念是，我沒有必要常常跟這些家長低頭，我被這些家長磨得很堅強
了！」同理地傾聽園長談話的內容和音調，一方面流露辦園的悲傷和壓力，
一方面也凸顯面對磨難的堅強，而形塑這位園長強調獨立的教育觀點。

（三）提問的問題

　　訪談者的角色不僅是要獲得答案，更要學習問什麼問題及如何問問
題，以提示受訪者能說得更多，而能從中蒐集到更豐富的資料。例如，以
認知人類學為基礎的民族誌訪談，著重於獲取報導人內在觀點的認知結
構，訪談者提問的問題分為三種形式（Spradley, 1979: 60）：

1.**描述的問題**（descriptive question）：這類問題是請報導人廣泛描述一般的情況和自己的經驗，可用在所有的訪談過程，以獲取報導人的一般用語樣本，這類問題例如：「請說一下你參加過的會議？」「能不能告訴我，你在辦公室常做些什麼事情？」「能不能帶我在這裡到處看看，並介紹一下各個場所的用途和活動？」也可提出一個假設性的問題，請報導人描述自己的經驗或看法，例如：「如果家長向你抱怨孩子在幼稚園沒學到什麼，你會怎麼說？」

2.**結構的問題**（structural question）：這類問題是要獲取報導人特定文化知識的基本單位，瞭解報導人如何組織自己日常的經驗，例如：「你在假期中捕捉到哪些不同種類的魚？」「轉職到你的公司工作，需要經過哪些程序？」結構的問題常被重複提出，例如報導人已經說了兩種日常活動，研究者再重複提問：「你能不能再想到其他種類的活動？」

3.**對照的問題**（contrast question）：這類問題是用來確認報導人如何區分某種人、地、事、物的特徵和意義，典型的對照問句是「×和×之間，主要有些什麼不同？」「比較×和×，你較喜歡哪一種？你喜歡的這種有什麼不同的特點？」

對照上述三種訪談問題，描述的問題著重於先對研究範圍形成廣泛的瞭解，結構的和對照的問題則著重於提煉和擴展先前的瞭解；描述的問題常在研究初期用來辨認報導人生活中重要的事件和經驗，有助於確定研究的範圍和方向，也能促使報導人提出某些特定經驗，而引發結構的或是對照的訪談問題，然後再產生更多描述的訪談問題，接著再次引發結構的或對照的問題，如此來回提出描述的、結構的、對照的問題，直到研究者獲得報導人內在觀點的認知結構。

另外，訪談者須儘量避免直接問「為什麼」或「什麼意思」之類的問題，因這類問題顯示一種評鑑的判斷，可能讓受訪者感覺有被評斷的壓力和戒心，如有時需要詢問這類問題，可較具體地詢問其原因或特徵，例

如：「是什麼原因讓你覺得不想去上學？」「你最喜愛的動物是大象，你最喜愛大象的哪些特徵？」訪談者詢問有關「什麼」、「何時」、「何地」、「如何」的問題，較可能引發受訪者述說描述性的資料，同時也可能跟著談到有關「為什麼」的問題，例如，報導人解釋他們如何做某件事情時，通常也會描述他們為什麼做這件事的原因或重要性（Jorgensen, 1989: 87）。

（四）訪談大綱

如採行半結構式或結構式訪談，可參照研究目的預先擬訂訪談問題大綱，以提示訪談者需要訪談的問題內容，如果初步訪談時持續產生新的話題，即須跟著修訂和擴展原來預擬的訪談問題。

如研究是想瞭解較多數參與者的內在觀點時，可採用更為結構化的正式訪談方式，預擬一系列的訪談問題，以這些相同的問題訪問不同的參與者，因而蒐集到回答形式較為一致的資料，有助於訪談結果的整理和分析，可用來比較多數參與者內在觀點的類型。例如，Fuchs（1969）分別與十四位初任教師進行多次的訪談，蒐集和分析初任教師對於教職經驗和信念的觀點類型；李芬蓮（1970）在臺灣雲林的農村社區個別訪談二十六位母親，蒐集和分析臺灣農村社會兒童教養的的觀點類型；鄭芬蘭、蔡孟芬與蔡惠玲（2013）研究罕見疾患的家庭壓力因應與需求，罕見疾病意指罹患率極低而少見的疾病，研究中十二位訪視人員先接受訪談技巧訓練與督導，隨後訪視人員兩人一組進入家庭，按照預定的訪談大綱訪談三十六位罕病家庭的家人或主要照顧者及罕病疾患，參照研究問題擬訂的訪談大綱包括罕見疾病三個階段以及對罕見疾病的反省與建議，共有十二個開放式問題（引自鄭芬蘭等人，2013：457）：

1. 診斷為罕見疾病的初始階段：

   (1)剛開始看到患者的發病經過，當時您的心理感受？當時的心

情？

(2)家中有罕見疾病患者產生哪些壓力？

(3)開始發病時，令您印象最深刻的事情是什麼？

2. 罕見疾病的第二階段，尋求社會支持系統與相關因應策略階段：

(4)您採取哪些策略去尋求社會支持？如何轉化或協助他調適？

(5)哪些人（機構）對您的幫助最大？他們的哪些措施對您最受用？

(6)哪些具體事件，可以降低心理壓力？

3. 罕見疾病的第三階段，家庭氣氛及生活品質影響與調適歷程階段：

(7)家中的氣氛產生哪些明顯的變化？最大的改變？您使用哪些方式讓家庭氣氛慢慢的和諧？

(8)家中的生活品質受到影響？最大影響是什麼呢？您如何改善？

(9)家庭氣氛及生活品質所面臨的主要困境是什麼？您如何調整自己去適應這樣的重大改變？

4. 罕見疾病的反省與建議階段：

(10)除親朋好友之外，對於政府的社會福利機構，最期望提供哪些協助？

(11)關於社會福利以及政策規劃，您認為還有哪些不足的地方，具體的建議？

(12)對於其他有罕見疾病患者的家庭，您會給這些家庭哪些建議？

上述十二個開放式問題使用的字彙，如參照前述 Spradley（1979: 60）區分的描述的、結構的、對照的問題，「如何」的字彙是屬於描述的問題，「哪些」的字彙是屬於結構的問題，「最大、主要、最深刻、最受

用」的字彙則屬於對照的問題，訪視人員交互提問三種問題類型，提示受訪者描述、組織並對照比較他們的經驗和想法。

（五）探查的提問

訪談過程中跟隨著受訪者所說的內容和話題，訪談者須適時進一步探查（probing）特定的問題，以平和的語氣和自然交談的語法，提示及鼓勵受訪者再加述說有關人、時、地、事、物等經驗的細節（說得更多和更仔細）、澄清話語的意思（說得更清楚）、或舉出實例說明（說得更真實和更具體），藉以更深入瞭解受訪者的生活、經驗、情感、概念或價值觀等，探查的問句例如：

1. **問更多細節**：「這件事情是誰做……？」「什麼時候發生……的事情？」「那天你在哪裡……？」「你聽到些什麼……？」「你怎樣處理這個問題呢？」「你這樣做……，結果怎麼樣？」「剛剛你說到……？可不可以再多告訴我一些關於……的事情？」

2. **問更清楚的語意**：「我不太清楚你剛才說的……，請再重述和說明一下？」「那時你有些什麼感覺？……是什麼人或事情讓你產生這種感覺？」

3. **問具體的實例**：「可以舉出一個例子，具體描述一下你剛才提到的……？」「你舉出的這個例子……，對你有什麼特別的影響嗎？」「還有其他相同或不同的例子嗎？」

（六）引發談話的參照資料

研究者可參照研究目的，預先蒐集參與者日常使用的有關資料，再以這些資料作為訪談時的視覺引發（elicitation），引發參與者有關此資料的談話（Creswell, 2016: 171）。如針對參與者的某方面經驗進行訪談，可蒐集或請參與者提供有關這方面經驗的資料如：日記、信件、照片、作品

等，參照這些資料進行訪談，引發參與者回想和敘述有關這些資料的經驗、想法和情感，例如Clandinin（1989）探究一位初任教師第一年任教的個人教學實際知識發展的節奏，即以這位教師的教學日誌作為訪談時的參照資料，用來引發教師敘說在其教學日誌所述教學情境中，個人所運用的教學實際知識。

（七）交叉檢核資料

研究訪談雖盡量讓參與者說他們想說的，但訪談不像參與觀察一樣能直接看到人們的真實經驗，因而需要在訪談過程中交叉檢核受訪者的談話。在持續的訪談過程中，訪談者可藉由不同的方式重複詢問受訪者相同的經驗，以檢核受訪者在不同時間談到相同話題時，其談話內容的相同或不同之處，如發現受訪者的前後談話內容有所不同，訪談者可試著直接請問受訪者，例如：「我知道我們之前談過這件事情，但我仍覺得不是很清楚，請你再進一步說說看？」「上一次你告訴我是這樣，但這一次你不是這樣說，我不太瞭解這一點，是不是可以解釋一下？」如是針對同一種話題，可檢核受訪者主動說的和被動回答提問的兩種內容，是否相同或不同，如另有其他人在訪談現場，也可能影響受訪者的談話，因此針對同一種話題，亦可檢核受訪者在其他人面前的談話，是否與單獨受訪時的談話有所不同。

（八）跨文化的訪談

跨文化的訪談就如同診間的醫療民族誌，醫師在診間問診時，常需要同理面對不同文化與社會背景的病人，關注病痛的跨文化呈現與理解，逐步推敲病情與病人可能的文化考慮和社會支持，反省醫療介入的必要性與妥適性，貼近文化、瞭解病人，提問更有意義的問診，建立跨文化的醫病溝通關係，這種民族誌取向尊重文化及敏銳感知的文化能力，是醫學教育需要強化的重要能力（郭文華，2020）。在臺灣多元文化社會情境進行研

究，常可能訪談不同語言或文化背景的參與者，研究者亦需要加強敏銳感知的文化能力。

　　Patton（2015: 480-482）提出跨文化訪談的注意要點，研究者須敏銳覺知自己和參與者的語言或文化差異，訪談時的語言差異，如需要透過翻譯人員居中轉譯談話內容，須先與翻譯人員確定據實翻譯的方式，避免採用摘譯或意譯而簡化或曲解談話內容；跨文化訪談也可能涉及文化規範和價值的差異，例如，訪談話題或用語觸及文化禁忌，私密的個別訪談不符合該文化的群體習慣，不同性別的訪談者和受訪者違反文化習俗，以及談話時的眼神接觸、姿態動作、遠近位置等也可能有文化的差異，研究者需要尊重和敏銳因應這些文化差異，擬訂訪談的適切方式和用語。教育研究者亦可能進行跨文化訪談的研究，例如，邱珍琬（2010）探究國中生在隔代教養下的家庭教育，訪談居住在臺灣高雄、屏東地區的隔代教養家庭祖孫，採半結構式深度訪談方式分別訪談祖父母和其孫兒，參與研究的二十位國中生及其祖父或祖母使用的語言各有不同，分別為華語、臺語、客家語、和原住民語言，其中原住民語言需由在場的翻譯擔任傳譯，其他語言皆由研究者本身可以擔任，由於每種語言各有不同的表達方式，因此研究者只列出訪談問題大綱，其餘訪談細節則因應不同受訪者使用的語言做些調整，以因應受訪者的語言差異。

四、團體訪談

　　質性研究的訪談常是研究者與一位參與者或報導人的一對一談話，有時因研究目的之需要，則採取與多數人組成焦點團體（focus group）的訪談，焦點團體訪談涉及要項包括：研究焦點、焦點團體、團體訪談方式、質與量混合方法研究（Krueger & Casey, 2015; Stewart & Shamdasani, 2015），本小節先說明焦點團體訪談的這些要項，再以研究實例呈現研究如何運用焦點團體訪談。

（一）研究焦點

　　焦點團體訪談主要針對研究目的運用團體互動的交談情境，蒐集團體成員的意見資料，其研究目的聚焦於人們對於某特定議題、政策、方案、產品或服務，持有的想法、意見、態度、評價或感受，聚集與研究目的有關特質的人們在一起交換意見或感受，透過這些人互動交談而蒐集的資料，可發現研究焦點之某個議題、政策、方案、產品或服務，有關的研發方向、業務目標、需求評估、及施行成效等類型或趨勢。

（二）焦點團體

　　相較於個別訪談常透過長時間蒐集參與者個人觀點的資料，焦點團體訪談是在較短時間內蒐集多數參與者多元觀點的資料，選取焦點團體成員的屬性聚焦於研究目的有關的相同特質，例如：性別、年齡、教育、職業、居住地區等特質，具有同質性的成員在訪談過程中較容易互動溝通；另一方面，同質成員的個人背景或經驗則有所不同，藉以相互激盪出不同的意見，而得以蒐集到更多樣化觀點的資料。換言之，焦點團體的成員一方面具有研究目的有關的同質性，較易於互動溝通，另一方面具有不同的個人背景或經驗，較能激發不同的意見。

　　焦點團體訪談的成員聚集組合方式，參照研究的目的、時間期限、或人力資源而有不同，有時聚集所有成員進行一個場次的團體訪談，有時則分成幾組分別進行不同場次的團體訪談，例如擬訪談臺灣各地區的居民，可分別在臺灣的東部、北部、中部、南部，分區進行多場次的團體訪談。一般而言，每場次焦點團體成員的人數約四至十二位，較能產生密集的互動，讓每位組員都有機會發表意見，並讓研究者蒐集到較多樣的意見資料。

（三）團體訪談方式

　　焦點團體訪談是規劃在較短時間內獲得團體互動交談的資料，訪談成人的時間通常約二至三小時，訪談年齡越小的團體則須縮短時間。團體訪談的進行方式，主要由研究者主持和帶領，針對團體訪談的互動情境，營造一個包容且自在的談話氣氛，讓參與組員樂於表達及分享個人的意見與經驗，研究者或主持人負責引導較正式和結構式的團體訪談流程，主要包括：

1. 介紹團體組員和訪談主題。
2. 說明訪談進行的程序。
3. 說明訪談的問題綱要。
4. 說明現場記錄、錄音或錄影、資料蒐集和使用的方式。
5. 鼓勵組員盡量發表自己的觀點和意見。
6. 邀請組員回應其他組員的觀點和意見。
7. 協調安排組員輪流發言的時間和順序。
8. 維持組員的談話能聚焦於訪談主題。
9. 引導離題的談話能回歸訪談主題。
10. 適時提問或探詢追問組員的意見重點或細節。
11. 摘要歸納組員的各種觀點意見，並請組員確認摘要的正確性。

　　上述第三點所謂之訪談問題綱要，須參照研究目的和問題預擬結構式或半結構式訪談大綱，採取開放式的問題，使用清楚扼要的語句，讓組員很容易瞭解自己需要表達的的重點。

（四）混合方法研究

　　實用主義為基礎的混合方法研究，是在單一研究或多個研究中，同時或依序地採用質的和量的方法，以形成研究問題、蒐集資料、分析資料或

詮釋結果（宋曜廷、潘佩好，2010）。依據研究目的和問題的性質，可選用焦點團體訪談作為研究的單一方法，亦可結合量的方法進行混合研究，以蒐集更豐富有力的資料證據；例如，焦點團體訪談時成員談到的議題、所說的字句、回答問題的範圍等資料，可用來參考設計較大規模之量的研究工具（如問卷），另一方面亦可用來解讀蒐集到的量的資料（Krueger & Casey, 2015: 22）。

（五）研究實例

接著以三個研究實例，綜合呈現研究如何運用上述的焦點團體訪談，各研究的焦點分別為產業趨勢與需求、方案施行成效與困境、教育改革與創新方向，聚集與研究焦點有關特質的成員，一起進行焦點團體訪談。

第一個研究實例，中小學電子教科書產業趨勢與需求的研究（方志華、葉興華、劉宇陽、黃欣柔，2015），選用焦點團體訪談為研究的單一方法，焦點團體成員包括電子教科書產業之電子書包實驗學校代表、教材業者、硬體業者、數位內容業者、及推動相關業務的產官學研人士等，成員的同質性都屬於電子教科書領域，又分別屬於產官學研與教學實務的不同職場背景；訪談方式是分組進行十個場次的團體訪談，參照研究者預擬有關電子教科書發展現況、發展趨勢、發展政策需求的訪談題綱，進行每場次約兩個小時的訪談；於訪談會議中，研究團隊成員摘錄與會者談到的重要內容，並追問內容以確認與會者的想法，同時以錄影方式蒐集資料，錄影鏡頭隨著發言者移動拍攝，以便在會後謄錄談話內容時，可借助發言者的肢體語言，更加掌握其意見。

第二個研究實例，問題導向學習（Problem-Based Learning，簡稱PBL）在教學實習上應用成效與困境的研究（張德銳、林緙君，2016），採用問卷調查為主、焦點團體訪談為輔的研究設計，研究對象為二十位修習不同類科教學實習課程的師資生，分為國文、輔導與家政、體育、與餐館四個類科小組進行PBL教學，再透過問卷調查教學實習師資生對於PBL

教學成效的檢核與評量，調查結果以統計分析師資生對 PBL 教學成效的各項看法和教學改變情形；另以立意取樣方式，邀請 PBL 四個小組中各一位參與狀況與表達能力較佳的師資生，參與約二小時的團體訪談，以瞭解師資生在學習過程中融入 PBL 的困境或限制；分析焦點團體訪談資料的核心主題，一方面具體呈現 PBL 在教學實習上應用的困境，另一方面引用訪談資料實例，對照討論問卷調查整體教學成效的結果。本研究可說是採量的問卷調查為主、質的焦點團體訪談為輔的混合研究，焦點團體訪談的結果用來輔助解釋問卷調查的結果。

　　第三個研究實例，國內會計教育改革與創新的專案研究（李書行等人，2018），兼採焦點團體訪談和問卷調查，先後蒐集團體意見質的和量的資料：先進行焦點團體訪談，並將訪談總結作為確立問卷內容的基礎，隨後再進行問卷調查；焦點團體成員包括四大會計師事務所的專業合夥人、人資長、企業財會主管、和國內指標性大學會計系系主任，共計十六位專家學者組成的焦點群組，團體成員的同質性都屬於會計領域，又分別屬於事務所、企業、和大學的不同職場背景；團體訪談方式是進行一個場次的焦點群組座談、研究者按照研究目的（確立會計系人才培育目標等），先擬訂焦點群組座談的四個議題：

1. 系所教育目標及教學方式、課程設計現況。
2. 針對會計人才培育三面向——會計專業能力、基本能力、廣泛性之管理能力，現況及理想教學比重分配。
3. 在工業 4.0 時代（例如大數據、人工智慧、區塊鏈等），對於會計專業之挑戰及會計教育之因應。
4. 其他對於臺灣會計高教體系之建議或期許。

　　座談會的議程安排，首先由主持人進行簡報說明研究計畫的內容與目標、期程、現階段文獻整理問題等，接著針對四個議題分二階段進行座

談，第一階段主要由會計師與學界針對議題一、二發表意見，第二階段則主要由業界代表針對議題三、四發表意見，最後進行綜合座談，由研究團隊與焦點群組進行互動與交流，全員充分交換意見。整理焦點群組座談的質化意見，亦作為確立問卷內容的依據，隨後再藉由問卷調查，獲取學術界與實務界的意見，研究報告分別呈現焦點群組座談的總結以及問卷調查的結果分析，再彙整出當前會計界對於國內會計教育革新的看法。本研究可說是先進行質的焦點團體訪談，再參照訪談結果來發展量的問卷調查工具的質量混合研究。

五、生命經驗的訪談

　　訪談目的如是想瞭解人們對於某個議題的特定想法、意見、態度，通常採用一般的個別訪談或團體訪談，而如想瞭解人們綿延流轉的生命經驗，則採用生命史或生命故事的深度訪談或敘說訪談。所謂的經驗，根據杜威（J. Dewey）對經驗的解釋，經驗同時是個人的、也是社會的，人總是存在於關係，存在於社會情境中，經驗具有連續性（continuity），經驗是由過去的經驗而生，同時經驗也引向更進一步的經驗（Clandinin & Connelly, 2000:2/2003: 2-3）。一個人的生命史或生命故事，即是連續流動在個人與社會之間，以及過去、現在與未來之間的生命經驗。

　　生命史（life history）訪談，主要是一個人或少數報導人經由研究者的深度訪談，將其個人的生命歷史以口語方式呈現的回顧敘述，敘述內容可能包含報導人全部的生命歷程或某部分時期的生命經驗，也可能著重於報導人早期的生活或目前的生活經驗；生命史的研究主旨在於描述報導人如何因應社會的生活經驗和事件，以報導人自己的話語呈現其個人對於生活事件的看法，並從報導人自己的情感和觀點去詮釋其處理社會經驗的脈絡（Langness & Frank, 1981; Watson & Watson-Franke, 1985）。生命史的深度訪談，需能進入報導人主觀經驗的意識和感受，對報導人有深入的同理和洞察，訪談時的提問要能觸及報導人主觀經驗的意義。

　　說故事是人類溝通的基本方式，人們日常生活中都在發生和敘述著故事，生命故事（life story）是一個人生命歷程發生的故事，生命故事訪談是一個人或少數報導人經由研究者的訪談，選擇敘述自己活過（lived）的生命，並且儘可能完整和誠實地被說出來（told），這個故事發生在這個人的敘說（narrative）本質，包含從出生到現在的時間流動中發生的重要事件、經驗和情感，這些事件、經驗和情感被說出來的過程中，即會發現深層的生命意義（Atkinson, 2002: 125）。所謂的敘說"narrative"字源是拉丁文"narrare"，原是指「訴說」（to tell），一個人在敘說過程中，同時也在後設思考自我的觀點，將自身的經驗轉化為口語說出來，並賦予自身經驗連續性與一貫性的意義（Bruner, 2002: 73-74）。每個人的生命包含了很多故事，可以也值得被說出來與人分享，研究者經由敘說者的分享，進入敘說者生命經驗的時間流動情境，理解敘說者在所處社會脈絡中建構的深層意義。

　　敘說探究是瞭解經驗的一種方式，是由研究者和參與者隨著時間的流逝，在與環境的社會互動中建立起來的合作，研究者探究這個仍在生活和述說、回想和重述之中構成人們經驗的故事，既是個人的、也是社會的；簡單地說，敘說探究是活過的和說過的故事（stories lived and told）（Clandinin & Connelly, 2000:20/2003: 29）。在敘說探究中，口述歷史（oral history）的訪談是最普遍的形式，得到口述歷史如使用結構式的問題，是以研究者的意圖為優先目標，如是讓參與者用自己的方式訴說他們的故事，則是以參與者的意圖為首要旨趣；自傳性的口述歷史訪談，由研究者和參與者一起建立編年史（annals）與大事記（chronicles），讓參與者能據此來建造他們的口述歷史；編年史可想成是一張包含記憶、事件、故事等的資料清單，參與者建構時間線的起點，例如從出生的時候開始，或是以最近的某個日期作為開始的基準點；大事記則可看成是在特定主題內的序列事件或敘述線路，例如青少年時期或旅行時期（Clandinin & Connelly, 2000/2003: 160-162）。

參照以上所述生命史或生命故事的深度訪談或敘說訪談，生命經驗的訪談可沿著參與者生命歷程的時間序列開展，或是沿著特定主題的事件序列呈現，生命經驗屬於研究參與者自己的歷史或故事，訪談方式選用參與者意圖為主旨的半結構式或無結構的深度訪談或敘說訪談，較能讓參與者用自己的方式訴說屬於他們的故事。

（一）半結構式訪談

採用半結構式的生命史訪談，常先發展訪談大綱或指引，列舉生命史有關的內容要點，提示深度訪談的進行方向，並讓報導人自由敘說自己生命史的細節。生命史研究彰顯社會文化群體中個人的生命特質和意涵，社會科學研究常以男性的主導觀點解釋社會現象，而質疑女性經驗是否能解釋社會文化現象的全部或部分意義，女性生命史的訪談研究，尤可彰顯女性的成長經歷和生命意義（Watson & Watson-Franke, 1985: 164）。探究女性生命史的訪談大綱或指引，可包含女性生命歷程的下列關鍵經驗（Jacobs, Armitage, & Anderson, 1984: 22-24）：

1. 基本的背景資料
    (1) 家庭史：從祖父母開始的家庭史；與祖父母的關係；父母的
        背景資料；出生時間、出生地、兄弟姊妹的情況。
    (2) 社會環境、家庭生活、和幼年生活：家庭所在社區的情況；
        家庭住屋情況；家務的責任和決定情況；家人之間的關係；
        出生、結婚、死亡的家庭事件；宗教在家庭生活中的角色。

2. 童年和青年期
    (1) 教育：學校、老師、課程、興趣、期望、和學校活動；父母
        對教育的態度、對男孩和女孩的不同期望；其他型態的學校
        經驗、特別訓練、職業的準備、生涯。
    (2) 社會關係：童年玩伴、遊戲的種類；少年時期的交友關係。

(3)家庭關係：家事的責任；家人相處方式；家裡由誰訓練孩
　　子、如何訓練。

(4)青春發動期和性教育：月經的經驗和感覺；性教育的經驗。

(5)其他：讀物、衣著、髮式等。

3. 成年早期

(1)對未來的期望。

(2)工作的經驗。

(3)社交關係和社區參與。

(4)居住的安排。

(5)薪資收入的處理。

4. 成年角色和生活

(1)已婚的女性：結婚的經過；丈夫的教育背景和職業；孩子出
　　生前後的日常生活情形；與丈夫相處的關係；孩子的教養情
　　形；家庭以外的社交生活；孩子離家之後的生活；各種經濟
　　和社會事件，對於個人和家庭生活的影響。

(2)單身的女性：對婚姻的態度和期望；居住安排；社交生活；
　　工作生涯。

(3)分居、離婚、或寡居的女性：改變生活的方式、感覺；單親
　　家庭情況和困難。

5. 老年的生活

(1)已婚的女性：活動、興趣、孩子長大後的感覺。

(2)職業婦女：退休後的生活、活動、感覺。

(3)所有的女性：生理的問題、生活的感覺。

6. 一般的生活

(1)生活的省思：最快樂、最不快樂的時候。

(2)女性角色的省思：女性的地位、改變中的角色。

(3)上述各時期發生的各種事件對生活的影響。

選取如上述生命史訪談大綱的要點，可用來探究女性的生命經驗和生涯觀點，如以大多數是女性的幼稚園教師為例（黃瑞琴，1989），女性教師的幼教職業文化，一方面可能遠溯她們早年的生活經驗、童年回憶或學校學習歷程，另一方面則可能反映著她們對當前社會體制的覺知與愛憎，如欲瞭解女性幼師的生涯發展與社會文化脈絡關係，即可深度訪談一位或多位女性幼教老師，從女性的生活角度和社會意識去瞭解和解釋她們的家庭、婚姻、育兒經驗、職業選擇等的衝突與妥協。

生命史或生命故事的訪談大綱，亦可聚焦於研究主題有關的生活經驗，例如顧美俐（2014）研究新移民女性與宗教信仰，聚焦於瞭解新移民女性個人信仰脈絡下的生命故事，深度訪談在越南世代為天主教家庭的六位外籍配偶，與研究主題相關的半結構式訪談大綱，從受訪者的基本資料談起（引自顧美俐，2014：140）：

1. 年齡、在臺時間年數、教育、工作狀況、孩子、孩子的健康狀況、家庭生活費用來源、個人生活零用金、家庭結構、有無姊妹嫁到臺灣？

2. 受訪者之原生家庭背景（家中經濟狀況、期不期望寄錢回去、如何嫁來臺灣？）

3. 夫家背景（先生教育程度、工作，與公婆或先生的兄弟姊妹住一起嗎？）

4. 個人信仰的歷程（何時受洗入教、為何受洗？）
   若要介紹給別人你的信仰，你如何分享你的信仰？
   你的信仰一直是火熱的嗎？有無冷淡的時候？
   你自己本身有沒有屬靈（與天主教最接近）的經驗？
   有沒有別人的信仰故事讓你深受影響？

5. 在你來臺後生活適應上有沒有問題？這些問題如何挑戰你？你的感受如何？你的信仰有沒有幫助你處理問題？如果有的話，

又如何幫助你？（你如何作？）

6. 在你經過這些困難後，你的生活上有沒有經驗到關係的改變？
   對你生活的影響又為何？（是否加深了你對天主的信仰？）

口述歷史的訪談是歷史學與社會科學界重要的研究方法之一，劉靜貞（2016）與研究團隊共同參與臺灣四十八位六十歲以上常民女性的 120 小時口述歷史影音資料的蒐集工作，根據研究進行的訪談經驗指出，研究者如因著研究主題擬訂訪題並在訪談中提問，需要儘可能維持敘事者本身的主體性，將訪談中提問的誘導性影響降至最低；其口述歷史的一個研究主題是臺灣日治末期戰爭體制下的女性，最初訪談時，受訪的阿嬤須在研究主題一定的問題脈絡中發言，然而研究者在訪問中發現，若從日常生活出發，讓阿嬤們由自己最感興趣的話題開始訴說，她們原本認為不曾被記憶或不值得訴說的部分，會較容易被逐漸引帶出來，於是研究者沿著女性生命史發展主軸，重新設計了訪問題目，並特別提醒訪員不要按表操課，而要根據阿嬤們的個別狀況，讓阿嬤依其自身邏輯發展話題，必要時才參考訪題進行提問，以喚醒阿嬤的記憶，經由這種訪問方式，阿嬤們的敘述常跨越了時序或課題的思維方式，更凸顯了阿嬤們真正的「生活」組織了她的思維。

參照劉靜貞（2016）口述歷史研究的訪談經驗，研究者如採用半結構式的生命經驗訪談，預擬訪談問題並在訪談中提問，宜儘量維持敘說者的主體性，主要讓敘說者循著其自身的經驗發展話題，以蒐集敘說者真正的生活思維形塑成的生命經驗。

（二）無結構式訪談

無結構式訪談是一種自由開放式的訪談，尤其在研究開始訪談初期，採用開放的無結構式訪談，可讓參與者自在開展自身多方面的觀點面向，在研究訪談較後期，再依據參與者自身關切的觀點面向，擬定聚焦訪談的

大綱，以避免訪談方向受限於研究者先入為主的訪問題目。

生命史訪談常需歷經較長的時間，另有一種焦點生命史取向的「自傳的表白訪談」（expressive-autobiographical interviews），可在時間和資源有限的較短期時間內，聚焦於訪談研究參與者的高濃縮編年自傳和生涯發展關鍵層面，而不是廣泛探究其整個生命史（Fetterman, 2010/2013: 94）。筆者探究兩位幼稚園園長的教室觀點（黃瑞琴，1991b），即採用這種自傳的表白訪談方式，在研究初期先採用開放的無結構式非正式訪談，談話方向並沒有依照生命史的時間順序，而是讓園長依照自己的情感和思想架構，自然地談起覺得對自己很重要的某些特定事件或時刻，例如：與童年友伴的關係、轉換工作的動機和方式、生活和工作中最快樂或最不快樂的時刻、面對挫折時的因應方式等；訪談一段時間後，才進行較正式的訪談，基本上仍依循著園長的談話方向，另一方面參照先前在該園的觀察記錄、園長日常談話記錄、該園行政與課程教學的檔案資料，提出有關該園日常的時間分配、空間布置、和幼兒活動等問題，讓園長自由敘說自己的想法和作法。

（三）生命傳記的敘述訪談

德國社會學者 Fritz Schütze 發展生命口述傳記採集法的敘述訪談，是讓報導人在研究命題範疇內，將個人的事件發展及相關的經歷濃縮、細節化的即興敘說，是生命傳記研究領域典型的資料採集法，其訪談過程主要分為主敘述、回問、與平衡整理三個階段（摘引自倪鳴香，2004a：28-30）：

1. **主敘述**：訪談者開啟一個起始問句，引導敘說者的敘述潛能，主敘述隨即展開，由敘說者自己撿選其生命史的主軸線和重要事件來敘述，在主敘述過程中訪談者就只是個聽眾，中途不干擾、不打斷，讓敘述得以持續進行，訪談者主要嘗試積極聽取故事，瞭解敘說者的觀點，並給予簡

單回應聲（如「嗯……嗯」），以支持鼓勵敘說者持續敘述，直到敘說者說出終結語句（如「就這些，完了……」「……好了，還有問題嗎」），訪談者接收到此類似告一段落的訊息時，才進行下一階段的回問。

2.**回問**：訪談者以回問繼續擴充敘說者的敘述潛力和能量，透過先前傾聽的主敘述，回問是針對敘說者主敘述的話語斷裂、沒有提到、看起來不重要跳過去、不清楚和不能明白、有矛盾或抽象模糊的部分，提出回問的問題，這些部分可能是敘說者仍感傷痛、有存疑或無法透視的事情，透過訪談者提出的問題釐清和深入探問，讓敘述者再次回憶和澄清其在主敘述階段沒有說清楚的部分。

3.**平衡整理**：訪談者促進敘說者對其自我生命歷程或特定階段，作整體的評估，訪談者協助敘說者對其敘述的狀態和處境進行抽象性說明，訪談者或從理論化的角度提問「為什麼」，讓敘說者提出評論性的回答，使敘說者成為評論自我生命故事的專家與理論家，能有意識地整理、思考、評斷整個敘說和自身經歷，甚至將自身經歷概念化，生化出可能的人生態度與信念，例如敘說者這樣說：「……人就是永遠都可以自我在發展，自我在開展，他永遠有這樣的可能性……」。

敘述訪談全程時間，依受訪者個人敘述狀態而有差異，一般而言訪談時間約需要三小時，但亦有連續八小時的案例（倪鳴香，2009：30）。在敘述訪談的三個階段，訪談者的主要任務是提出關鍵性的訪談語句，引發敘述的產出並聚焦於研究主題；例如（摘引自倪鳴香，2004b：28-30），在主敘述階段，訪談者提出能促發報導人即興敘述潛能的起始句，此起始句可能是針對整個生命歷程的提問：「就請你試著從小開始談你這一路走來的成長歷程好不好」，或是針對生命某特定階段的邀請：「要請你聊一聊你從小到大的一個求學的經驗」；在回問階段，訪談者提出能繼續擴展敘說者敘述潛力的回問句，如回問：「……那其他的課程，就是能不能再講仔細一點，你在這幾年你怎麼樣去進行，因為那算是一個很重要，你的

專業養成的一個過程」；在平衡整理階段，訪談者提出能促進敘說者整體評估、說明、或評論其自身生命歷程的問句，如問：「那你看講了兩個多小時，那你怎麼說，就是說你講到這裡你整個的感覺，或者說你會怎麼說你自己，如果你要用一個總結來講你自己過去到現在，這樣的一個你」。又例如，李文玫（2014）探究臺灣桃竹苗地區客家庄的社會文化行動者在地實踐中的情感結構樣貌，採用敘述訪談法的起始句為：「請你談一談從事客家文化／事務的推展，從開始到現在的整個過程，如果這些經歷和你過往的客家經驗有關，那麼請你從小時候的生命經驗談起」，回問句如：「支持你繼續推動客家文化／事務的重要動力有哪些？」「可不可以請你談一談你兒時的客家經驗……」、「你覺得客家文化的延續與傳承最重要的是什麼？」

（四）自我敘說個人經驗

上述生命經驗的敘說訪談，研究者是訪談者、記錄者、書寫者，受訪者口述自己生命故事的自述文本，是透過研究者的訪談而蒐集的訪談記錄，由研究者書寫成研究文本。如研究者自身有故事要敘說，並且擅長和習慣於自我書寫，則採行自我敘說（self-narrative）的方式敘說自身的生命故事，這種自我敘說方式，猶如與自我反身性的訪談和對話，以建構個人經驗的主體性。葉安華、李佩怡與陳秉華（2017）回顧分析臺灣近二十年（1994～2014 年）自我敘說研究論文呈現快速成長的趨勢，其中論文多半來自與人互動有關的專業系所如教育、心理、社工等領域，自我敘說研究的價值在於研究者透過敘說釐清自身，同時產出人類經驗知識，進而賦權自身與他者。

丁興祥（2012）指出自我敘說是一種另類的心理學與敘說典範，自我敘說研究中的故事主角、敘說者（執筆者）、甚至讀者（重讀生命經驗與反思者）三者合而為一而又可能彼此對話，自我敘說者透過很強的反身性（反思性），回身向內（己）用力地不斷循環探究歷程，從記憶中的「經

驗我」（生命經驗），再現成「文本我」（自述文本），透過詮釋及反思而成「詮釋我」（理解），又經由「意義」的重建或視框的轉移回到自身的生命經驗中重新體驗與實踐。

　　自我敘說個人生命經驗的研究者，參照Riessman（1993/2003）提出敘說探究的五個層次：關注經驗、敘說經驗、書寫經驗、分析經驗、閱讀經驗，運用於經驗我、文本我、詮釋我的自我敘說探究歷程，即是在關注自我經驗時，藉由檢視自己過往留存的個人資料，思想起經驗我曾親身經歷的事件或情景；敘說自我經驗時，以個人慣用語言敘述自身生命的發展情節，重現經驗我的現場文本；書寫自我經驗時，將自述經驗轉譯成文字，選出自我感知對自己最有意義的關鍵經驗，建構經驗我的研究文本；分析自我經驗時，將敘述和書寫的文本置入經驗我所處社會文化脈絡，加以整合、分解、比較、重建、解析、與反思，詮釋蘊含於文本我的深刻意義；閱讀自我經驗時，又回到自身的生命經驗中重新體驗與反思，並持續藉由其他讀者參與解讀文本的回應視框，持續理解和詮釋經驗我和文本我的深刻意義。

　　例如，邱珍琬（2012）以自我敘說方式，探討個人諮商理論取向和型態形成的過程，採取Riessman的經驗敘說五個層次，從經驗我、文本我、詮釋我的探究歷程，關注自我在成長與學習過程中的重要事件與經驗，將這些經驗敘說表達出來，以書寫方式轉述記錄此經驗，分析回顧這些經驗在自我諮商理論形成的意義與重要性，以及重新閱讀組織過後的經驗文本，重新體驗與理解自身生命經驗的意義。湯玉瑩（2015）作為一位資深幼兒園教師，回看自己幼師生涯中的信念與教師角色，關注我在幼教師專業發展建構的經驗，敘說自身過往經歷的職場經驗，書寫自己在原生家庭、求學生涯、進入教育圈任職各時期的深刻經驗，分析自己在幼教生態演變中教師信念的衍生模式及教師角色的轉化過程，閱讀自己走過幼教師專業發展的曲折之路，同時也讓讀者共同參與經歷這樣的路程。

　　研究者自我敘說個人的生命經驗，可藉由與自身經驗密切關聯的個人

資料（如照片、日記、記事本等）回想起個人經驗，另一方面可藉由訪談自我生命歷程中的重要他人或密切相關的他者，猶如以人為鏡，反映出自知之明，藉由他人述說對於我的所知所感，反身看見自己生命經驗的多元樣貌。例如，湯玉瑩（2015）敘說自己的幼師生涯，採半結構式訪談為資料蒐集方法，訪談與自己有長時間相處或深入互動經驗的家人（女兒）、多年前任教幼稚園的學生、自己就讀碩士班的同學、以及任教幼稚園的同事，先針對每位受訪者與自己的不同關係，擬訂每份不同的訪談大綱，再參照訪題分別進行個別訪談與對話，讓受訪者以不同的角度回看過往他們所觀察和認識的研究者，包括研究者在家為學校忙碌的情形、在幼稚園扮演的教師角色、進修碩士班的辛苦、幼教專業發展的表現等面向。例如研究者參照下列訪題，訪談在幼稚園合作帶班的一位同事（引自湯玉瑩，2015：225）：

1. 請問您與湯老師兩人合班多久？
2. 請問您與湯老師兩人班級經營的方法？
3. 請您談談平常您會如何與湯老師溝通？
4. 請您談談兩人如何建立一致性的教師理念？
5. 請您談談兩人如何經營親師關係？
6. 請您談談如何分配工作上的職責？
7. 請您談談兩人搭檔的經驗如何？
8. 在您們共事經驗中，您覺得湯老師是位怎樣的老師？

自我敘說個人經驗的研究者，邀請與自身經驗緊密關聯的重要他人，一起回想經驗我和建構文本我，藉由這些重要他人的多元視角和聲音，協助研究者對於自己生命經驗的內涵與意義，形成更有廣度與深度的理解與詮釋。

六、幼童的訪談

　　質性研究發展與參與者的信任與合作關係，需要尊重參與者的特質如性別或年齡等（見本章第貳節「建立現場的關係」策略），訪談年幼兒童需要因應幼童的談話特質，採行適合幼童的訪談方式。

（一）幼童的談話特質

　　Hatch（1989）指出在教室研究中以幼兒為報導人，可能面臨有關幼兒談話特質的下列問題：

　　1.**由成人主導**：成人常扮演有權力的主導角色，要求幼小的孩子必須服從大人的權威，尤其在教室裡，幼兒常將每個成人都看作是老師一樣，受訪幼兒會覺得自己被訪談的成人強迫回答問題。

　　2.**須正確回答**：在學校的教學場所，成人常被認為具有優越的知識可傳授給學生，受訪幼兒會覺得自己必須正確回答訪談的成人提出的問題，而不可以自由說出自己真正的想法或感覺。

　　3.**前運思思考**：二至七歲幼兒的認知發展，是屬於前運思思考（preoperational thought）階段，這個階段的幼兒認知思考傾向於靜止和孤立，只注意到事物靜止的狀態和孤立的外觀，很難說出事情發生和改變的過程，也很難多方面敘說自己與周遭人事物的關係。

　　4.**無法視「自我為社會客體」**（self-as-social-object）：視自我為社會客體意指能將自我看作是社會的標的，將自我想成是自己行動的對象，能將自己放在他人的位置，取替他人的角色，從他人的位置扮演自己，與自我產生互動，這種與自我互動的能力是符號互動論的基本原則，幼兒缺乏與自我互動的能力，因此如請受訪幼兒敘說自己的行為動機或態度時，幼兒可能無法走出自我的位置之外去談自己的行為或動機。

（二）因應的策略

訪談幼小兒童面臨上述問題，可試著採用下列因應策略（Hatch, 1989）：

1.**長時間接近幼兒**：經由愈長的時間接近幼兒，愈可能與幼兒建立信任和平等的關係，以避免前述有關成人主導和正確回答的問題。

2.**採用非正式訪談**：正式訪談較直接顯示訪談者的權力，像是在進行考試一樣，讓受訪幼兒以為需要正確回答問題；非正式的訪談方式可讓幼兒在現場行為發生後，隨即敘說自己剛才的行為，而不需要等到之後正式訪談時，再要求受訪幼兒回憶當時的行為。

3.**具體的提問**：幼兒常只能依照自己的具體經驗回答問題，訪談時須提出幼兒有能力回答的具體問題，並接納幼兒各式各樣的回答，如希望幼兒回答其經驗以外的問題，須同時提供問題有關的具體情境，例如訪問幼兒：「假如你正在玩這個拼圖，還沒有拼完成，有個小朋友就來拿走你的拼圖，你會怎麼辦？」「你想想看，這個小朋友來拿走你正在玩的拼圖時，他心裡是怎麼想的？」。

4.**連結有關的物品和圖像**：幼兒較無法回答抽象概念性的問題，訪談時連結幼兒熟悉且有關研究的物品和圖像，可幫助幼兒敘說自己有關此物品和圖像的行動和想法。例如研究者想瞭解一位幼兒對分享的想法，並曾看到這位幼兒在玩某個喜愛的玩具，訪談時即可讓幼兒看到這個玩具，請幼兒敘說有關分享玩具的方式或感覺，以避免幼兒需要抽象思考所謂分享的概念；另外，如有拍攝幼兒活動的照片或錄影帶，可在拍攝之後隨即訪談幼兒，讓幼兒看著照片或影帶中的真實活動情況，敘說自己在拍攝當時的行動和想法。

筆者的學生在幼稚園觀察實習時記錄如下的觀察和訪談實例，即顯示幼兒在具體情境較容易回答有關此情境的問題：

在幼稚園教室的玩具角，有三個男孩和兩個女孩在玩，其中一個男孩陳偉（化名）將塑膠積木拼接成長長的，一邊舞弄著積木，一邊跳著說：「我是大無敵」，這時欣維和文泰（化名）也拿著拼接成的塑膠積木跑過來，彼此互相擊打，並且說：「我們來打架。」我就告訴他們不可以打架，陳偉說：「我們是在玩遊戲，不是打架」，我問陳偉：「遊戲和打架有什麼不一樣？」陳偉說：「遊戲就是玩一玩，打一打再休息，等一下再起來玩一玩，打架是一直打、沒休息。」接著陳偉就跑到隔壁的益智角，看別的小朋友拼成的蝴蝶圖案。

　　這個實例顯示一個事件的意義是由當事者自己來定義，從旁觀察的成人認為是打架的行為，身為當事者的幼兒則定義自己是在玩遊戲，在幼兒當下產生行動時，立即訪談幼兒有關打架和遊戲的不同，即可讓幼兒依據自己當時的具體行動，解說如何區別打架和遊戲的內在觀點。

　　賴美玟（2007）在幼稚園探究一位男孩於四歲半至五歲半期間，玩假扮遊戲時呈現心智理論的情形，主要是在觀察幼兒遊戲過程中隨機訪談幼兒（摘引自賴美玟，2007：56）：

在幼兒遊戲時間會和小豪（化名）進行隨機式訪談。在幼兒遊戲時儘量以不涉入為原則，但如幼兒邀請一起玩或者小豪出現讓我無法理解的行為時，則會跟他交談，著重於訪談其心裡的想法及感受，以瞭解小豪心智理論內涵的呈現情形。訪談的問題例如：

1. ××（指和小豪一起玩假扮遊戲的玩伴）假裝自己是什麼？他喜歡假裝自己是××角色嗎？為什麼？或者你假裝自己是什麼？你喜歡假裝自己是××角色嗎？為什麼？

2. 你假裝這個東西是什麼？它事實上真正是什麼？

3. ××沒有跟你們一起玩，你想他知不知道你正在假裝自己是誰？或正在假裝做什麼事？為什麼？

訪談小豪實例：

研究者：「那後來你和宣宣猜拳的時候，小甫跟你說什麼？」

小　豪：「他也說我要出石頭，你就會贏了。」

研究者：「那為什麼你後來出布？」

小　豪：「因為他們都愛騙人，我不要跟他們好了。」

如果幼兒遊戲過程中較沒有機會訪談幼兒，或幼兒在遊戲中沒有說出與心智理論有關的心理狀態詞彙，則在結束遊戲之後隨即再訪談幼兒，例如（引自賴美玟，2007：60，心理狀態詞以框線和灰階符號標示）：

研究者：「你剛剛是真的跌倒還是假的跌倒？」

小　豪：「我是假裝跌倒的啦！」

研究者：「你為什麼要假裝跌倒給小甫看？」

小　豪：「因為我把他用跌倒，他在生氣，我也跌倒他就不會生氣了。」

（三）訪談的引發方式

因應研究目的和問題，如想協助幼童瞭解訪談的題意，可讓幼童觀看有關研究問題的圖片、影片、或圖畫書，以引發幼童對於圖像或影像中有關研究問題的想法和感受，例如訪談幼童有關家庭、媒體、和生態議題的想法和感受，分別透過圖片、影片、圖畫書引發訪談的方式，如下列研究

實例所示：

1.**圖片引發的訪談**：洪琬琪與何慧敏（2010）探究幼兒的家庭概念，透過圖卡個別訪談幼兒園大班幼兒對於家庭的感受、對家人的定義、如何看待家人的重要性及家庭功能等，用來引發訪談的圖卡是根據訪談大綱的問題，以卡紙繪製有標示稱謂及一些未標示稱謂的彩色圖卡，包括：爸爸、媽媽、男孩、女孩、爺爺、外婆、伯父、阿姨、朋友、表（堂）哥、表（堂）妹、寵物等共三十二張圖卡，先經由預試訪談顯示幼兒對圖卡的接受度很高，且圖卡確實有助於幼兒回答問題。個別訪談幼兒的方式，是在訪談前先說明要與幼兒一起玩圖卡的遊戲，因為想知道小朋友是怎麼想事情的，所以要與小朋友聊聊天；訪談開始先請幼兒回答自己的家人有誰，再向幼兒逐一介紹圖卡，搭配具體的圖卡敘述訪題的情境，讓幼兒瞭解訪題的意思，再請幼兒談談家帶給他們的感覺及其重要性。例如訪談「隔代教養家庭」的方式（引自洪琬琪、何慧敏，2010：7）：

> 並不是直接問孩子「你覺得隔代教養算不算是一個家庭？」而是以說故事的方式，一邊敘述一邊挑選出配對的圖卡：「小明的爸爸、媽媽因為要到別的地方（如台中）上班，所以沒有辦法照顧小明，於是爸爸和媽媽想了一個辦法，就是把小明帶到爺爺、奶奶家住，請爺爺、奶奶照顧小明。老師想請問你，那你覺得爺爺、奶奶和小明能不能算是一家人呢？」一邊將題意轉化成孩子懂的語言，一邊以圖卡呈現題目的涵義，讓孩子以具體的方式來了解抽象的題意。

2.**影片引發的團體訪談**：訪談幼童也可採行團體訪談方式，聚集幾位幼童一起訪談，透過影片進行團體訪談時，可同時以錄影蒐集幼童在訪談過程中與團體組員互動的身體動作、手勢和談話，作為對照分析的資

料。例如，Tobin（2000）研究兒童對於媒體的言談，在夏威夷一所小學訪談 162 位小朋友，先讓小朋友觀看兩部影片和兩部廣告片，再分組進行團體訪談，每組四至六位小朋友與研究者一起對話，彼此激發對於影片內容的有關想法；為檢視團體組員的性別是否影響兒童對於媒體的言談，兒童團體的分組方式，一半的小組是採男孩和女孩混合編組，另外四分之一的小組都是男孩、四分之一小組都是女孩，並以錄影蒐集兒童在訪談過程中與組員互動的情形，以對照分析兒童談論媒體時的想法和同儕互動方式，對於兒童和社會文化所顯示的意義。

3.**圖畫書引發的團體訪談**：張貴媚（2015）研究幼兒閱讀圖畫書回應的環境覺知，在幼兒園訪談四十六位四歲至六歲幼兒閱讀環境教育圖畫書，對於書中環境現象、環境問題、和環境保護的內容，所回應的看法、感受、和個人相關生活經驗。研究者先在幼兒園進行兩次試驗式的圖畫書訪談，一次是與幼兒一對一的訪談，另一次是與一組五位幼兒的團體訪談，發現幼兒有同伴在一起訪談，顯得較為輕鬆自在，幼兒之間也能相互激發更多的回應，因此研究採取團體訪談法，每次訪問時間約三十分鐘以內，以免幼兒因時間太長而分心。訪談方式是透過與幼兒共讀環境教育圖畫書，參照預擬的訪談大綱，訪談幼兒的環境覺知，圖畫書閱讀和訪談步驟如下（摘引自張貴媚，2015：51-52）：

第一次小組訪談：

(1)幼兒觀看聆聽全本書：幼兒可隨機說出一些回應，但研究者先不加回應或詢問，以免中斷全書完整的閱讀。

(2)訪談幼兒對於全本書的起初回應：訪談幼兒對於全本書的整體想法、感覺、經驗，作為接著進一步訪談的參考，例如提問：「看完這本書後，你最熟悉和記得書裡面的什麼？為什麼最熟悉和記得這些？」「你對於書裡面的故事或圖畫，最喜歡什麼？最不喜歡什麼？」「書裡面寫的或畫的地方、或

發生的事情，你自己也曾經去過或做過的情形？」

(3) 幼兒再次觀看圖書，訪談幼兒的回應：再次讓幼兒仔細觀看圖書封面和每一頁的圖畫，幼兒重述書頁上故事或圖畫的內容重點，並參照幼兒述說的書頁內容，針對書頁中文字圖畫呈現的環境現象、環境問題、或環境保護，訪談幼兒的看法、感覺、或經驗，例如提問：

・看法：「在這一頁圖畫中，你看到什麼特別的地方或發生什麼事情？」

「像書上畫的這樣的地方，你認為生活在這裡會是怎樣的情形？」

「你認為可以做些什麼，讓這個地方變成不一樣呢？為什麼要這樣做呢？」

・感受：「你對於這一張圖畫畫的，有什麼特別的感覺嗎？」

「如果你生活在書上這樣的地方，你會有怎樣的感覺呢？」

「假如我們天天都這樣做之後，你覺得這地方會讓你有什麼不一樣的感覺呢？」

・經驗：「你覺得這張圖畫畫的，和你住的地方有什麼不一樣呢？」

「這一頁畫的地方，你也曾經去過同樣的地方嗎？做過什麼事情呢？」

第二次小組訪談：研究者翻閱圖畫書，讓幼兒將其對圖畫書內容覺知的部分，自由輪流發表，後續再依所設定的提問進行小組訪談。

七、訪談的記錄

訪談如是伴隨著現場參與觀察進行，訪談的記錄即呈現於參與觀察現場記錄的對話描述部分（見本章第參節「參與觀察」中第四、五小節「現場記錄」的方式和內容），如同前述參與觀察現場記錄的方式，在訪談現場可先作訪談的備忘記錄，例如先寫下幾個代表一段談話的關鍵字句，並在每次訪談後，盡可能隨即作成完整的訪談記錄。

訪談如作為蒐集資料的主要方式，研究者在訪談期間最好仔細寫訪談日誌，日誌中記錄每次訪談時談到的主題和內容，並記下有助於解釋受訪者談話意義的表情和姿勢，另外亦可記下研究者在訪談情境以外與受訪者的談話，因有時在訪談休息時或與受訪者的日常互動中，也能聽到受訪者自發談起一些重要的事情，訪談日誌有助於察覺已談過的和需要再加訪談的內容，可用來引導進一步的訪談（Taylor & Bogdan, 1984: 103）。

研究者在訪談進行中同時作談話記錄，常無法專心聆聽和記下受訪者的談話、語調、說話特徵等細節，因此進行較長時間的正式訪談時，可徵詢受訪者的同意後作訪談錄音，以留存無法當場記下的談話細節，但如果受訪者不願意使用錄音，或是在錄音訪談時顯得很不安，就不宜作訪談錄音。如有訪談錄音，則需要轉譯（transcribe）成逐字稿，以便閱讀和分析訪談內容，轉譯訪談錄音相當費時費力，如是請他人協助轉譯，可建議轉譯者先完整聽一次錄音檔，先概要知道該次訪談的全部內容，逐字轉譯時會覺得較容易理解錄音內容。寫在紙本或電腦檔案的訪談記錄或錄音轉譯稿的格式，有的部分類似前述參與觀察現場記錄的格式，有的則是針對訪談的記錄格式，包括下列參考要點：

1. 紙本記錄只用單面書寫，以便於檢視和分析資料。
2. 每次的訪談記錄都從新的一頁開始，並標明頁次。
3. 每次的訪談記錄前附加標題頁，以便隨時查閱資料，標題頁內容包

括：記錄的編號（如【訪 20190830T1】代表 2019 年 8 月 30 日訪談 T1 老師）；訪談的時間、地點、場所；轉譯錄音逐字稿的時間；受訪者的簡要資料；訪談情境的概要描述（如訪談的原因、受訪者衣著、訪談開始前的情形等）；本次訪談記錄的內容摘要。如有訪談的錄音檔案，亦須註明與其訪談記錄相同的編號，以便對照查核訪談記錄和其錄音檔案。

4. 在記錄旁左邊或右邊預留約三分之一的空白欄位，以備用來註記對該部分記錄的反思、初步分析或補充細節。

5. 記錄明確分成許多段落，如受訪者一次說得很長，將說話內容分成幾段記錄，每出現一個新的談話主題，即另換新的一段記錄，讓記錄中每個話題自成一個段落，對話之間如換另一人說話，即使只說一兩個字，都換新的一行記錄，以便之後分析資料時，可清楚分明地逐段或逐行註記分析的重點。

6. 受訪者如是回應研究者的問話，即先後記錄研究者的問話和受訪者回答的談話，以呈現雙方問與答的順序和背景脈絡。

7. 確實保留受訪者口語字句的原本樣式，即使語句中文法有誤、用詞不當、結巴重疊、語意前後矛盾，皆不擅自更動，受訪者談話中如穿插有笑聲、靜默、停頓、哽咽，或語調速度有明顯的輕重緩急之別，即在該行語句中用括號註明（如：暫停五秒、唉嘆氣、哽咽、加重語氣），以凸顯受訪者所強調的、感到快樂的或覺得傷感的重點，這些重點可能是探究受訪者內在觀點的重要線索。

8. 如是訪談多數人的團體訪談記錄，可用不同顏色標示各個不同的說話者，以便清楚辨認記錄中的說話者。

9. 訪談錄音如是請他人轉譯成逐字稿，須事先向轉譯者說明清楚記錄的格式，錄音記錄轉譯完成後，研究者最好對照其錄音檔，再查核及確定轉譯稿如實保留受訪者的談話、語調、說話特徵細節；如研究者自己轉譯錄音檔，可能因自身時間心力有限，無法逐字聽寫轉譯，權衡的辦法是研究初期先仔細轉譯幾次的訪談，隨著研究焦點的確定，選擇轉譯與研究焦

點直接有關的談話,而省略那些較無關的談話內容。

10.訪談紙本記錄或電腦檔案至少複製三份完整的副本,一份用來隨時查閱,一份用來註記分析重點,另一份則完整保留為原始存檔以防遺失或受損,之後開始密集分析資料,將可能需要複製更多用來編輯剪貼的資料副本。

伍、蒐集其他資料

參照人類學研究的多工具取向(multi-instrument approach)(Pelto & Pelto, 1978),質性研究者蒐集資料的方式,除了採用上述參與觀察和訪談,還可參照研究目的,蒐集研究現場人們或參與者產製、使用、留存的檔案,這些檔案可說是民族誌文化概念中的文化產物,產生於特定的社會文化情境,可作為獨立的研究資料,亦可與觀察和訪談記錄相互對照,檢視這些檔案連結至何種文化行為(人們在做什麼)和文化知識(人們知道些什麼)(Spradley, 1980: 3)。

質性研究參照研究目的和研究現場情況,亦可選用問卷、測驗量表、錄音、照相、錄影的方式,蒐集多元的資料,質性研究運用或兼用問卷、測驗量表,也可能朝向質量混合研究,使用錄音、照相、錄影方式協助蒐集音像資料,則有助於留存一般紙筆記錄無法即時記下的語音、圖像和動態影像。然而需要注意的是,外來的音像錄製儀器,可能分散研究者自己對現場的注意力,或干擾現場進行中的談話或活動,尤其在研究初期,一般人很難面對著外來介入的音像儀器,自然說出或表現原有的想法和行為,因此最好在研究較後期,研究者更瞭解音像儀器對參與者的影響,並獲得參與者的信任之後,才開始使用攝錄器材來協助蒐集研究目的有關的音像資料。

一、檔案

　　質性研究蒐集取得與整理的檔案，可包括：書面文字圖表的文件記錄、實體的器具物品、以及聲音和影像資料，可分為機構組織的公眾檔案和參與者個人擁有的私人檔案。

（一）公眾檔案

　　公眾檔案是某個機構組織對外揭示溝通或內部流通留存的資料，外部溝通資料用來揭示機構組織的政策、制度、歷史、行政措施或宣傳訊息，例如：年鑑、年刊、公報、統計圖表、報紙、雜誌、新聞信、通訊刊物、活動照片和影片等，通常在機構的官方網站、公眾圖書室、公告欄和展示架上可看到和蒐集這些公開的檔案，也可直接向機構人員索取這些外部檔案。機構組織內部流通留存的檔案是有關公務、人事、會議的資料，例如：行政公文、會議通知和記錄、人事資料等，這些資料須與機構主管或有關人員協商並獲得允許，才得以蒐集或借閱。蒐集公眾檔案，可用來探究機構成員採取什麼觀點以產生、發布、或留存這些檔案，並探究成員如何使用這些檔案以定義他們的工作或生活，公眾檔案資料可能相當繁多，研究者須從中選取與研究目的直接有關或具代表性的檔案。

（二）私人檔案

　　私人檔案是指研究參與者個人產生、使用和擁有的資料，資料內容是有關個人全部的或部分特定的生活、工作或學習經驗，或是個人對這些經驗的感想和省思記錄，例如日記和自傳即是典型以第一人稱敘述和省思個人經驗的私人檔案，其他如個人的信件、電子郵件、備忘錄、記事本、工作日誌、照片、創作作品、紀念性物品、成長記錄或錄影帶等，都是對參與者個人有重要意義的私人檔案，顯示個人關注的生活焦點以及如何看自己的觀點（Taylor & Bogdan, 1984: 113）。私人檔案常可作為引發訪談的參

照資料，例如前述生命經驗的訪談，可參照敘說者個人留存的照片或紀念物品，引發敘說者敘述有關的經驗或感受，自我敘說個人生命經驗的研究者，亦可藉由檢視自身經驗密切關聯的私人檔案，回想和敘說關於這些檔案的關鍵事件和深刻經驗。

私人檔案常涉及參與者個人的隱私秘密，研究者是否能取得這些較隱密的個人資料，取決於和參與者之間的信任關係，通常需要在研究進行一段時間後，研究者已獲得參與者的信任和友誼，較可能被允許觀看或蒐集這些私人檔案。有些私人文件或記錄可能敘述得很仔細，有些則可能很簡略，研究者須詳加分辨其蒐集的必要性和研究參考的價值。

質性研究蒐集的私人檔案主要是個人原本使用和留存的資料，另外有時因研究題旨的需要，研究者可能商請參與者在某段時間特意產出某種檔案資料，例如請參與者書寫個人的生活筆記、拍攝個人生活焦點的系列照片、描繪有特定意義的圖畫等，如擬蒐集由研究者提議參與者產製的私人檔案，需要先確定參與者有產製這些檔案的意願和技能，才可能產出有研究意義的檔案資料。

（三）檔案的取得與整理

各種檔案蒐集取得的樣式各有不同，機構對外公開的書面文件記錄，可直接從機構取得正本或副本，機構內部或參與者個人的文件記錄，則須獲得當事人同意後，取得影印本或暫時借閱；如檔案是機構對外公開的實體器物，可直接拍照取得器物的圖像資料，如是機構內部或參與者個人的器物，則須獲得當事人同意後，以拍照或繪圖方式取得器物圖像資料；如檔案是機構對外公開的影音資料，可直接閱聽並以文字記錄影音內容，如是機構內部或參與者個人的影音資料，則須獲得當事人同意，才得以閱聽或作文字記錄。

例如探究一所幼兒園的課程發展，研究者除了在幼兒園觀察和訪談園長、教師、幼兒或家長，可蒐集取得園方的招生簡章、園刊或園訊、園方

網站公開的課程資料等，還可經由園方和教師的同意，借閱或複印學期課程計畫、課程與教學會議記錄、圖書和教具目錄、教學日誌和教案、教師教學省思記錄、幼兒學習檔案等，或拍攝教室內外環境、教學設備材料、幼兒創作作品等，取得課程器物的影像資料。

　　蒐集取得各種樣式的檔案，如同前述現場記錄和訪談記錄的整理，每份檔案資料亦須加以編號整理，檔案編號須與此份檔案有關的現場記錄或訪談記錄相同，例如，【觀 20190830T1】代表 2019 年 8 月 30 日觀察 T1 老師教學的現場記錄，同時即有【案 20190830T1】代表 2019 年 8 月 30 日 T1 老師教學的教案，或是【作 20190830C1】代表 2019 年 8 月 30 日 C1 幼兒的作品，以便日後相互查閱與對照分析。另外須針對每個檔案資料建立索引目錄，列舉各個檔案的編號、取得日期和場所、取得方式、檔案內容摘要等基本資料，以便統整查閱各式各樣的檔案資料。

二、問卷

　　質性研究使用問卷類似進行結構式訪談，研究者可依據研究目的和研究現場情況的需要設計問卷，用來蒐集較多數人的資料。在研究初期，問卷可用來調查現場人們的背景資料，調查結果作為選擇研究個案或預知個案背景的輔助資料，例如，李璧岑（2015）探究自己任教班級幼兒參與閩南語兒歌活動的經驗，在開學初的親師座談會，請家長填寫「幼兒家庭語言背景問卷」，以瞭解全班幼兒的母語環境和閩南語聽說能力，作為選取研究個案及設計適合全班幼兒兒歌活動的參照依據。在研究較後期，研究者已熟悉現場和人們的情況，則可設計一份適用於研究情境的問卷，調查現場人們有關研究目的之信念、態度、看法或價值觀，例如，Wolcott（1984）進行一位小學校長社會生活的民族誌研究，在學年結束前設計一份問卷，調查對象為該所學校的教師，請教師們填答他們對這位校長的感覺，問卷調查結果呈現教師們對校長的多重印象，可作為分析詮釋校長社會生活的參照依據。質性研究如擬使用其他研究者已發展的問卷，則須先

確定其問卷內容符合研究目的及研究現場的情況。

　　根據國外質與量混合方法研究的回顧評論，質性研究混合使用量的方法，或是以量的方法作為質性研究的三角檢測，問卷調查是混合研究常用的量化方法，並且常與質性研究的半結構式訪談混合使用，以擴展有關研究問題的知識來源（Flick, 2018）。如前述混合問卷調查的焦點團體訪談，即常是採行訪談題綱的半結構式訪談方式（見本章第肆節「訪談」中第四小節「團體訪談」）。

　　質的個案研究與量的問卷調查之混合方法研究，如是在主要研究內鑲嵌一個次要研究，有兩種鑲嵌的方式，一種方式是在調查研究內（within a survey）嵌入個案研究，另一種方式是在個案研究內（within a case study）嵌入調查研究（Yin, 2014: 66）（見圖 3-2）；調查研究內的個案研究是以調查法為主、個案研究為輔，例如調查多個學校場所，並從調查樣本中選取一所或數所學校進行單一或多重個案研究，以補強調查法的不足，個案研究內的調查研究則是以個案研究為主、調查法為輔，例如以一所學校為個案進行單一個案研究，並以這所學校內教師或學生為研究對象進行調查研究。

調查研究內的個案研究　　　　個案研究內的調查研究

多個場所的調查研究　　　　　單一場所的個案研究

↓　　　　　　　　　　　　↓

一個或數個調查場所的個案研究　　單一場所內當事者的調查研究

圖 3-2　鑲嵌的混合方法

（資料來源：Yin, 2014: 66）

三、測驗量表

　　質性研究參照研究目的或研究情境，可選用心理測驗或量表，以加強或補足研究資料，例如 Fine（1987）研究美國少年棒球隊員的同儕文化，

選用同儕互動研究常用的社會計量法（sociometry），藉由同儕提名方式，測知少年在球隊中的地位及隊友對他的看法，並畫出隊員之間互動的社會關係圖（sociogram），作為瞭解少年交友情形的參照資料（141-144頁）。

民族誌亦常使用投射技術（projective techniques）（Fetterman, 2010/2013: 99），從族群成員引發出文化上和心理上的訊息，較簡易的投射技巧是民族誌者拿著某個器物問報導人對此物有什麼看法，報導人認知的看法常顯現個體的需求、恐懼、性向、以及群體的世界觀；典型的投射測驗是讓受試者解釋一系列墨痕圖片的墨漬測驗（inkblot test），然而一般研究者在現場使用投射測驗常有其困難，因使用測驗和解釋測驗結果需要特別的訓練和經驗，並且測驗常有其特定的文化背景，不一定適用於研究的在地文化情境。

質性研究運用投射技術，可採取較為彈性的方法，以引發研究參與者的心理訊息，如前述民族誌者透過某器物進行訪談，或透過研究題旨有關的圖片、照片、影片、電視節目進行訪談。研究者依據研究目的，亦可自行設計適合其研究情境的投射技術，例如 Wolcott（1984）進行一位小學校長社會生活的民族誌研究，參照投射技術的語句完成測驗，讓受試者將句根寫成一個完整句，設計三個簡短的開放式字句：「他是那一類……的校長？」「愉快的記憶是……」「我將不會忘記的一次……」讓一百多位學生將這三個字句寫成完整語句，反應出他們對這位校長的各種印象，藉以瞭解校長在學生們心目中的文化和心理特質（278頁）。

質性研究如使用其他研究者發展完成的測驗或量表，須先確定其內容符合研究目的。在質與量混合方法研究中，質的方法可用來探究歷程的狀況，量的測驗方法則用來探究結果的成效，例如，「大學生感恩課程」的教學歷程研究（吳相儀、陳琬云、黃雅新、林秀玲，2020），探究某個大學正向心理學中心通過培訓的四位教學者，在大學實施同一感恩課程的教學歷程成效，量的研究方法採用其他研究者編製的《大學生感恩心自陳量

表》，進行教學的前測和後測，統計分析學員在感恩課程前後的感恩程度是否有所差異，以評估課程成效；質性研究方法，則是在教學前後進行結構式訪談，訪談教學者實施感恩課程的心理感受、理念認知、實施概況、實施困境、心得建議和對課程的評價，並在課堂錄影和作觀察記錄，以深入探究不同教學者實施同一感恩課程的教學歷程，分析教學前後量化施測與質性訪談與觀察的資料，彙整出包括教學信念、思考、行動、與成長的教學歷程全貌。

四、錄音

質性研究進行較長時間正式的個別訪談或團體訪談，獲得參與者或報導人同意錄音，可使用錄音機、錄音筆、或手機作訪談的錄音記錄，訪談之前先檢查和確定錄音器材的功能良好，將錄音器材放在受訪者視線之外，以避免分散受訪者的注意力。如果受訪者不願意在訪談時被錄音，或是在訪談過程中對於錄音顯得很不安，就不宜使用錄音作訪談記錄，例如，林文莉（2009）以母親即研究者的角色，進行母親陪伴幼兒書寫萌發的個案研究，為了瞭解孩子在學校的書寫發展及同儕互動情形，訪談孩子就學幼兒園班級的老師，事先取得老師的同意，將訪談過程全程錄音並作筆記，也讓老師知道可以隨時迴避她認為的敏感話題，因此老師會告訴研究者她的哪些話可以錄音或不能錄音，如研究者想知道某些較為敏感的話題，談到這些敏感話題時就不錄音，讓老師能自在談論她對於幼兒書寫的看法和想法（73 頁）。研究如是採用訪談錄音，錄音須轉譯成逐字稿，以便閱讀和分析，訪談錄音轉譯要點參見本章第肆節「訪談」中的第七小節「訪談的記錄」。

五、照相

照相是視覺化的伸展記錄，有助於掌握現場的視覺現象，尤其現場人事物快速流動，很難即時用文字作詳細的描述，照相可用來留存無法記得

或注意到的細節。但是拍照者需要在現場較長時間，才可能掌握到現場有意義的細節，而且照片常反映拍照者的觀點，拍照者持有自己的想法去選擇拍照的焦點，如研究者自己或請他人協助拍照的角度和觀點有所偏誤，拍攝的照片亦可能曲解現場人事物的真正意義（Jorgensen, 1989: 103）。

照片雖是真實的影像，也可能是簡化現場真相的局部影像，近距離的特寫照片雖能凸顯清楚，但也略去了完整的背景脈絡，為了有系統完整捕捉現場的實況真相，有時需要連續拍攝某個人事物的全部背景、局部特寫、或重點變化等不同的系列照片，而不只是一張孤立的照片，例如研究初期需要描繪現場的物理空間，即可直接拍攝現場整體的空間型態和特寫的定點布置等系列照片，鉅觀且微觀呈現現場空間的具體樣貌。

拍照者出現在研究現場，有時可能會影響或改變現場人們的行為，使得人們特意表現自認為是好的行為，而掩飾或改變了他們原來的日常行為，如果拍照者經常出現在現場，或是許多活動同時在現場進行，也可能減低人們對拍照者的注意和疑慮。例如筆者進入幼兒園觀察，如是在許多遊戲同時進行的遊戲時間，幼兒都專注於自己的遊戲活動，即使筆者靠近他們拍攝遊戲的特寫照片，幼兒大多只看我一眼，仍然自顧自地繼續玩，但是在幼兒排排坐的團體活動時間，相機的出現就顯得相當突兀，有些幼兒會不時地回頭看我在做什麼。

研究者依據研究目的拍攝的照片，可作為訪談時的視覺引發，引發參與者談論對於照片中的自己或其他人事物的想法，亦可商請參與者在特定一段時期拍攝有關研究題旨的照片，再參照其所拍照片的內容或角度等特徵，訪談參與者拍攝這些照片時的想法（Creswell, 2016: 171）。在敘說探究中，參與者自己拍攝的照片也是一種現場筆記，例如請參與者拍攝他們生活經驗的一些面向，這些照片即成為研究對話的主題，讓參與者談論自己在相片中試圖捕捉的面向（Clandinin & Connelly, 2000/2003: 153）。例如有研究者（Sharples, Davison, Thomas, & Rudman, 2003）提供參與研究的每位兒童一台隨手拍相機，請兒童在一週內隨意拍攝照片，研究者匯集兒

童所拍照片，分析照片的內容特色及其拍照者的年齡差異，再訪談兒童拍攝照片的想法。

六、錄影

錄影具有錄音與照相的雙重功能，同時連續收錄動態的聲音和影像資料，包括人們的口語、表情、姿態、空間移動、互動過程等，錄影帶還可重複觀看、倒轉、暫停、或放大需要細查的關鍵細節。然而，錄影也和照相一樣，常可能受到錄影者拍攝觀點、取鏡角度、焦點選取的影響，並可能干擾現場和介入改變現場人們的日常行為（Jorgensen, 1989: 103）。研究者需要因應處理錄影介入現場的情況，並善用錄影引發訪談對話及回饋機能的方式。

（一）錄影的介入

在現場使用錄影儀器是明顯介入現場的舉動，明顯地試圖留存現場人事物的連續記錄，研究者需要臨場因應和處理錄影可能干擾現場和改變參與者行為的問題。例如，賴美玟（2007）研究幼兒假扮遊戲呈現的心智理論，使用錄影機拍攝個案幼兒的假扮遊戲，即需要彈性因應幼兒對錄影機的敏感反應（摘引自賴美玟，2007：55）：

當確認研究參與者並且取得園長、老師及家長的同意之後，便開始攝影，每天在下午幼兒尚未出來戶外遊戲場之前，即在角落架設錄影機，現場錄影並收音，如有幼兒因距離較遠而聲音無法收錄時，則輔以錄音機錄音或記錄以充分蒐集幼兒的行為及語言資料。一開始攝影時，所有小朋友會因好奇而一直在一旁觀看而無心於遊戲，但漸漸的幼兒習慣了之後，大約第二週之後，便不再注意攝影機而能專心從事他們的遊戲了，而攝影中我也儘量不讓小豪發現我主要在觀察他。但有一天，小豪突然跑過來跟我說：

「賴姊姊，我不希望你一直看我、一直拍我。」賴老師敘述因為今天早上小豪媽媽問老師是否還有在拍他，被小豪聽到了，所以他現在知道我拿著攝影機主要是在拍他才會告訴我他不喜歡。與園長及園所老師討論之後，基於怕小豪會因顧忌我而不能盡心地遊戲，所以便停止拍攝兩週，而改以筆記方式記錄小豪的遊戲情形，第三週後，再漸漸的開始攝影一部分時間，並且故意先攝影其他小朋友給小豪看，讓他覺得我不只是在拍攝他，而能較放心的玩遊戲，並且當小豪注意我的時候就停止拍攝。

（二）錄影引發訪談對話

如同將照片作為訪談的視覺引發，依據研究目的錄製的影片，亦可作為引發訪談的媒介，引發受訪者敘述自己觀看影片內容的感覺、想法、解釋或評論。例如，三個文化（日本、中國、美國）的幼兒園研究中（Tobin, Wu, & Davidson, 1989），研究團隊藉由錄影帶引發訪談的研究程序，是先在各國一所幼兒園教室錄影典型的一天，再將錄影帶編輯成二十分鐘的影帶片段，接著依序分別讓幼兒園錄影教室的教師、該園其他幼教人員、該國其他幼兒園的幼教人員觀看此段影片，最後再讓另外兩國的幼教人員觀看此段影片；研究過程中，三個文化的幼兒園教師、行政人員、幼教專家觀看在其本國和他國幼兒園錄製的影帶，作為訪談的提示、激發、論題、工具，用來引發三個文化群體討論同一組影帶中的幼兒教育信念和價值觀，形成三個文化局內人與局外人之間的視像提示多聲對話（video-cued multivocal conversation），這種研究方式即是一種視像提示多聲的視覺民族誌（visual ethnography）。約二十年後，新組成的研究團隊（Tobin, Hsueh, & Karasawa, 2009）再次到中國、日本、美國進行視覺民族誌研究，在之前研究的各國同一所幼兒園，讓各園現任和退休的幼教人員觀看二十年前在該園拍攝的舊影帶，訪談他們對於該園有何改變或不變、

及為什麼改變或不變的評論，另外在代表各國幼教最近取向的一所幼兒園，分別再加拍攝新的影片作為訪談媒介，以焦點團體訪談三個文化的局內人和局外人，藉以比較研究幼兒教育在這三個文化內部和跨文化間的延續和改變過程。

藉由影片視像提示的多元聲音民族誌，不需要像傳統的民族誌投入長時間的現場工作，可在較短的研究時間內，藉由當年或多年前在現場拍攝的影片，引發報導人或研究者對於影片中現場文化現象或變遷的討論和對話。例如，林玫君與譚寶芝（2018）進行臺灣與香港幼兒戲劇教育全球在地化的視像人種誌對話研究，兩位研究者先各自在臺灣、香港選取三個大致能反映當地戲劇教育在幼教機構實踐的課堂，進入課堂觀察及拍攝和訪談相關的教師，再依據資料的初步分析，將課堂視像剪輯成片段，用來引發研究者的對話，兩位研究者先分別觀看臺灣和香港的課堂視像及教案等相關文件，再展開相互的視像對話，藉以意識與覺察在地因素如何塑造戲劇教育在地化的狀態。

（三）錄影的回饋機能

錄影具有回饋影片中當事人的機能，可用於在職人員的進修和訓練，讓在職人員觀看自己工作實況的錄影檔案，激發其反思和調整自己的工作方式或行為。例如，教育研究者探究教師教學的心理活動，先使用錄影機記錄教師的教學方式，再讓教師觀看影片中自己的教學行為，同時訪談教師，藉由影帶激發教師回想和敘述自己在當時影片中的教學思考（Broeckmans, 1990; Shavelson, 1987）。

黃瑞琴與張翠娥（1991）探究幼兒教師教學的實際知識，即是透過錄影的回饋機能，採用反省式訪談方法，訪談六位初任教的幼兒教師，研究者之一是研究現場的教學顧問，因此研究也是在嘗試一種在職進修的方式。研究進行的方式，先向參與錄影的教師清楚說明，此研究是定位於研習進修而不是比較評鑑個別教師的教學；接著由擔任教學顧問的研究者擔

任拍攝者，拍攝六位教師分別在一個上午約兩個小時的教學實況，拍攝者熟悉該園日常的教學觀點取向，以拍攝的該位教師為焦點，取鏡角度涵蓋該位教師進行各種教學活動時的言語行動；然後研究者再分別與每位教師一起觀看其教學錄影帶並進行訪談，讓教師回憶和敘述自己在影片中教學的行為、語言、事件、和有關想法。研究者檢討這次的研究經驗，提出運用錄影回饋機能引發訪談的幾點建議：

1. 盡量縮短錄影和訪談的間隔時間，最好拍攝的當日或隔日即作訪談，參與者對於現場實況的記憶較為鮮明，對於影帶內容的敘述與反思亦可能較為深刻。

2. 錄影過程中，研究者如能同時作現場的觀察記錄，並在訪談之前先看過錄影帶，將影片中參與者的語言行動先摘譯為文字稿，再參照觀察記錄和影帶文稿進行訪問，訪談內容可能更為細膩。

3. 由於人的心理活動微妙快速，參與者觀看著影片回憶自己的想法，似乎很難確實掌握當時的心思意念，如欲更明確瞭解參與者的內在觀點和心理活動，須增加資料蒐集的時間和種類，例如：較長期在現場觀察記錄參與者的日常行為、隨時進行非正式訪談、蒐集文件檔案，或進行更多次的現場實況錄影和訪談等，相互參照多元資料，探究錄影帶引發的內在觀點和心理活動。

七、音像資料整理

每次使用錄音、照相或錄影蒐集資料後，最好隨即將資料輸入電腦轉檔儲存，並複製副本以防遺失資料。如同前述檔案資料取得之後的編號整理和建立索引目錄，每份錄音、照片、錄影檔案亦須編號和建立索引目錄，檔案目錄註明每份音像資料的編號、錄音者或拍攝者、錄攝日期和時間、錄攝地點和情境概述、音像內容的摘要等，以便日後對照查閱。

定期將所蒐集的音像資料轉譯成文字稿，較能確知已蒐集的音像內

容，亦可開始分析音像轉譯文字稿，音像文字稿格式可參照前述現場記錄和訪談記錄的格式，留存分析註記的欄位。每份錄音檔可定期轉譯成語音逐字稿，每張相片可轉譯成描述圖像特徵的文字稿，每份錄影檔則可轉譯成語音逐字稿和描述影像特徵的文字稿。然而，音像資料轉譯成文字稿相當耗費時間和心力，而且分析照片和錄影資料時，亦可直接觀看圖像和影像寫出分析註記，因此音像資料整理可彈性採取較為機動的方式，每份音像檔案資料先全部聽過或觀看過一次，知道其中整體的內容概要，選取與研究目的直接有關的部分，轉譯成語音逐字稿以及較詳細描述圖像或影像特徵的文字稿，其他與研究目的較無關的音像部分，則先只寫出內容摘要存檔備查，留待密集分析資料時再作取捨。

資料編號顯示蒐集資料的日期，在同一日期針對相同參與者所錄製的音像資料，與當時所作的觀察或訪談記錄，編號皆須相同一致，以便日後相互查閱、檢核、分析。例如【觀20190830T1】、【影20190830T1】，分別代表 2019 年 8 月 30 日觀察 T1 老師教學的現場記錄、同一日期拍攝T1 老師教學的錄影檔案；又例如【訪 20190830T1】、【訪音 20190830T1】、【訪字 20190830T1】，分別代表 2019 年 8 月 30 日 T1 老師的訪談記錄、同一日期 T1 老師的訪談錄音檔、訪談錄音轉譯的逐字稿。

陸、資料蒐集的檢核

質性研究的檢核需要貫穿整個研究過程，研究的檢核方法（見第二章第肆節「研究倫理與研究檢核」中第二小節「研究的檢核」），運用於資料蒐集的過程，研究者需要長期投入現場，蒐集能厚實描述現象的豐富資料，運用三角檢測法交叉檢視與查核資料的蒐集，並由參與者協助檢核及研究者深刻反思所蒐集的資料，以增進研究資料的可信性。

一、三角檢測法

在資料蒐集的過程，可參照方法、資料來源和研究者的三角檢測法，運用多元的方法、蒐集多種來源的資料、以及多人參與蒐集資料，用來蒐集豐富及厚實描述的資料。

（一）運用多元方法蒐集資料

蒐集資料的多元方法包括本章所述參與觀察、訪談、蒐集檔案、問卷調查、使用測驗量表、錄音、照相和錄影，例如研究主題是學校教師的工作角色，蒐集資料的多元方法可包括：現場觀察教師的工作行為、錄音訪談教師對自我角色的認知、蒐集教師工作中產生或使用的檔案、教師角色的問卷調查或量表測驗、拍攝教師教學實況的照片或影片等。

（二）蒐集多種來源的資料

運用某一種方法蒐集資料時，用來蒐集不同的人、時、地、事等不同來源的資料。例如延續前述學校教師工作角色的研究，運用觀察方法時，觀察不同年級的教師，在每天或每星期的不同時段觀察教師，在教室、辦公室、校門口等不同地點觀察教師，觀察教師處理教學、輔導、行政等不同事務；運用訪談方法時，訪談教師、學生、行政職員、家長等不同受訪者對教師角色的看法，在不同的時間多次訪談相同的話題，在公眾場所或單獨場所的不同情境進行訪談，以及訪談教師處理不同事務時的工作角色認知等。

質性教育研究者可運用多元方法蒐集多種來源的資料，例如，Wolcott（1984）進行一位小學校長社會生活的民族誌研究，蒐集資料的多元方法包括：日常的參與觀察和訪談、蒐集學校例行文件、採行問卷調查和投射測驗，蒐集的多元資料例如觀察校長個人的生活、開會的各種方式、學校的例行事務、一學年的季節性活動等，以及訪談校長、教職員和學生等。

Blazer（1986）探究幼兒的寫字概念及其說話和寫字的關係，進入一所幼稚園蒐集資料的多元方法包括：日常的觀察和訪談、蒐集幼兒的寫字作品、幼兒寫字活動的談話錄音和實況錄影，蒐集的多元資料例如：觀察記錄日常閱讀、說故事、畫圖、寫字等各種語文活動，以及訪談記錄幼兒、家長和教師對寫字的看法。

（三）多人參與蒐集資料

參照研究者的三角檢測法，由兩位以上的研究者、研究助理、或研究小組一起參與研究，分工合作蒐集資料，社會屬性或人格特質不同的研究人員，可酌情擔任不同的研究角色，例如男性和女性研究員分別觀察性別有關的不同場所，內向被動和外向主動的研究員分別訪問與其特質相似的參與者。

二、參與者檢核

在蒐集資料過程中，為避免研究者個人蒐集時的偏見或失誤，已初步整理的觀察記錄、訪談記錄、錄音轉譯逐字稿、或錄影帶等資料，可商請研究場域的參與者或報導人，協助檢核這些已蒐集整理的資料，請他們提供回饋或補充修訂的意見，以確認資料確實呈現現場人、地、事、物的實況。例如，Corsaro（1981）進入一所托兒所探究幼兒發展友誼的過程，運用參與觀察、訪談、錄影的方法蒐集幼兒日常交朋友的資料，為了檢核所拍攝的幼兒活動錄影帶，確實反映幼兒交朋友的過程，商請研究助理以及托兒所的教師、家長和幼兒，觀看幼兒活動錄影帶，請他們述說在影帶中看到的幼兒交朋友情形，藉以交叉檢核影帶內容呈現幼兒發展友誼的線索。

三、研究者反思

在蒐集資料過程中，研究者的反思是持續評估和質問經驗資料如何被

蒐集和建構，以建構研究參與者行動脈絡的意義，資料蒐集過程中的反思，可說即是在初步分析思考資料的意義。例如針對上述三角檢測的情形，研究者透過敏銳和批判性的反思，對照比較多元方法蒐集的各種資料、某種方法蒐集不同來源的資料、以及不同研究者蒐集的資料，如檢核這些資料內涵是相近的，即可能支持某種共通的研究發現，如檢核這些資料內涵有不一致的情形，即需要反思和評估資料蒐集的方法，調整方法或資料來源，持續再觀察、再訪談或蒐集更多其他資料，例如請問參與者：「我知道我們以前談過這件事情，但我仍覺得不很清楚，請你再進一步談談看」；「上一次你告訴我是這樣，但這次你說的好像不是這樣，我不太瞭解這一點，你是不是可以再解釋一下」，讓報導人再加以說明和澄清。

　　檢核所蒐集資料不一致的情形，需要確認是經驗事實原本就是不一致，還是由於蒐集方法有誤而產生不一致的資料。例如教育研究常關注教師信念和行為是否一致，即需要多面向檢核有關教師信念的資料（如訪談記錄和教師省思筆記）、有關教師行為的資料（如觀察記錄和教學日誌），對照檢核所有已蒐集的信念資料與行為資料，比較教師所說的、所想的、和所做的資料呈現哪些相同或不同的案例，即是研究教師信念和行為的檢核焦點；如蒐集更多信念和行為的資料，仍呈現兩者不一致的情形，即進一步聚焦於蒐集信念和行為不一致的脈絡資料，例如有些信念可能較容易付諸行動，才能知行合一，有些信念可能受制於現實客觀因素，以致言行不一。

　　Patton（2015: 661）指出不同種類的探究方式對於真實世界的些微差別是敏感的，不同種類的資料即可能產生有些不同的結果，因此檢視不同種類的資料產生研究發現的不一致性是重要的，如此發現的不一致不應被視為消弱研究發現的可信性，而應被視為提供更深度洞察探究取徑與現象之間關係的創新機會，不同資料來源一方面測試其是否產生研究發現的一致性，一方面也需要理解與進一步審慎思索研究發現不一致的另類解釋或創新意義。研究者謹慎採用多元差異化的研究面向蒐集資料，並敏銳反思

資料檢核的情形或結果，探索更多另類或創新的研究方向，將更能提升研究的品質。

柒、研究倫理的課題

質性研究進行的過程都可能涉及研究倫理的課題，如本章第壹節「進入研究現場」所述暗中的策略、第貳節「建立現場的關係」所述互惠關係及尊重研究參與者特質，第參節「參與觀察」所述「現場記錄」包括研究倫理的反省記錄，即顯示在資料蒐集過程需要考量和因應的倫理課題。研究者在蒐集資料過程中，與研究現場和參與者產生最密切的互動，也可能密切觸動倫理的課題，又由於質性研究常循環進行資料蒐集和分析及撰寫報告，因此本節所述倫理課題雖針對蒐集資料過程，同時也延伸至資料分析及發表報告研究。

一、基本的倫理

以人為研究參與者的研究倫理課題，主要須以人為本，基本上須獲得參與者的同意，並保護參與者免於遭受傷害的風險（Flick, 2014: 54; Yin, 2016: 49）：

（一）自願的知情同意

研究須獲得參與者自願的知情同意（voluntary informed consent），意指須讓參與者清楚知道參與研究的風險和權益，也清楚知道參與研究是完全自願的選擇，研究者須與參與者有清楚的磋商和協議，讓參與者知道研究的目的和性質、知道如參與研究需要做些什麼事情、能期望從研究中獲得什麼權益。

研究者可擬訂一份具體的參與研究同意書或協議書，且最好先以口頭說明同意書中的事項，例如包括：請參與者協助做些什麼（如接受訪談、

同意錄音或拍照、協助檢核資料等），參與者將從研究中獲得什麼（如研究報告、小禮物、訪談鐘點費等），以及研究過程中仍可隨時表達不願接受觀察訪談或要求退出研究等。如果參與者對於同意書事項有所疑慮，研究者須再加說明和磋商，也可能參照參與者的疑點修訂原擬的協議條文，再請參與者正式簽名表示同意參與研究，隨後研究者也須確實履行同意書的協議事項，以維護參與者自主決定參與研究的基本權益。

（二）避免傷害的風險

在整個研究過程中，需要保護參與者免於遭受到身體安全、心理壓力、人際孤立、財務損失、或觸犯法律等方面的風險或威脅，最基本的課題是對於參與者身分和研究資料的保密，Bogdan（1983）教導學生現場工作的課程中，即要求學生做到基本的保密事項：

1. 小心保存現場記錄，確定不會將記錄留在其他任何人可能拿到的地方。
2. 不要和其他人談到記錄的內容及其中涉及的任何人。
3. 在現場記錄和最後的報告中，使用研究參與者和場所的假名。
4. 不要將任何資料，告訴可能用這些資料傷害到參與者的其他人。

研究參與者知情同意及保護參與者隱私，是質性研究最為通行的倫理準則，例如 Eriksson 等人（2018）探究瑞典小學教師在教室的回饋理念，即仔細遵照瑞典研究協會的倫理原則和指導方針，獲得參與研究的所有教師知情同意，明確告知在任何時候仍可選擇退出研究，並且為了確保參與者的隱私，訪談時提到的人們、學校和地點，都用假名呈現在現場記錄和研究報告。再者，研究者須謹慎評估研究的情境，維護參與者免於受到身心傷害，例如，鄭芬蘭等人（2013）研究罕見疾患家庭壓力因應與需求，顧慮到受訪者於訪談過程的身心狀態，訪談之初即告知受訪的罕病家庭家人或主要照顧者以及罕病疾患，訪談內容可能觸及內心深處，可待心理準

備好再回答，也可隨時終止談話或退出研究；另設計訪談觀察記錄表，於訪談過程觀察記錄受訪者的狀況，包括：情緒穩定程度、訪談過程專心程度、訪談過程配合程度、與訪談人員關係建立、瞭解訪談人員語言程度、受訪者的口語表達能力、和其他特殊狀況，以檢視受訪者訪談過程身心狀態，並確保研究資料的有效性。

二、情境的倫理

質性研究採行彈性的程序，研究過程可能因應現場或參與者的各種情況，而彈性調整或改變研究方式，為因應研究倫理的課題，除了依循基本的倫理準則之外，還有待研究者當下再作反思與決定。例如，Agar（1980: 184）指出研究者非正式訪問現場每個人之前，如果都先出示同意書，請受訪者先簽名同意，這樣做似乎又扭曲了自然探究的本質；Marvasti（2004: 136）指出依據公共輿論的共通準則，在公共場所不論是誰的行為都能公開接受觀察，研究者並不需要徵求每個人的同意後再觀察他們的行為，如是在報紙上公開談論的個人經驗，亦屬於公開的範疇，研究者並不需要經過此人的同意即可引用報上公開的經驗文字。

質性研究過程中，隨時隨地可能觸及無法預期或規約的倫理情境，Punch（1986: 82）即認為質性研究倫理常是一種情境中的倫理，研究者需要在研究情境脈絡中因應處理研究涉及的倫理議題。尤其教育研究者常是研究現場的成員或完全參與者，例如父母研究孩子、老師研究學生、校長研究老師、教育行政主管研究校長，需要因應處理和參與者之間的權力和倫理關係。舉例而言，質性研究者在研究過程和情境中，可能面對如下列誠實、評鑑、滲透、介入、感同身受、匿名的倫理課題，需要當下再加反思和抉擇（黃瑞琴，1990b）。

（一）誠實乎

質性研究如採公開的策略，讓研究參與者知道研究目的和性質，研究

者須多麼誠實地告訴參與者：「我是誰？我來這裡做什麼？」卻可能因研究目的和性質，而有不同程度與角度的拿捏；人類學家 Gans 指出：「如果研究者對人們完全誠實地說明他的研究活動，人們將試著隱藏他們認為不好的行為和態度，而成為不誠實的，結果，研究者必須是不誠實的，才能獲得誠實的資料。」（引自 Punch, 1986: 41）。

這種似乎兩難的問題出現在質性研究過程，例如，Fine（1987: 233）進入一個少年棒球聯盟研究美國的少年文化，研究主題是針對性和攻擊性，但是他向聯盟的總裁、教練、和少年隊員們說明其研究角色和目的時，只大略說他是個社會心理學家，對少年的行為很感興趣，想來這裡瞭解少年怎樣玩棒球以及在閒暇時做些什麼，他也給少年的家長一封信，徵求他們同意讓孩子參與這個研究，除此之外，Fine 並沒有將他的研究目的和主題，很明確告訴總裁、教練、家長和少年們，這樣大略的說明方式，似乎讓他們更能無拘束地告訴研究者一些私人的故事、事情和情感。在複雜社會的民族誌研究，就這樣界定所謂的誠實（Spradley & McCurdy, 1972: 52）：

> 誠實是指坦白地告訴當事者，你想來瞭解他們的生活方式，但誠實並不是指你必須向他們解釋研究目的和方法的每一方面，解釋應盡可能簡單，不需要主動提供太多不必要的資料，如果當事者問你一些問題，就誠實地、但也簡單地回答。

（二）評鑑乎

教育研究者在研究過程中可能觸及的倫理問題，較不會像人類學家或社會學家參與觀察一個特殊的社會場所，如警察單位、精神病院或犯罪集團等，常得面對法、理、情之間衝突的衡量與取捨。然而，在常被評鑑的學校教育場域，研究者進入一所學校或一個班級觀察訪談時，校長或教師

常疑慮研究者是否想來評鑑其辦學或教學，學校人員對於評鑑的防衛心理，教育研究者應能預期、理解，並給予回應。

例如，Wolcott（1984: 5）進行一位小學校長社會生活的民族誌研究時，先明確告訴那位校長，他不會對這裡發生的事情表示個人贊同與否的意見，他來這裡的目的是觀察瞭解而不是來判斷校長是否稱職，有時候這位校長還是會忍不住問研究者一些辦學的意見，但通常校長自己會接著說：「但是，這不是你研究的目的，對吧！」孫敏芝（1989: 83）進入一間國小教室觀察教師期望與師生交互作用，剛開始前往觀察時，研究個案教師顯得很為難並詢問：「今天還要看嗎？」研究者覺得有必要重建關係，於是再說明本研究不是作為考核教師教學優劣的憑證，是以研究生的角色來瞭解事實，而非以教育心理學專家的身分去評鑑教學，教師若能瞭解研究者用意，當會減少心理威脅，以輕鬆的態度面對觀察者。

研究者和參與者取得共識，是確立研究倫理的一種方式，但有時候研究者雖無心去評斷自己看到的現象，但是和參與者有關的其他人或主管，卻可能有意地觀看研究者蒐集的資料，並據以評斷或處置參與者，而使得研究者在不自覺的情況下，違反了保護參與者的基本研究倫理。在教育的研究情境中，參與者受到的傷害通常不會是身體上的，而是心理或社會性的傷害，教育研究者在進行研究之初，就需要設想周密，與有關當局或人員確立保護參與者的正式協議，例如 Erickson（1986: 141）提出其研究如何努力兼顧科學研究和倫理責任：

> Erickson 和其他研究人員在一個市區學校系統中，針對西班牙雙語教師們，進行一整年的觀察和錄影，這些教師尚未獲得正式的教師執照，每年仍須和學校當局重新簽訂教師合約。在研究開始之前，Erickson 就先與學校校長和教育行政監督們協商，達成一個正式的協議，其協議內容主要是行政主管們不能要求觀看研究者的觀察記錄、不能要求研究者談論被研究的教師、不能要求觀

看錄影帶而據以評鑑教師；錄影帶必須先讓教師們看過，若沒有教師的同意，研究者之外的任何人都不能觀看錄影帶。

有關研究的錄影或錄音帶的處理，陳添球（1989：41）研究國民小學教師的教學自主性，將其訪談教師、參加學校會議、參觀教學的過程皆作錄音記錄。研究結束後，即在教師代表的監督下，將所有錄音帶「洗掉」，並發給教師個別通知單，除了感謝教師對其研究的支持，也告知錄音帶已全部滅跡且沒有留存任何拷貝副本。如研究者違反研究倫理，將負起傷害及道德的各種責任，這也是周全地實踐研究倫理的實例。

（三）滲透乎

質性研究過程是研究者和參與者之間持續磋商、調整、和發展彼此接納關係的過程，Punch（1986: 11）用滲透（infiltration）來形容研究者和參與者之間的互動關係，質性研究者長期浸入一個團體或社區的生活中，學習人們的習慣和思想，在這樣的滲透過程中，研究者需要有社會性的覺知，對於研究現場的人事、結構、和氣氛保持相當程度的敏感度，以因應現場原有隱密的人際關係。

例如，Corsaro（1981）進入一間托兒所探究幼兒的同儕文化，經由秘書得知，有位老師剛從一間擁擠的小辦公室搬到一間大的觀察室，但托兒所所長可能會讓 Corsaro 優先使用這間觀察室，而讓那位老師搬回原來的小辦公室。Corsaro 事先知道這情形後，立即向所長建議，讓他使用觀察室隔壁的小房間作為研究室，如此一來，他平日更容易接近那位老師，也避免因辦公室問題影響彼此的關係。此外，Corsaro 和秘書閒談時得知，托兒所的老師們對以前來所裡的研究人員頗為不滿，因研究員常只要求老師將幼兒帶到實驗室，而不告訴老師研究的性質或結果，Corsaro 知道這情形後，即經常主動請秘書和老師們對他的研究提供建議，有時候還主動協助老師做些事情，抱持著這樣謙虛的學習態度，而覺得自己逐漸融入成

為托兒所的一份子。

（四）介入乎

研究者在長期的參與觀察過程中，很可能會在研究場所看到一些其認為不合理、不道德、或甚至不合法的事情，這時仍應保持研究者的中性立場，不介入這些事，還是應像一般人一樣，必須有所反應呢？一位研究少年幫派的研究者在現場目睹一位少年很殘酷地毆打一個女孩，他晚上睡不著覺，對自己說：「我能做什麼呢？我只是一個觀察者，那不是我能管的地方。」從研究的角度看，研究者不應介入或干擾研究現場的活動，而從一般倫理的角度看，研究者又必須面對自己似乎視而不見的道德壓力，因此有一種說法是：一個人如果不能忍受某些道德的含糊不清，可能不該去從事現場研究的工作，或至少能察覺何時該脫離特定的研究者情境（Taylor & Bogdan, 1984: 71-74）。

面對這樣一個道德含糊的情境，研究者常得依照自己的價值觀或道德標準，為自己找到一個自處之道，例如，Fine（1987）在棒球聯盟研究少年文化時，他的自處之道是：如果看到少年們打架而可能造成彼此的身體傷害時，他即出面制止，因他認為觀察者有道德義務保護孩子的身體安全，縱使這種介入舉動可能干擾他原想觀察的行為；另一方面，如果看到少年們出現他認為是不好的社會行為時（如：偷竊、譏諷黑人的種族歧視），他則沒有出面評論或糾正他們，因他認為如果介入這些事，也不能真正改變少年的行為，所以他只是記錄事件並寫出行為的問題，但是Fine自己仍然存疑而不能確定，他這樣做在研究方法上是否正確？在道德上是否適當？（229-231頁）

（五）感同身受

如從廣義的倫理來衡量，研究者試圖接近一個人或一群人，設法取得他們的信任或友誼，讓其如影隨形地觀察他們的一言一行，並請他們告訴

研究者內心的話，以便進行研究，這樣似乎是有所為而為的人際關係，在本質上是否合乎倫理呢？在民族誌研究過程中，研究參與者可能常得暴露其心理和情感，而感受到精神上的壓力或傷害，Agar（1980: 185）認為民族誌研究唯一真正的倫理指標，是當事人因研究者做的某件事情而顯得傷感難過時，研究者是否也有同感而能感同身受。

　　筆者在做生命史的研究課業時，即曾有這種感同身受的體驗（黃瑞琴，1990b），我訪談一位六十多歲美國老太太的生命故事，學習瞭解其自我與美國文化脈絡的關係，基本上這位美國老太太相當開放和健談，對我所問的各種有關她個人的事情，她都會盡量敘說，但是當說到自己有些傷感痛楚的往事時，有時會欲言又止，顯得頗為難的樣子，這時我覺得實在不忍，甚至有點罪惡感，為做自己的研究課業，去勾起一位老人家似不堪回首的往事；然而，若從生命史的研究角度看，這些事件卻又可能對當事人最具有意義，研究者不宜輕易忽略。有一次我問她：「貝絲（化名）！最近妳一直和我談自己的故事，妳的感覺怎麼樣呢？」她只說：「我是想幫助妳做妳的課業。」在整個學期的研究過程中，我可以感覺到貝絲真的想幫助我，盡量告訴我她個人的往事。我徵求她的同意後，每次訪談都使用錄音機錄下訪談內容，但有兩次她談到似乎相當傷痛的事件時，請我關上錄音機，她說：「妳可以使用筆記記下來，但不要留在錄音機裡。」一個學期的研究過程，就是在貝絲的善意和不時的難過，以及我的歉疚和由衷的感謝中交互進行。

　　羞恥和尊重的概念規約著文化中的人類關係，人際社會的距離表現在空間和語言的互動中，並因應著文化環境而表現（Langness & Frank, 1981: 128）。筆者反省自己成長在敬老的社會背景中，要探究一位年老長者的隱私事件，在心理上不免有些障礙與畏縮，因此有時不敢也不忍心進一步追問她一些問題，這樣的心理或許也影響到我的訪談內容。在整個學期的研究過程中，基本上我對貝絲保持著晚輩對長輩的敬重與禮貌，有時我們又像朋友般分享著彼此不同的文化事物，有時我又覺得必須保持相當程度

的客觀性，理性地蒐集和分析資料。質性研究者角色的倫理定位，一方面需要融入參與者的世界，一方面又得保持有些超然的立場，如果研究者覺得自己過於同情或投入參與者的感受和觀點，必須自覺在那裡畫定界線，質性研究一方面是擬情的、同理心的，一方面也是沉思的、反省性的（Taylor & Bogdan, 1984: 74）。

（六）匿名乎

依據基本的研究倫理，研究報告中的研究參與者或場所須是匿名（anonymity），採用虛擬的化名，Fine（1987）進入棒球聯盟研究美國的少年文化，有些少年隊員堅持將他們的本名發表在研究報告中，因為他們想看見自己的名字被寫在報告中，並希望自己也許能因而出名，但是Fine還是決定採用少年的化名發表，因為考慮到研究報告中許多少年相當激烈地談到性與種族的問題，若用少年的本名發表，他擔心若干年後，這些少年可能因為這些激烈的言論而被人責難（235頁）。

Wolcott（1984）認為所謂的匿名，不僅是寫成研究報告時才注意，而應延續於整個研究過程，在進行一位小學校長的觀察研究時，除非有很特殊的理由，並沒有讓其大學同事知道他在那裡作研究；整個研究過程，他是唯一可接觸到和看到觀察記錄的人，而且都是親自書寫記錄，並不假手他人重新打字；訪問的錄音資料請助理轉譯為逐字稿時，也要求助理機密處理這些文稿，不可隨意出示他人；另一方面，他認為研究報告發表或出版兩三年後，隨著時間的人事變遷，也可能讓讀者難以分辨報告中的人物和場所（5頁）。

如以上引述的研究實例顯示，質性研究倫理課題常是情境的、多面向的、微妙的、猶豫不定的，研究者必須平衡考量對於研究專業、知識追求、社會、報導人、以及自己的多重責任，在研究過程此時此地當下運用自己的價值觀、常識判斷、對人性的看法，衡量研究所處情境的倫理準則，學習以敏感、善體人意、設身處地的心境去作研究倫理的磋商和抉

擇，在研究情境中實踐具體的倫理行動。這樣的研究倫理本質也反映了質性研究著重情境的脈絡、研究者反思、學習的過程之方法取向，研究的倫理、人生的倫理，都是需要持續磋商、反思、學習和抉擇的過程。

捌、摘要

質性研究資料的蒐集工作，包括：進入研究現場、建立現場的關係、參與觀察、訪談、蒐集檔案和音像等其他資料、檢核所蒐集的資料、因應處理研究倫理的課題。質性研究者進入研究現場，宜先評估自己與現場的關係、現場的性質、現場人們的屬性，可酌情採用公開的策略或暗中的策略進入現場，研究者在現場須處理自己的情緒壓力、獲得現場人們的支持、與現場人們建立信任與合作的關係、磋商研究者的角色、以及尊重研究參與者的特質。

參與觀察的研究者角色可分為：完全觀察者、觀察者即為參與者、參與者即為觀察者、或是完全參與者，參與觀察的方式可分為：描述的觀察、焦點的觀察、選擇的觀察，參與觀察的策略包括：維持和參與者的關係、尋找主要報導人、化熟悉為新奇、擬訂觀察指引、問問題、學習傾聽語言、體驗現場的感受、考量現場觀察的時間、準備離開現場、以及現場的觀察記錄。

訪談的方式有非正式的和較正式的兩種取徑，進行訪談的策略包括：創造談話的氣氛、同理的傾聽、提問不同的問題、擬定訪談大綱、探查的提問、引發談話的參照資料、交叉檢核資料、以及跨文化的訪談。質性研究採用的特定訪談類型，包括：同時訪談多數人的團體訪談、有關受訪者生命經驗的訪談以及與年幼兒童的訪談。

質性研究可參照研究目的蒐集公眾檔案和私人檔案，或使用問卷調查和測驗量表蒐集資料，以及藉由錄音、照相、錄影蒐集音像資料。資料蒐集的檢核可運用三角檢測法，使用多元的方法、蒐集多種來源的資料、以

及多人參與蒐集資料，並藉由參與者檢核和研究者反思來檢核所蒐集的資料。蒐集資料的過程須謹慎處理基本的研究倫理，獲得研究參與者自願的知情同意，並保護參與者免於受到身心傷害的風險，情境的倫理則可能涉及如誠實、評鑑、滲透、介入、感同身受、匿名的倫理課題，有待研究者當下再加反思和抉擇。

第四章

分析資料

　　質性研究的循環過程中，研究者在現場蒐集資料和作記錄，接著分析資料之時，又可能引發新的問題，再繼續蒐集更多的資料，接著再作更多的記錄和更多的分析，持續進行著這樣的循環周期，直到完成研究報告（見第二章第壹節「動態的設計」）。本章闡述資料的分析，即緊密延續著第三章所述資料蒐集的動態過程。

壹、資料分析的方式

　　質性研究的資料分析目的，主要是將所蒐集的原始資料析理出某種意義，研究者努力蒐集資料、並用心分析資料的概念化意義，對研究的現象提出解釋和詮釋，資料分析的方式涉及分析的路程和思考路徑。

一、分析的路程

　　質性研究周而復始的探究過程中，有生產性的資料分析須與資料蒐集同步進行，研究者在現場參與觀察、訪談、和蒐集其他資料的過程中，即持續追蹤分析資料中的概念，資料的蒐集、解讀、分析交互進行，才能即

時知道已蒐集的資料是否有所不足，並知道需要蒐集更多哪些方面的資料，藉以作進一步的對照分析；當資料中的概念已逐漸顯現，蒐集資料的時間即愈來愈少，分析資料的時間則愈來愈多，當資料中的主要概念已顯然可見，才準備結束資料蒐集的工作，開始密集分析資料，專注於資料的分析與詮釋（Lofland & Lofland, 1995）。

　　質性研究資料分析過程就像走過茂密的森林發現一條路徑，測試著研究者的心智思考能力，思考如何以有意義的方式處理現場蒐集的大量資料，處理和分析資料的路程，常交互進行下列的工作要項（Taylor & Bogdan, 1984: 130-136; Wertz et al., 2011: 375, 380）：

（一）整理資料

　　在蒐集資料過程中，即須隨時有系統地彙集整理已蒐集的各種資料，包括：現場觀察記錄、訪談記錄、公眾和私人檔案、問卷調查或測驗結果、照片或圖片、影音檔案及轉譯文字稿等，每件資料分別加以編號和編訂目錄索引，並將同一個案或參與者的各種資料，聚集在同一個電腦檔案或資料夾，以便於分析資料時可隨手取閱和相互比對。

（二）閱讀和思考資料

　　反覆閱讀和思考所蒐集的文字、圖片、語音、影像等多元的資料，追蹤思考資料中浮現的各種概念、預感、領悟、解釋，在密集分析資料之前，可用幾個星期或幾個月的時間熟讀全部的資料，檢視資料中原已留存的分析註記，獲得所有資料的整體感知印象，接著進一步思考資料的進階概念或解釋，逐漸發展和建構資料意義的解釋和詮釋。

（三）研讀有關文獻

　　當準備進行資料的密集分析時，研讀有關研究主題的文獻，藉由文獻中既有的理論概念和先前研究，可能啟發資料分析的概念和洞見，但閱讀

文獻並非用來代替研究者自己的思考，也避免將資料強行套入文獻的概念架構，如是經由批判性評估文獻概念適用於資料的分析，即可從資料中測試或擴展這些概念，但如果評估文獻概念不適合資料，就不宜用來分析資料，而是在完成資料分析後，再將分析結果與有關文獻對照比較，討論分析結果有別於文獻概念的創新意義。

（四）分析的備忘錄

在資料蒐集過程中所作現場記錄中的反思記錄，即包括資料分析的備忘錄（analytic memos）（見第三章第參節中第五小節「現場記錄的內容」）。針對資料分析所寫的備忘錄是一種分析筆記（notes），是介於蒐集資料和撰寫報告之間的重要步驟，備忘錄敘述或描繪分析資料時的主要概念、想法或假設，接著批判性回顧檢視這些備忘錄，可連結起資料分析概念的來龍去脈（Charmaz, 2014: 162）。分析資料時產生的任何想法，不論是經由深思熟慮或靈光乍現，都立即書寫下來或寫在電腦檔案，以免某些具有深刻意義的想法稍縱即逝，寫分析的備忘錄即在形塑之後研究報告中的討論和詮釋。

（五）分析的圖表

在資料分析過程中，將抽象思考資料概念之間的各式關係，繪製成視覺化的圖形和表格，透過圖表中的行列、欄位、符號、線條（直線、曲線）、箭頭（單向、雙向）、樣式（左右連續、上下層級、交互網絡）等的排列組合，來追蹤和建構資料概念間的各式關係。繪製圖表是一種分析的工具，圖表的格式隨著分析的思路走，即使繪製一個簡要的圖表，如能反映資料分析中浮現的概念，也可幫助研究者反身看見資料在分析過程的變形和分析結果的雛型，並看見進一步分析或詮釋資料的可行方向。

（六）資料分析的檢核

為減少研究者個人分析資料的偏誤或盲點，增進資料分析的效度和信實性，可透過研究參與者或現場成員回饋、研究同儕評論或審視、外部審查，協助檢核資料分析的初步結果，研究者在分析過程中的自我反思，亦是檢核資料分析的重要機制。

研究者來回走在上述資料分析的路程，需要結合心智與技術，心智性過程是從原始資料中抽取抽象概念或理論的主張，技術性過程則涉及資料剪輯和整併建檔等操作技巧，研究者可參照自己分析資料的心智思考，選用或併用日常的紙筆文具、一般的電腦文書處理技術、或電腦輔助質性資料分析軟體，進行資料的整理和分析。質性研究需要處理和分析的資料除了文字資料，還包括語音、圖像、影像、和多媒體資料，隨著數位化質性研究的發展，持續研發的電腦輔助質性資料分析軟體，可協助進行多元資料的輸入、編碼、搜尋、索引、建檔、超連結、建立概念關係、測試理論化、建立備忘錄、繪製視覺化圖表、資料間三角檢測等工作（吳心楷、辛靜婷，2012；劉世閔、曾世豐、鍾明倫，2017）。質性研究者可先理解質性資料分析的思考路徑，依據研究目的和研究問題，參閱數位化質性研究有關文獻和網站資訊，選擇適用於研究方法的輔助分析軟體，熟習軟體功能的操作技術，用來協助資料的管理和分析。

二、分析的思路

質性研究者閱讀、思考、分析資料時，需要深入分辨資料細節的意義，也需要從資料脈絡關係中析理出意義的頭緒，基本上可說是交互思考著資料如何分解與連結，如同進行著整體與部分的詮釋循環，在分解的部分基礎上理解整體，而連結與理解了整體也能更加理解部分（Alvesson & Sköldberg, 2018: 116）。

（一）資料的分解與連結

在質的資料分解，Yin（2016: 194-196）指出拆解資料（disassembling data）是往前及往後的來回往返過程，一方面往前預想即將運用的想法，一方面往後回頭修改先前完成的某些部分，分解資料並沒有固定的常規，研究者可選用自己獨特的資料分解方式，基本上的選擇關鍵是編碼或不編碼（to code or not to code），編碼（coding）是有系統地分解資料的類別（category），使用概念化的代碼（codes）來代表所選定資料文本的字句、詞組、或片段，編碼即是將資料拆解、定義、歸類的系統化過程（詳見下一節「編碼的分析」）。

質性研究可透過編碼分解資料，或不透過編碼分解資料，或是在分析資料時兼採編碼和不編碼兩種方式，編碼一些資料、而其他資料則不編碼，如選擇不透過編碼分解資料，即採行自由地思考和洞察資料，研究者直接深入資料發揮獨特的想法和創意，從資料細節中發展實質的概念，但是為避免誤解資料，研究者更需要反覆來回檢視資料，以盡可能確保所拆解的資料概念忠實反映原始資料的全貌（Yin, 2016: 199-200）。

質的資料分析運用如上述分類（categorizing）策略編碼資料，還需交互運用連結（connecting）策略整合資料，分類策略著重於分辨資料概念相似的類別，連結策略則著重於尋找資料連續性（contiguity）的關聯（Maxwell, 2013: 105-110）。質性研究由拆解（disasscmbling）至重組（reassembling）資料的過程，皆須運用敏銳的分析思考，來回往返進行資料的分解與連結（Yin, 2016: 210）；分解或編碼資料時，須不時回頭重組和連結資料，看見資料細節或類別之間的關聯性，連結資料的脈絡時，也酌情拆解部分關鍵資料一探究竟，看見脈絡線索如何藏在資料細節裡，如此走動式地邊走邊看，才得以見樹也見林，兼顧資料的特寫鏡頭與全景視線，同時關照到資料意義的細緻與脈絡。

（二）分析的思考路徑

　　質性研究者分解和連結資料時，採用人類思考的基本模式或方式，相對而言，可能較為傾向於採行某種思考的路徑。例如，心理學家 Bruner（1986）指出人類有兩種思考模式，一是認知科學派典模式（paradigmatic mode），強調心智的邏輯系統，用來抽取類別、測試假設、產生通則、驗證因果關係、解決疑難問題，另一是敘事模式（narrative mode），強調心智的情節脈絡，用來連結人類經驗的連續情節和關聯脈絡，使得人類經驗成為有意義的想像劇幕，導向好的故事和吸引人的戲劇，展演出對人類經驗連續性意義的理解和解釋。參照這兩種思考模式的相對取向，分解資料傾向於邏輯的思考以抽取類別，連結資料則傾向於敘說故事的情境脈絡。

　　質性研究分解和連結資料的思考路徑，亦如同幼兒玩遊戲時採行不同的智能與性格混合的認知風格（cognitive style），分別形成場域獨立（field independence）或場域倚賴（field dependence）的不同遊戲傾向（Saracho, 1999）；場域獨立的幼兒較不受遊戲情境因素的影響，較具有分辨性的認知風格，傾向於觀察環境的物理特性，從複雜圖樣中辨認某個圖形，喜歡玩積木等建構性的玩具物品；場域倚賴的幼兒則較關注環境的社會層面，較具有整體性的認知風格，喜歡和同伴一起玩社會遊戲或團體扮演遊戲。參照遊戲認知風格的相對取向，分析資料就像是在玩索資料，分解資料就像是在玩積木的建構遊戲，將各個積木拼了又拆、拆了又拼，來回分辨積木的特性和造型，連結資料時就像是在玩戲劇遊戲，在社會情境中與友伴相互磋商角色、協議扮演、想像道具，演出一齣連續性的戲劇情節。

　　張芬芬（2020）指出質性研究過程可採用整體直觀（holistic intuition）與邏輯推理（logical reasoning）兩種思維方式，整體直觀是指研究者直接對所探究的對象／現象或其間關係，產生一種整體的認識、領悟、洞察、

想像力、或靈感，均為直觀的表現；邏輯推理則是指有系統的層層推理，運用演繹的（deductive）、歸納的（inductive）、溯因的（abductive）推理方式去思考前提、規則、結論的基本形式，演繹用來決定結論，是運用前提和規則、推導出結論；歸納用來決定規則，是藉由大量的前提和結論所組成的案例、來決定規則；溯因用來決定前提，是藉由結論和規則來支援前提、以解釋結論。質性研究需要兼用直觀和推理以相輔相成，整體直觀可幫助邏輯推理找到焦點與方向，邏輯推理可確認直觀所得以期建立科學理論。

　　研究者分解或連結資料時，可兼採整體直觀與邏輯推理兩種思維方式，在編碼資料時，研究者需運用敏感的直覺和多重的思考，辯證資料編碼須處理的問題，例如：某個概念或類別是可辨認的嗎？某個順序或過程是明顯的嗎？如何能確定概念之間的關係？資料如何分解成因素或成分？又如何組合成較大的單位（Jorgensen, 1989: 110）。研究者如不透過編碼分解資料，即自由地來回檢視和洞察資料，運用獨特的想法和創意，推理資料中浮現的概念或理論（Yin, 2016: 199）。在連結資料脈絡時，參照張芬芬（2020：248）所整理引出研究結論的技術、分析目的、及其思維方式，例如可運用直觀找出主旨、運用邏輯推理清點總數，藉以看出整體的狀況，或兼用直觀與推理建立一條合理的證據鏈，藉以對一組資料產生統整的理解和整體的解釋。資料分析兼採直觀與推理，如同民族誌運用許多不同層次的分析，有些是簡單而非正式的，有些則是需要統計學的知識，選擇和運用正確的分析方式，需要判斷力、經驗、直覺、對整體或細節事件背景的注意、清楚的思考、和大量的常識，將一大堆複雜的資料處理得有其意義（Fetterman, 2010/2013: 144-145）。

　　總括而言，質性研究者分析資料時，可能因應研究目的或個人慣常的認知風格或擅長的思維方式，傾向於採行某方面的思考路徑，例如故事性的生命經驗敘說探究，傾向於採行思考的敘事模式、整體直觀，如同玩戲劇遊戲般玩索資料；科學性的概念理論探究，傾向於採行認知科學模式、

邏輯推理，如同玩建構遊戲般玩索資料。接著以下兩節，分別闡述資料的編碼分析和意義思辨分析，編碼分析定位於根據原始資料建立理論的紮根理論方法，意義思辨分析則泛指各種研究取徑分析建構各種資料概念的意義。

貳、編碼的分析

編碼（coding）是一般質性研究用來解析資料的方法，本節闡述具指標性的質性研究紮根理論方法，所採用的編碼原則與編碼程序，一般質性研究即使並非定位於紮根理論研究，分析資料時也可參酌選用紮根理論的編碼方法。

一、編碼的意義

所謂的編碼，簡要而言就是有系統地分類資料，如從民族誌的文化知識檢視分類的意義，人類的文化知識具有各種因素，其中最基本的因素即是類別，類別是人、地、事、物、時間或空間等相似概念的特徵，是人事物之間彼此有所分別的類屬，人類的知識常倚賴類別的分類，各種類別簡化了人類的世界，例如人們被分類為學生、教師或母親的類別，即較容易期待這個人可能呈現的文化行為（Spradley & McCurdy, 1972: 60）。分類資料是建立資料關係的一種方式，也是解釋研究發現時的定錨點（anchor points），用來檢視人們如何分類生活中對其重要且有意義的事情（Blumer, 1969: 26）。

分類資料就像幼兒常玩的分類遊戲，將各種玩具或物品按照其顏色、形狀、大小、或用途等特徵予以分類，例如，按照玩物的紅、黃、藍、綠等顏色概念作分類，按照玩物的圓形、方形、三角形等形狀概念作分類，或按照生活物品用於食、衣、住、行等功能概念作分類；然而，研究資料的概念類別並不像玩具物品的外表特徵或具體功能那麼顯而易見，質的資

料分析主要是針對隱含多重概念的文字或圖像，研究者分析資料的某個字句、某段話、或某個畫面時，必須前後來回檢視文字或全方位檢視圖像在資料脈絡中的概念，費盡心力試著將經驗資料隱含的多重概念分門別類，試著從經驗世界的混沌變遷中抽取某種秩序。

二、紮根理論方法

紮根理論創始者 Glaser 與 Strauss（1967）的著作 *The Discovery of Grounded Theory: Strategies for Qualitative Research*，即提示紮根理論的發現為質性研究的策略，所謂「紮根理論」（grounded theory）是發現理論的一種研究策略，而不是指一個特定的理論學說，就字義而言，"ground"意指地基或根基，"grounded"意指根據或立基於某種基礎，"grounded theory"即被稱為紮根理論、扎根理論、或立基理論，其方法論是根據研究參與者在地經驗的原始資料為基礎，紮實發展出立基於資料基礎的理論。紮根理論的研究目標主要是理論生成（generation），而不是既有理論的驗證（verification），理論生成的來源是經驗資料，任何人只要根據真實的經驗資料，皆可創造出自己的理論，紮根理論的發現是要填平廣大宏觀的宏觀理論（grand theory）與經驗研究之間的鴻溝（Glaser& Strauss, 1967: 10-12, 28）。

紮根理論在學術研究領域的發展，趨向於方法論的彈性化，研究者在方法學上可彈性研發一些策略以創建構理論。Charmaz（2014: 1-3）指出紮根理論方法（grounded theory method）是有系統且有彈性蒐集和分析資料的指導方針（guidelines），以建構來自資料本身的理論，紮根理論方法提供的是一般性的原則、指引、策略以及啟發性的手法（devices），而不是一套公式化的規定。紮根理論研究者可發展自己的分析策略戲碼（repertoire），分析策略的型態隨著研究策略以及研究者的學術訓練和經驗而有所不同（Corbin & Strauss, 2015: 89）。

紮根理論方法在學術發展的理念取向，Charmaz（2014: 236）區分為

客觀主義（objectivistm）與建構主義（constructivist）的不同取向，客觀主義的紮根理論源自於外在現實的實證主義，研究目標是獲得抽象概念化關聯之概括通則的理論，以解釋和預測外界的經驗對象，視資料分析為一個客觀的過程，資料中浮現類別即形成分析，優先考慮研究者分析的觀點和聲音，視反思為一個可能的資料來源；建構主義的紮根理論則是根據多元現實的符號互動論，研究目標是創構能理解與詮釋參與者行動意義的理論，研究者和參與者共同建構資料，即開啟分析的方向，主觀性貫穿資料分析的過程，分析須尋找與再現參與者的觀點和聲音，整個研究過程都致力於反思。Charmaz（2014: 259-260）指出客觀主義和建構主義的紮根理論之間雖有理念差別線，然而兩者研究實施的差別有時並不是如此明顯，例如，客觀主義的紮根理論強調概括的通則，也可能探究有短暫意義而難以理解的論題，建構主義的紮根理論強調主觀性，也可能仔細調查公開的過程和提出解釋的說明，實際進行紮根理論研究時，可折衷採行適當有用的方式；客觀主義和建構主義的研究者都不想讓讀者將自己的紮根理論研究，視為非常神秘理論化法則的理論，他們都是以自己所理解的任何方式在發展理論。

紮根理論方法是系統的、有彈性的、啟發式的，研究者可依據自己的研究觀點、研究目的、蒐集的資料、分析資料的思路、或編輯操作資料的習慣，決定如何彈性參考以下所述紮根理論的編碼原則和程序，將資料提煉為概念化的解釋意義。

三、編碼的理念

紮根理論的研究策略以編碼（coding）作為分析的基礎，編碼是在界定代表資料解釋意義的概念，概念是從經驗事實產生的抽象想法，用來解釋資料中社會現象的意義，編碼是資料的分解和概念化，研究者逐字逐句閱讀資料，按照資料呈現的概念分解資料，將所分解一段資料含有的概念，設定為一個概念性的代碼（code），這個代碼即具有一個概念的意

義，再將彼此相似的概念整合成為一個類別（category），接著按照發展出的類別分析更多的資料，因此所謂的編碼，主要即是分解、分類、分析資料的系統化工作（Corbin & Strauss, 2015: 57, 220）。

Charmaz（2014: 137）比擬紮根理論是半工作（part work）、半遊戲（part play），研究者在半工半遊中玩索從資料獲得的想法，專注於資料、並從資料中學習，編碼引導研究者查看資料、發現資料的概念，而更深度瞭解經驗世界，理論的玩性（theoretical playfulness）讓研究者試驗從資料獲得的想法將導向何處，紮根理論編碼是彈性的，研究者可回到資料另作新的編碼，也可往前寫些代碼和思索代碼的意義。所謂玩性（playfulness），是兒童表現遊戲行為的人格層面，玩性含有五個特徵：歡笑的樂趣、幽默感、身體活力的自發性、想像與創造思考的認知自發性、以及與別人相處和進出群體的社會自發性（Lieberman, 1977）；其中幽默感及想像與創造思考的認知自發性特徵，可說是紮根理論或一般質性研究者需要發展的人格層面，藉以自發玩索、想像、創造思考資料的概念意義。

紮根理論的研究是將參與者主體經驗的資料分析，提昇至抽象的理論層次，以理論的生成與建立為研究主旨，紮根理論方法的基本理念是透過研究者的理論敏感性，經由分析歸納和持續比較資料概念的編碼程序，以及理論取樣與理論飽和知會資料的蒐集，持續發展理論概念的統整架構，綜合運用理論敏感性、分析式歸納、持續比較法、理論取樣與理論飽和的理念，貫穿於紮根理論方法的資料分析過程。

（一）理論敏感性

依據符號互動論的觀點，理論是對經驗世界的互動式理解與詮釋，理論須與經驗世界有效結合才有其價值，敏感概念（sensitizing concepts）提示研究者須敏銳感知經驗世界一般性的特徵，並仔細檢驗現象的獨特性及與其他現象的關聯性，經由這樣持續的檢驗，關於人類真實生活的某個理論、概念、或議題，是否可用來分析何時、何地、或什麼範圍的生活經

驗，即被經驗性地測試、查核、修訂、或被拒絕，而發展出分析經驗事例的參考通則和可行方向（Blumer, 1969: 148）。

理論敏感性（theoretical sensitivity）是指敏銳感知研究資料的概念及概念間的連結關係，將資料的分析提昇至理論的層次，研究者的理論敏感性可能來自於先前研讀文獻及個人的專業或經驗背景，或是在分析解釋資料過程中，經由資料概念的分解、整合、再整合的循環過程，亦能觸發研究者對於資料概念關係架構的領悟和洞察力，藉以解釋資料的意義，發展紮根的、有密度的、有統整性的理論（Glaser, 1978）。紮根理論根據原始資料為基礎，研究者研讀有關文獻時，須以批判性的思維進行文獻探討，探討文獻理論是否或如何觸及資料中的概念，並避免將研究資料限縮於既有的理論框架。

研究者不斷地問問題是分析資料的動力，藉著不斷提問下列有關是誰、何時、何地、發生什麼、如何發生、為何發生的敏感問題（sensitizing questions），促使自己敏銳感知經驗素材所有可能的理論化意義（Corbin & Strauss, 2015: 92）：

1. 這裡發生什麼事，什麼是議題、問題、關注重點？
2. 這裡涉及的行動者是誰？
3. 行動者如何界定情境？情境對他們的意義為何？
4. 不同的行動者做些什麼？他們的界定和意義相同或不同？
5. 行動者何時以及如何行動，行動的結果為何？
6. 不同的行動者在其他情境的行動，如何相同或不同？

（二）分析式歸納

分析式歸納（analytic induction）是分析和歸納資料有關的定義和解釋，並測試和發展資料蘊含的理論，經由資料的分析歸納發展的理論是一種敏覺概念，藉以解釋經驗世界的個人、事件過程、個人於事件過程中行

動的意義（Blumer, 1969: 9）。藉由分析資料作成歸納以提煉理論的過程包括（Denzin, 1989: 170; Robinson, 1951）：

1. 在研究初期，從資料中發展某個特定現象的大略定義，並對現象形成一個初步的解釋。

2. 依據這個初步形成的解釋，去檢視持續蒐集的系列資料事例。

3. 如資料出現不符合原先解釋的新事例時，即調整和修訂原先的解釋，用來分析新的資料。

4. 主動尋找與一般事例不同或矛盾的反面案例（negative cases），可提供更充分的替代性解釋，藉以持續修訂定義和解釋。

5. 繼續上述的過程，持續修訂對於現象的解釋，資料分析將更具有包容性，所精煉的理論亦將更為紮實廣闊，能普遍解釋資料中的現象事例。

關於不同於一般事例的反面案例，雖然研究者可能找不到反面案例，尋找的過程即有助於更充分探索資料的概念和替代性解釋，找到一個反面案例可增加發現的豐富性，提示人類生活並非如此明確，任何解釋總是會有例外的可能性（Corbin & Strauss, 2015: 101）。因此，藉由尋找與解析反面案例，可檢核及控管研究資料的變異性和多樣性。

（三）持續比較法

紮根理論分析思路經由持續比較法（constant comparison method），是以概念為分析的基本單位，將資料分解為可管理的資料片段（pieces），用來比較各個資料片段在概念上的相似或差異，將相似概念的資料歸納為同一個概念標籤，再進一步將一組相似的概念集合成類別（category）；持續比較是一種分析的工具，是研究者用來解釋資料的心理策略，亦是促進理論敏感性的方法，最終從資料中建構可用來統整解釋研究現象的理論架構（Corbin & Strauss, 2015: 7-8, 57）。採行紮根理論的持續比較法，可分為下列四個階段（Glaser & Strauss, 1967: 105-113）：

1.**依據概念類別**（category）**比較資料事例**（incidents）：研究者開始編碼（coding）資料的每個事例，盡可能發展許多分析的類別，每當編碼一個事例的類別時，與先前編碼為相同類別的事例相互比較，如此持續比較資料事例的類別，將為每個類別找到理論屬性。

2.**整合類別與其屬性**（properties）：研究者比較可能含有類別的事例時，要注意比較類別的屬性和類別之間的關係，當持續蒐集新的資料事例時，如果發現新的事例不能符合已形成的類別，就需要發展新的類別，或需要再修訂原有的類別；如果發現類別的理論屬性不足或不夠清楚時，則採行理論取樣（theoretical sampling），再加選取和蒐集更多相類似或不同類型的人們、事件或地點的資料，以充實和擴展類別的理論屬性，這樣的持續比較過程將顯現各種類別之間的關係，因而形成各種不同類別的統整架構和理論。

3.**界定**（delimiting）**理論**：研究者進行資料類別的編碼和統整時，更加呈現資料解釋的基本架構或理論，從資料中初步呈現的理論，將再回到資料中被測試和驗證，而可能進一步定義或修訂原有的類別和類別間關係；在類別發展過程，當逐漸不再有新的類別屬性、面向、或關係從資料分析中顯現，這個概念類別即呈現理論飽和（theoretical saturation），如已形成的類別足以分析解釋大部分或所有的資料事例，即確定這些類別具有足夠的解釋力，可據以界定資料呈現的理論或理論觀點。

4.**撰寫理論**：研究者根據已編碼分析的資料，並依據持續比較資料類別、屬性、和理論時記下的系列備忘錄，陳述和撰寫資料呈現的理論，概念類屬和其間關係即可成為研究報告呈現理論的主題或標題，用來回答研究的問題。

（四）理論取樣與理論飽和

紮根理論的研究目標主要是理論生成，理論取樣（theoretical sampling）是蒐集資料以產生理論的過程，研究者結合資料的蒐集、編碼與分析，決定下一步要蒐集什麼資料以及在何處找到這些資料，以協助理論的生成和創造，這種資料蒐集和取樣的過程，是因應生成中的理論所決定（Glaser & Strauss, 1967: 45）。

一般性的理論取樣是在研究初期的研究設計，選擇具有理論啟發特性的研究個案，用來測試或擴展某個理論。紮根理論的初始取樣是在進入研究現場之前，建立對於人們、案例、情境或場所的取樣標準，並計畫如何獲取資料，作為研究的起點，而理論取樣則是引導研究者往何處取得足以精煉類別的資料，是為了發展分析的概念和理論，而不是為了代表一個母群體和增加研究結果的統計類推性（Charmaz, 2014: 197-198）。

紮根理論的理論取樣是一種工具，是在進行資料分析過程，針對正在浮現但尚未成熟的理論概念的取樣，當隨著資料的蒐集和分析，顯示某方面類別的概念不足或不清楚時，需要回到經驗世界，選取和蒐集更多有關這方面類別的人們、地點、事件、或活動等的資料事例（Strauss, 1987: 38-39）。針對浮現中的概念類別，進行理論取樣的方法，例如：訪談現場更多類似的或不同類型的報導人、對早期的參與者提出進一步的訪談問題、增加新的研究參與者、進入新的地點觀察、或是蒐集分析更多的文件資料等，以補足和擴展這個類別概念的關聯性和變異性，使得浮現中的理論更加精煉和細緻化。

研究者持續使用上述的理論取樣工具，直至資料中所有類別都充分顯示屬性的面向變異性和關係統整性，並且再也沒有新的類別特性從資料中浮現，即可推測理論的類別達到理論飽和（theoretical saturation），生成的紮根理論具有概念的稠密度和理論的完整性，因而知會資料的蒐集可準備結束（Corbin & Strauss, 2015: 134-135; Glaser, 1978: 124-126, 2001: 191）。

（五）實質理論與形式理論

經由上述持續比較和分析歸納資料概念類別和其間關係的定義和解釋，同時持續比較和分析歸納類別的理論特性、統整類別的理論、以及解釋資料的整體理論架構，即是從資料的根基中生成理論。紮根理論生成的理論有實質理論（substantive theory）與形式理論（formal theory）（Glaser & Strauss, 1967: 32-35），上述資料分析方式主要紮根於特定社會情境的實質領域，將現場參與者實質經驗提昇至抽象的理論層次，而衍生出一種實質理論，例如病人照護、青少年犯罪、族群關係等屬於實質理論；在實質理論的基礎上，如持續發展許多實質理論作為形式的概念基礎，將可藉此形式的概念領域發展成更有系統概念體系的形式理論，例如社會化理論、權威與權力理論即屬於形式理論，可用來闡明和論證更廣泛的社會現象。

實質理論與形式理論都需要紮根於參與者經驗性的實地資料，紮根的實質理論有助於生成紮根的形式理論（Glaser & Strauss, 1967: 90-92），這兩種理論都屬於中層理論（middle-range theories），位於小型微觀假設與大型宏觀理論（grand theory）之間的位置，通常初期發展的理論是實質理論，接著再從實質理論導向更加普遍性和概括性的形式理論。紮根理論方法主要都是產生實質理論，在特定的實質領域研究特定的問題，紮根理論邏輯亦能跨越不同的實質領域進展到形式理論的領域，意指紮根理論能生產抽象概念和釐清概念間的關係，藉以瞭解不同實質領域的問題；例如發展有關罹患嚴重疾病的人們認同失落和重構的一個實質理論，將此理論放置到人們突發失落經驗的其他生活領域加以檢視，例如夥伴突然去世、被裁員、因天災而無家可歸等失落經驗，再加檢視一個新的實質領域有助於精煉形式理論（Charmaz, 2014: 10）。

比喻而言，實質理論可說是具有一沙一世界的研究意涵，從一個實質地域的經驗看到一整個經驗世界，形式理論則具有聚沙成塔的研究意涵，持續在不同地域發展研究主題相類似的許多實質理論，聚合與連結這些相

似主題的實質理論，向上提昇為更能普遍概括不同地域的形式理論，或再將此形式理論與文獻中的既有理論體系作進一步的比較討論，創造研究繼往開來的價值。從實質理論向上提昇為更加普遍性和概括性的形式理論，如同學術研究的評鑑常強調在某個學術領域對於某個主題要有持續性的研究，皆是朝向聚沙成塔、創建要能博大又能高的研究意涵。

四、編碼的程序

紮根理論的編碼邏輯是在蒐集資料中發展一個浮現的理論，以解釋這些資料如何作關鍵性的連結，編碼用來界定資料正在發生什麼和意指什麼，編碼產生分析的骨骼，理論的中心會將這些骨骼組合成一個工作的骨架，因此編碼會逐漸形塑分析的架構；簡要而言，編碼的程序就是將資料分解切片，將資料片段以簡要的詞彙命名和發展解釋的抽象想法，即開始概念化（conceptualize）資料正在發生什麼和意指什麼（Charmaz, 2014: 113）。

紮根理論編碼將研究參與者具體的經驗資料，提昇至概念化的理論層級，資料編碼的分析思路，就如同建立一個金字塔（Corbin & Strauss, 2015: 77）（見圖4-1），金字塔的底層至頂端，由下而上依序分為三個概念化階層，較低層級的概念最貼近資料，提供理論的基礎所在，愈往上層的高階概念就愈抽象、也包含更多的概念細節，而獲得更大的解釋力，以提供理論的解釋架構（Corbin & Strauss, 2015: 77, 187, 220）：

1. **較低層級概念**（lower-level concepts）：較低層級的初階概念是用來解釋資料意義的詞彙，概念命名需要讓具有相同意義的原始資料聚集在一起。

2. **類別**（categories）：類別是性質相似的初階概念聚集成的較高層級進階概念，原聚集的初階概念即可成為此類別的次類別（subcategories），類別的呈現可結合與統整資料。

3.**核心類別**（a core category）：更高層級的核心類別是一個充分廣泛和抽象的高階概念，以簡要字句摘要陳述研究發現的主要見解，圍繞著這一個核心類別連結和整合各種類別的關係，即可進行理論的建構。

圖 4-1　紮根理論金字塔

（資料來源：Corbin & Strauss, 2015: 77）

　　參照紮根理論的金字塔，由下而上編碼階層的概念化發展程序，是從貼近底層具體的在地資料，往上提昇為愈來愈抽象的概念，由單一的初階概念，往上擴展為愈來愈廣泛且愈有關聯性的統整概念，從個別的分析單位出發，往上建構愈來愈有統整性和包容性的分析架構，即愈來愈趨近生成和創建一個實質理論。

　　紮根理論的編碼程序，主要針對較低層級概念、類別、核心類別的編碼，Corbin 與 Strauss（2015）將較低層級概念和類別的編碼稱為開放編碼（open coding），探索類別間關聯性的編碼稱為主軸編碼（axial coding），整合一個核心類別的編碼稱為選擇編碼（selective coding），用來形成統整解釋研究現象的理論架構。Charmaz（2014）依據建構論紮根理論的觀點，將較低層級概念的編碼稱為初始編碼（initial coding），發展與組織類別的編碼稱為聚焦編碼（focused coding），提煉理論的編碼稱為理論編碼

（theoretical coding）。紮根理論研究學者提出編碼階層的名稱雖有不同，其中概念化的思路進展皆同樣是紮根於底層的經驗資料，並逐步往上提升為抽象的理論概念，資料的編碼程序即可簡明扼要歸納為初始編碼、進階編碼、理論編碼；初始編碼開始拆解資料，從資料中開發較低層級概念，進階編碼開發類別，並連結類別間的關係，以重組和連結資料，其中包括聚焦編碼、類別的開放編碼、和主軸編碼，理論編碼則包括選擇編碼，以及提煉與建構可解釋研究現象的理論架構。

　　如比擬紮根理論是半工作與半遊戲，研究者以理論的玩性在玩索資料（Charmaz, 2014: 137），紮根理論的編碼戲碼，就像幼兒在玩積木遊戲的建構工作，建構紮根理論金字塔的三個階層，就像幼兒將一塊塊積木的點，拼接成線、面、體的建構過程，初始編碼資料的概念，就像辨識每塊積木的顏色、形狀、大小、材質等概念特點，進階編碼資料的類別和關係，就像將積木拼接出各種類別的線索，並連接其間各方面的關係，理論編碼資料的理論架構，就像將積木的概念特點、類別線索、關係面向，整體拼接成理論的立體造型。積木是一種開放性、建構性、創造性的玩具，幼兒玩積木常是拼了又拆、拆了又拼的來回玩索過程，就像來回進行資料的分解與連結，也是一種開放性、建構性、創造性的循環過程，研究者來回穿梭於資料概念、類別、關係、和理論的持續比較與建構過程。

　　紮根理論的編碼程序涉及拆解資料的較低層級概念和類別，亦涉及連結資料的類別關係與核心類別，一般質性研究如果並未定位於紮根理論研究，可能只參照初始編碼作資料的初步分解，另運用整體直觀或敘事思考作資料的連結，也可能宣稱以紮根理論方法分析資料，採用初始編碼或部分的進階編碼，進行資料的分解和連結，而並未試圖建立更高階的理論。例如，洪志成與楊家瑜（2013）回顧國內教育領域研究運用紮根理論方法，不少是運用紮根理論的編碼方式分析資料，但建立理論或模式者甚少，分析國內應用紮根理論方法的十三篇教育行政研究論文，結果發現大多數的研究，主要以開放編碼進行資料概念和類別的分析，但缺少主軸編

碼的關聯性分析，而造成諸多研究較難做到理論的建構。

　　如同 Heath（1982/1988）提醒民族誌研究者須區分清楚，全面的民族誌（full-scale ethnography）和使用一些民族誌基本方法的民族誌研究（ethnographic studies）兩者之間的不同，質性研究者如運用紮根理論方法，亦須清楚定位自己的研究觀點和研究目的，是要完成全面的紮根理論研究，完整採用如以下三個小節所述的編碼程序，用來生成和創建理論，還是使用一些紮根理論基本方法，採用部分的編碼程序，用來探究特定的研究問題，並在研究報告中清楚說明研究運用紮根理論方法的目的和程序。

五、初始編碼

　　採用紮根理論方法開始分析資料初期，需要緊密貼近資料，產生一些概念性的想法，將資料分解為片段並賦予概念和命名。初始編碼是一種開放式的微觀分析（microanalysis），以開放的、仔細的心態和方式，探索資料片段的概念意義，就像使用高效率的顯微鏡檢視每個資料片段的可能性，並逐步捨去那些概念薄弱或沒有可能意義的資料（Corbin & Strauss, 2015: 70-71）。初始編碼的過程，主要是辨識資料單位的概念、初始代碼的概念命名、開始寫分析備忘錄（Charmaz, 2014: 120-136）。

（一）辨識資料單位的概念

　　概念是建立理論的基礎，紮根理論方法分析資料的單位即是概念，呈現某個或某些概念的最小件資料即是資料單位（unit of data），一個資料單位可能是現場記錄、訪談記錄、檔案文件，亦或是其他資料的某個字詞、句子、段落、小節、或整份記錄。初始編碼的首要工作，是將資料中的字句或段落等打散為分析的資料單位，並找到資料單位字裡行間的概念。亦即從資料中辨識出資料單位的概念，接著持續比較資料單位的概念。

　　研究者辨識資料單位的概念時，最好先完整閱讀一整份資料，先知道這整份資料發生些什麼事情，再進入資料的字裡行間，詢問其中某個字

彙、行句、段落等資料片段與研究目的是否有什麼概念上的關聯，如果發現這些資料片段呈現研究目的或問題有關的概念，這個字彙、行句、段落、或事件即形成具有某些概念的資料單位，有時一個資料單位可能同時呈現兩個或以上的概念。

　　研究者可參照研究階段、資料性質、蒐集這份資料的目的，選用逐字、逐行、逐段、或事件作為分析的資料單位，例如，逐字的編碼，適用於需要逐字推敲其概念的重要文件；逐行的編碼，通常適用於編碼初期或有關經驗或過程的精細資料；逐段或按事件的編碼，適用於比較整段事件始末的相似性和差異性，以界定事件的意義。

（二）初始代碼的概念命名

　　所謂逐字、逐行、逐段、或按事件的編碼，即是為資料中的每個字彙、行句、或事件的概念命名。研究者仔細閱讀資料、分解和辨識資料單位的概念，將所分解的每個字彙、行句、段落、或事件含有的概念設定為一個初始代碼（initial code），並擬訂能代表其概念的名稱。所謂初始代碼，意指此代碼是初步的、暫時性的、須再作比較的、可再調整或重寫的，隨著資料的蒐集和編碼，持續修訂代碼的概念和名稱，讓代碼更能契合資料的情境，捕捉到概念在資料上下文脈絡中的意義。

　　初始編碼須從參與者的觀點出發，初始代碼須明確反映參與者的局內人想法、行動和意義，初始代碼命名可選用能顯示參與者行動的動詞，及選用參與者所說能代表其內在想法的話語：

　　1. 使用動詞代碼（英文的動名詞）：盡量選用使用動詞的行動代碼（action codes），以保留參與者行動的動態感覺，使用動詞分析參與者的行動，有助於察覺資料中正在進行的過程，逐字逐行地使用動詞進行初始編碼，是一種啟發式的機制，能將研究者帶入資料中與資料密切互動，探究資料各個片段的動態概念；如初始代碼常使用名詞，較無法捕捉到資料

中的過程（Charmaz, 2014: 120-121）。

2.**使用實境內代碼**：實境內代碼（in vivo code）是指參與者自己使用的詞彙或敘述，這些詞句能傳神地表達參與者的想法、情感、或價值觀，顯示參與者談話或行動的意義，有意義的實境內代碼包括：每個人都知道的一般詞彙，能顯示濃縮且重要的意義；參與者自己創造的詞彙，捕捉到其個人的特殊經驗或意義；局內人速記式的簡約詞彙，反映出特定參與群體的觀點；以及參與者行動或關注的具體敘述，具體顯示參與者的關注焦點（Charmaz, 2014: 134）。

（三）開始寫分析備忘錄

研究者開始進行資料的初始編碼，即須經常停下來撰寫分析的備忘錄，記錄自己辨識資料概念和設定初始代碼過程中的想法，促使自己分析思考每個資料片段的可能性。開始寫初始編碼的備忘錄，盡量貼近於原始資料作描述分析，不需要太拘泥於書寫的形式，可彈性運用非正式的語句，直接描述從資料中自然浮現的一些概念和想法。初始編碼的備忘錄可用來探索和填補代碼，並用來指引進一步的資料蒐集方向，參照下列問題有助於確定初期備忘錄的撰寫要點（Charmaz, 2014: 169-170）：

1. 在現場觀察或訪談時發生了什麼？它是否能被轉化為簡扼有力的代碼？

2. 現場的人們做些什麼事情？

3. 人們說了些什麼或試著說什麼？他們對於什麼保持沉默？他們沉默的原因為何？

4. 研究參與者的行動和理所當然的敘述為何？

5. 結構和脈絡如何支撐、維持、阻礙或改變參與者的行動和敘述？

6. 研究者能作什麼連結？其中哪些部分需要再確認？

7. 研究者能作什麼比較？

8.參照下列問題，有助於尋找資料中的過程：

(1)什麼是在爭議中的過程？如何定義這個過程？它的明確程度為何？

(2)這個過程在何種情況中發展？

(3)研究參與者在過程中如何思考、感覺和行動？

(4)什麼因素減緩、阻礙、或加快過程的進行？

(5)過程何時、為何、如何、以及在何種情況中有所改變？

(6)過程的最後結果為何？

（四）初始編碼實例

資料的編碼需要結合心智與技術，例如筆者進行幼教師資科學生教學觀研究（黃瑞琴，1990a），研究目的是想瞭解自己任教幼教科班級剛入學第一學期的學生，對於幼教教學的初始想法和看法，參考紮根理論方法的編碼方式，分析所蒐集的學生訪談、觀察和書面報告資料；運用電腦文書處理技術，開始進行貼近資料的初始編碼，針對學生有關幼教教學的觀點，逐行拆解電腦檔案中的資料概念，將資料中出現概念的行句或段落，劃分為一個個資料單位，每個單位都註明資料編號，以備隨時查核資料單位的資料出處，並以畫底線標示概念的關鍵字句，同時在字句旁的欄位寫上概念命名，一個資料單位可能出現兩個或以上的概念，這個單位即寫上兩個或多個概念命名。以下摘錄筆者初始編碼團體訪談記錄和學生書面報告的三個實例，其中的資料編號【訪3-5】代表第3次訪談記錄的第5頁，【報4-3】代表編號第4號同學的第3份書面報告：

例一　團體訪談記錄【訪 3-5】

【訪 3-5】
上幼稚園

> 訪談者：佩伶，你小時候有沒有上過幼稚園？
>
> 佩　伶：有，我兩三歲的時候就上幼稚園，因為我爸爸媽媽比較忙，很早就把我送到幼稚園去了。
>
> 訪談者：你記得那時候對幼稚園的感覺怎麼樣？

哭著進園
要乖乖
吃點心
作功課

> 佩　伶：感覺哦，我記得我一進去幼稚園就哭，印象中幼稚園老師會打人，你乖乖的話，就會送你墊板、橡擦，然後就是吃點心、作功課。

【訪 3-5】
寫字

> 訪談者：要作哪些功課呢？
>
> 佩　伶：寫 123、國字、ㄅㄆㄇ，我記得有些國字都好難，筆劃很複雜。

【訪 3-5】
老師沒兩樣

> 訪談者：你對於幼稚園老師和國小老師的感覺，有什麼不同或相同？
>
> 佩　伶：我覺得幼稚園和國小的老師好像沒兩樣。

【訪 3-5】
黑板

> 後來，我們星期二那天第一次去參觀幼稚園，我進去的第一個感覺是，咦！教室怎麼沒有黑板？看他們上課，我才知道，哦！上課也可以不要黑板。

【訪 3-5】
一起玩
不出功課

> 我想，今天我當幼稚園老師，我希望我扮演的角色，不是像我小時候一樣，我要和他們一起玩，不要出功課給他們，太辛苦了。

例二　團體訪談記錄【訪 4-2】

【訪 4-2】
耐性
> 春　惠：那天我們去幼稚園看了以後，我看他們老師都好
> 累，我想我大概沒有這個耐性，但我的朋友認為我
> 很聒噪、愛講話，應該滿適合的。
>
> 訪談者：你覺得幼稚園老師要會講話？

【訪 4-2】
大聲鎮住
用琴吸引
> 文　君：我也覺得我滿適合當幼稚園老師，第一是我聲音
> 大，可以鎮得住小朋友，尤其是他們很吵的時候，
> 除了很大聲，我還會用琴吸引住他們，但我覺得我
> 的琴還沒有學得很好。

【訪 4-2】
專心聽講
> 麗　美：但是小朋友在玩時，你如果用很大聲，會把他們
> 嚇到，我覺得你可以不講話，讓小朋友知道，老師
> 沒有講話，大概是有很重要的事，就會靜下來，專
> 心聽老師要講什麼。

例三　學生書面報告【報 4-3】

【報 4-3】
很多事情不懂
替他做

兒童的笑容
> 其實有時候我並不很瞭解兒童，我會在心中存著跟有
> 些父母一樣的觀念，就是認為兒童很小，很多事情不
> 懂，大人知道也做得好，所以會常有替他做的念頭在，
> 因為看到他不會做又急得滿身大汗的樣子，的確是會
> 有一點於心不忍，我不是為表示自己有助人之心，而
> 是我希望看到的是兒童展開的笑容。

【報 4-3】
不替他做
學習過程
> 如這次去試教，我看到一位小朋友不推畫，只是一直
> 自己拿粉筆在書面紙上畫東西，我看到了，我過去教
> 他如何做，而不去替他做，因為學習過程比學習結果
> 來得重要。

　　檢視上述貼近參與者資料的初始代碼命名，如：「寫字、一起玩、不出功課、用琴吸引」即是使用動詞的行動代碼，保留參與者心理過程的動態感覺；而對照前述之參與者使用的實境內代碼，上述代碼命名分別出現每個人都知道的一般詞彙如「專心聽講」，學生自己創造的詞彙如「大聲鎮住」，幼教界的觀點如「學習過程」，學生具體敘述其行動或關注的話語如「不出功課」，分別代表參與者對於幼教教學的想法、情感和價值觀，顯示參與者如何思考和感知幼教教學的心理過程。

六、進階編碼

　　進階編碼是將初始編碼拆解資料所發展的初始代碼，轉型為更具概念化解釋力的類別，並進一步連結類別間的關係，進階編碼與初始編碼常交替進行，來回貫穿於資料的拆解、重組、與連結。進階編碼主要進行前文第三小節（編碼的理念）所述持續比較法四個階段的前兩個階段，依據概念的類別比較資料及整合類別，進階編碼密集地持續比較資料初始概念的相似性，將相似概念歸納為類別，進階編碼過程涉及開發與測試類別、發展類別的屬性和面向、命名類別代碼、發展各種的類別代碼、連結各種類別間的脈絡關係、以及撰寫分析備忘錄。

（一）開發與測試類別

　　研究者持續檢視初始代碼，初始代碼多數是貼近資料的描述，需要進行進階概念化的焦點編碼（focused coding），意指持續在初始代碼之間以及初始代碼和資料之間作更多的比較，仔細評估初始代碼如何解釋資料，確定那些初始代碼最能解釋資料、最有意義、或最頻繁出現在資料中，可沿用或轉化為更加概念化的聚焦代碼（focused codes），而變成暫時性的類別，暫時類別意指此類別代碼還可再測試和修訂，先發展約二十個暫時類別，用來編碼大量的資料，並以理論取樣選取更多資料加以分類編碼，進一步精煉類別的解釋力，使成為更具有解釋密度的分類架構（Charmaz,

2014: 138-145）。

在發展類別的初期，不需要擔心某個類別是否可保留或有無意義，只要盡可能建立許多類別，並暫緩判斷最後可保留的類別，有時一組簡單的相似概念也可能值得保留為一個類別，至於這個類別是否有其分析和解釋的意義，可留待之後再作認定和取捨，之後可能隨著進一步的持續比較而再修訂類別的概念，逐漸朝向類別的理論飽和點。

隨著增加更多資料的編碼分析，暫時類別不斷地被調整和修訂，例如合併概念相似的原有類別或另外增加新的類別，修訂類別的原則是使編碼系統適合資料的解釋，而不是使資料適合編碼、將資料塞入編碼系統。新的編碼類別形成之後，再次用來編碼所有資料，測試這套類別系統是否更適合資料的解釋，或是否需要再作修訂，這樣持續試驗之後，類別系統將趨於穩定。一個研究最後可能發展多少個類別，視所有資料的數量和複雜度而定，基本上類別數量要能完整涵蓋所有資料的概念內涵。

（二） 發展類別的屬性和面向

發展進階概念的類別，可藉由持續比較資料事例的屬性（properties）和面向（dimensions），屬性定義資料概念的性質並區分概念之間的不同，面向則是屬性在連續線上的不同位置，涵蓋屬性的不同範圍並形成解釋資料的密度（Corbin & Strauss, 2015: 7）。研究者可持續問自己一個概念和另一個概念間的關係是什麼、這些概念的屬性和面向如何比較與連結理論的問題（theoretical questions），幫助自己看見類別概念之間的屬性關聯和面向變異，每個類別屬性和面向重複出現的關係，即呈現出一種型樣的類型（pattern）（Corbin & Strauss, 2015: 92）。

開發資料的一個類別，要先確認類別的屬性，再從屬性中區分出面向的變異，類別的屬性例如：程度、密集度、發生頻率、持續時間等，面向連續性的變異例如：程度的多或少、密集度的高或低、發生頻率的經常或從未發生、持續時間的長久或短暫等。發展概念化的類別，須檢視類別事

例出現哪類屬性的哪些面向，例如每種顏色的類別具有色相和彩度的屬性，色相可區分由淺色到深色的連續面向，彩度可區分由鮮明到沉濁的連續面向，每種顏色類別的屬性和面向重複出現的關係，即呈現出一種顏色的類型。

研究者如發現類別的理論屬性不足時即採行理論取樣，可藉著問下列問題，反思理論取樣和擴展類別屬性的方向（Corbin & Strauss, 2015: 93）：

1. 哪些概念已被充分發展，哪些尚未被發展？
2. 接著要在何處、何時、以及如何蒐集資料，以發展理論？
3. 需要獲得哪種許可（去蒐集資料）？將要花多少時間？
4. 正在發展的理論有邏輯性嗎？如果沒有，哪裡不符合邏輯？
5. 研究已經到達理論飽和點嗎？

（三）類別代碼的命名

類別設定為一個概念性的類別代碼（category code），是比初始代碼的概念更為抽象的高一層級代碼，類別代碼的命名基本上須與研究目的有關，其命名可參考下列來源（Charmaz, 2014: 245; Glaser, 1978: 70; Glaser & Strauss, 1967: 107; Strauss, 1987: 33）：

1. **參與者使用的語言**：研究參與者自己使用的詞彙或語句，能直接代表參與者的想法、情感、價值觀，顯示參與者談話或行動的本土在地意義，這類代碼稱為實境內代碼（in vivo code）。

2. **研究者從資料建構的概念**：研究者從參與者談話和行動的資料中辨認某個有意義的概念，並比較有關此概念的其他資料，而建構出可代表這個概念的詞彙或短句；或是在資料中辨認出多個有意義的概念，比較這些概念的相似，而建構出能統整表達這些相似概念的詞彙或短句，這類代

碼稱為實境外代碼（in vitro code）。

3.**文獻中的理論概念**：研究者研讀有關研究的文獻理論或概念，可能具有豐富的分析意義，經由進一步的對立思考，相互比較並確定資料內涵與文獻概念的契合度，即可直接或間接引用此理論概念的名稱，用來命名類別代碼。Charmaz（2014: 159）指出既有理論概念可作為觀看資料的起點，但須思考下列問題，以確認此理論概念能有效解釋代碼的意義：(1)這些概念有助於理解資料所表明的內容嗎？(2)如這些概念有助於理解資料，是如何發揮輔助的作用？(3)能用這些概念闡明某個資料片段中發生的事情嗎？(4)能適當詮釋這個資料片段，而不需要用到這些概念嗎？(5)這些概念增加了什麼？或遺漏了什麼？

4.**行動與過程的動名詞**：建構理論的策略強調動態的行動與過程，編碼多使用動名詞，有助於增加理論敏感性，促使研究者聚焦於思考人的行動，更仔細關注過程的分析，即能理解經驗與事件的先後順序，連結核心經驗與重要事件的相互關係。

有關上述類別代碼命名的來源，例如，筆者編碼分析一位美國老太太的生命史資料，類別代碼有的引用老太太使用的語言，例如：「我曾是很活躍的」（"I was very active"）、「到處搬家、但我不喜歡變動」、「我仍是很活躍的」（"I am still very active"）、「但我沒有時間」；另外如「婚姻與尊重」代碼，是筆者從訪談資料中建構老太太生活重心的命名，「擁擠的寂寞」代碼則是參照社會學分析美國民族性格的經典著作《寂寞的群眾》（*The Lonely Crowd*），間接引用的代碼命名，藉以凸顯一位獨居的美國老太太，處在美國廣大社會擠滿寂寞的文化氛圍中，一個身心孤獨的意象。

（四）類別代碼的種類

質性研究可歸納出各種編碼類別（coding categories），展現研究資料

可能出現多方面的類別代碼，研究者分析資料時可參考這些代碼的種類，多方面尋找資料契合的類別代碼，例如 Bogdan 與 Biklen（2007）歸納出十一種編碼類別的代碼作為參考工具，研究者針對自己的研究目的編碼資料時，可參考選用其中幾種類別或進一步創建自己的類別系統。以下列舉 Bogdan 與 Biklen（2007: 174-178）所歸納十一種編碼類別代碼的定義和資料，並從筆者研究兩位幼教科學生教學觀類型（黃瑞琴，1991a）和研究兩位幼稚園園長的教室觀點（黃瑞琴，1991b）的觀察訪談記錄或文件資料中，分別摘引各類代碼的簡短實例：

1. **場景／情境**（setting/context）：研究場景或參與者的整體背景、一般訊息、和更廣大的情境脈絡。

(1)資料：研究場景或有關參與者的文件、統計、數量的資料，或是參與者描述場景的用語，這類代碼例如：「小學的描述」、「城市的高中」。

(2)實例：幼稚園的幼兒人數、分班狀況和場所分配：

> 幼林幼稚園這學期招收幼兒 93 位，分成大班一班、中班兩班、和小班一班，每班分別有 15 至 24 位幼兒，另外有托兒班招收 7 位三歲以下的幼兒。大、中班每班一位老師，小班是一位老師和一位助理，托兒班由一位保姆照顧。幼稚園設立在兩棟五層式公寓的一樓，室內面積合計約 100 坪，分為中、小班三間教室和全園幼兒共用的兩間大活動室，另有一間約 10 坪的地下室，作為大班教室，戶外庭院則約有 35 坪。

2. **情況定義**（definition of the situation）：參與者對於人、事、物情況的定義、知覺、整體觀點、和一般看法，參與者希望做些什麼以及如何定義他們的行動。

(1) 資料：不同的參與者對於某件人事物的不同看法，這類代碼例如：「女性主義者的覺知」、「教師對其工作的看法」。

(2) 實例：幼稚園園長敘述自己「辦幼稚園的看法」：

> 我自己辦幼稚園就完全不必靠人家提拔，完全要靠自己，也不必看老闆的臉色。這個講起來，我倒是滿相信命運的，像我們兄弟姊妹也都是一樣，都很奇怪，都要從基層開始一層一層很辛苦的爬，不像很多人，只要有一點點能力，就能爬得很高。我自己辦幼稚園也很辛苦，家長動不動就抱怨這個，抱怨那個。

3. 觀點（perspectives）：研究參與者觀看特定主題的角度和重點。

(1) 資料：研究參與者常用的語詞，例如：「要誠實但不要殘忍的」、「我們給他拍拍手」，這類代碼名稱常直接引自參與者的用語。

(2) 實例：幼稚園園長對於生活和教育所持的觀點，代碼名稱即引自園長說的「心靈裡面很自由」：

> 聖經裡有一句話說：我來是要釋放。我覺得耶穌告訴我們滿清楚的真理，就是說滿尊重我們的意念，我覺得祂的真理讓我們更自由。
> 雖然算命，你有這個命，但是你信耶穌就會超越，這命就不會控制你，那種迷信不會控制你，讓我們「心靈裡面很自由」。
> 我們是上帝創造，祂很自然瞭解我們的本性，耶穌說我們大人要像小孩子，要那樣的單純，才容易進天國。耶穌對孩子的比喻，也讓我們知道祂很尊重幼小，我們也要看重

孩子，儘量讓他自由，尊重他。人一直想要控制什麼，這一點就不對。

4.**思考方式**：參與者對於現場的局內人、局外人、和各種事物的理解和思考方式。

(1)資料：參與者對周遭人事物的分類方式，例如老師將學生分類為成熟和不成熟的、很乖和不乖的學生。

(2)實例：幼教科學生在實習報告中描述自己對於幼兒的想法。

試教給了我很多的啟示，讓我發現有些兒童是有很多潛力的，例如：我發現一位小男生，他所做的推印畫比我做得還好，剛開始我教他們示範了一遍，接著他便自己安靜地做，做完之後，還在推印畫空白之處加上眼睛、鼻子、嘴巴，將他變成臉譜，各臉都有不同的表情，他表現了喜、怒、哀、樂，這是我一直沒想到的 idea，他想到了。另一個女生就比較依賴了，她開始都說：「老師怎麼做」，我就牽著她的手慢慢描邊和推，她不大認真學，推時也不用力，所以圖形並不完整，但我告訴她自己做，她每完成一個，就說：「老師妳看」，我回答：「做得很好、很漂亮」，她便自己再選圖形自己再推，結果完成了一張卡片。

5.**過程**（process）：事情隨著時間改變的順序，或是從一種狀態變遷到另一種狀態，有關某個人、團體、組織、或活動隨著時間的改變，這種改變至少形成兩個以上的順序。

(1)資料：有關時期、階段、步驟、生涯、年代、或順序的關鍵性轉換點或過渡期，生命史研究即常使用過程的代碼，顯示報導人重要的生命階段，這類代碼例如：「早年生活」、「上學的

第一天」、「上初中的第一個星期」、「變成一個青少年」。

(2)實例：幼稚園園長敘述她的「早年生活」：

在小學五年級時，我有一個常在一起的同學忽然生病，不久就去世了，生什麼病都不知道，那麼好的朋友就不見了。兩年後，我一個弟弟，大概五歲左右，很可愛，不曉得怎樣，突然瘦起來，不久也去世了。不久，我的公公和奶奶，今年死一個，明年也再死一個。他們的死對我有很大的打擊，我想：不得了！人生到底要去那裡？假如人死以後什麼都沒有，人有什麼價值？

6. **活動**（activity）：生活場所經常出現的行動或行為。

(1)資料：場所經常出現的某種正式活動或行動，其代碼名稱例如：「學校的早操」、「吃午餐」、「班級旅行」，或者是不正式的活動或行動，這類代碼例如：「學生抽菸」、「開玩笑」、「看影片」。

(2)實例：幼稚園的「早會」和「吃點心」活動：

幼林幼稚園早上在庭院有個早會，全園幼兒一聽到播放的進行曲，就要集合排隊，口裡還要唸著：「一、一、一二一、……」，配合老師的口令向前看齊。接著做完韻律操後，各班幼兒排隊進教室，有的幼兒前後搭著肩膀，有的幼兒前後大力擺動著手。早上十點鐘左右是吃點心時間，幼兒先一組一組輪流排隊去洗手，還沒輪到的就坐在椅子上或趴在桌上等。老師發點心給每個幼兒時，全班幼兒一起唸誦兒歌，直到老師發完點心。接著大家一起吃點心，可以輕聲談話，吃完點心後，幼兒自己將杯子和盤子放在大盤子上，然後由當天的兩位小幫手送回到廚房去。

7.事件（event）：研究場所或參與者生活中的特定事情，這些事情極少出現或只出現過一次。

(1)資料：研究參與者特別注意和談論到的事情，這類代碼例如：「女性月經的開始」、「騷動」、「學校的盛會」。

(2)實例：幼教科學生敘說自己第一次參觀幼稚園時看見的事情：

> 一大早看到那一些活蹦亂跳的小朋友，我一直在想他們小腦袋中到底是什麼樣的世界？他們在想些什麼？對我的感覺是什麼呢？一個小女孩跑過來問我：「你是誰的媽媽？」我一下子怔住了，都不曉得怎麼回答。還有幾個男孩在旁邊丟球，球丟到我前面，我伸手想去接住，但沒有接著，男孩們哈哈大笑。

8.策略（strategy）：人們完成各種事情的方法、技術、謀略、和其他有意識的作法。

(1)資料：研究參與者經常使用的方法策略，例如教師用來教學或控制學生行為的策略、學生用來通過考試或交朋友的策略、校長用來解聘老師或開放學校新職缺的策略，這類代碼須注意區分其策略是出自研究參與者的判斷、或是出自研究者自己的判斷。

(2)實例：幼教科學生在試教心得報告中描述自己的教學策略：

> 到了分組活動，我負責的是卡片的製作，我告訴小朋友：「當客人來了要注意什麼禮貌？是不是可以請客人喝茶、吃水果和糖果？你們可以畫你的家，表示歡迎客人，也可以畫水果、糖果來請客人吃。」我說完後，就讓小朋友自由發揮了，可是有小朋友問我：「房子怎麼畫？水果怎麼

畫？糖果怎麼畫？」我當然義不容辭地畫給他們看，不料，有二位小朋友就看著我畫的糖果和蘋果形狀，填滿整張卡片，我後悔極了，為何沒把標本拿起來，讓幼兒有抄襲之嫌。

9.關係與社會結構（relationship and social structure）：關係是指人際之間呈現的行為類型和彼此的互動關係，社會結構是指研究場所中較為正式界定的整體社群關係。

(1)資料：有關聯盟、派系、友誼、敵人、師生之間、親子之間的人際互動關係，或是有關研究場所人們的社會角色、角色組型和位置。

(2)實例：幼稚園園長敘說園內的「人情關係」：

林園長常談到「關心」二字，她覺得「我們比較有情，外國人就沒有，我們幼稚園請過外國人教美語班，前後算算有七個外國老師，教過後全部拍拍屁股就走了，不會想到留下什麼地址繼續聯絡。」她覺得「我們幼稚園也很缺乏這種關心，像小孩子生病，小孩子和小孩子之間也不會問：『唉喲！你們今天怎麼啦！』」

10.敘說（narrative）：是指現場人們談話的結構，用說故事方式構成的言談。

(1)資料：敘說的結構包括故事從哪裡開始、故事過程在說些什麼、故事在哪裡結束，報導人組織故事的情節可能顯示其信念和想法。

(2)實例：幼教科學生敘說自己有關幼稚園教學的故事情節：

我兩三歲的時候就上幼稚園了，因為我爸爸媽媽比較忙，
很早就把我送到幼稚園去。我記得我一進去幼稚園就哭，
我印象中幼稚園老師會打人，你乖乖的話，就會送你墊板、
擦布，然後就是吃點心、作功課，寫123、國字、ㄅㄇㄈ，
那時候我覺得幼稚園老師和國小老師好像沒兩樣。

以前我當幼稚園老師，也不知道要教些什麼，園長說什麼，
我就教什麼……

現在我知道要啟發式教學，那時候我們還是半填鴨式的。
啟發的話是不要直接告訴幼兒這個是什麼，讓他自己去想，
然後用引導的方式。

11.**方法**（method）：研究如何進行的過程和活動，如研究設計、場
所選擇、關係建立、資料分析等。

　(1)資料：現場記錄中對於研究觀察者的行為描述，以及對於資料
　　　分析、研究方法、研究倫理、觀察者心境、和待澄清疑點的反
　　　思記錄（見第三章第參節中第五小節「現場記錄的內容」），
　　　或是研究者寫的研究筆記、現場日誌或分析備忘錄。

　(2)實例：研究者描述和反思自己與兩位幼稚園園長的關係：

本研究的進行，主要分別透過兩位園長和我之間的互動關
係，我個人和華園長認識至今已將近十年了，這其間我一
直視她為幼教界的前輩，因此在進行研究之時，我對她有
著亦師亦友的熟稔感覺。我認識林園長則是直接因為研究
上的需要，我們相互認識的時間只有八個多月，因此在研
究進行過程中，我對林園長一直保持著一般研究者的中性
角色。但是在基本上，我對兩位園長都儘量扮演著客觀的

研究者角色，想從客觀的研究立場去探尋和比較她們的主
觀經驗。而且，因為我自己也有五年多在幼稚園教學和行
政工作的經驗，因此覺得滿能感同身受瞭解兩位園長的主
觀經驗。又因我個人平日沒有探問別人事情的興趣和習慣，
所以在訪談過程中，我覺得自己頗能保持著客觀的心情，
而不會有想刺探他人隱私的感覺。

以上列舉不同種類的類別代碼，可提供研究者編碼資料的多元思考方
向，例如，在一所小學社會組織和社會結構的研究（Hitchcock & Heghes,
1989: 74-76），研究者先從資料中發展初步的類別，例如：問題兒童、對
失敗的解釋、處理紛爭、對家長的態度、俱樂部夜晚、學校的節日、教職
員的關係、對開放計畫的態度、使用空間、建築物的界線、家長參與、學
校和外界機構的關係，接著進一步比較、擴展、調整、和修訂原有初步類
別，分析歸納出概念上與學校社會組織和結構更直接有關的類別代碼，這
些代碼的種類即包括前述場景、情況、過程、活動、事件、和人際關係的
各個類別代碼，形成更為完整的資料分類架構：

1. 物理場景代碼：雨天活動區、傢俱的安排、教職員辦公室、走
   廊、遊戲場設計。
2. 情況定義代碼：教師對兒童的態度、對家長的態度、對開放計
   畫的態度、與其他教職員的關係。
3. 過程代碼：與研究者相處、朋友和敵人、處理空間、角色和忠
   誠、處理紛爭。
4. 活動代碼：咖啡時間、教職員會議、晚餐時間、雨天遊戲時
   間、俱樂部夜晚、運動的日子、學校假期。
5. 事件代碼：挑選參與慶祝活動的兒童、學校的旅行、家長的參
   與。

6. 人際關係代碼：教職員與研究者的互動、領導者與教職員的互動、史密斯太太與教職員的關係、家長間的關係、家長與教師間的關係、學校與外界機構的關係：本地的社會工作者、教育心理學家、家庭與學校聯絡的工作者。

（五）連結類別間的關聯性

　　發展各種的類別代碼，還須進一步連結各類別概念間關係的關聯性，即是由分解資料回到重組和連結資料脈絡，例如前述一所小學社會組織和社會結構的研究（Hitchcock & Hughes, 1989），所發展的各種類別代碼，其中「處理空間」的過程和「雨天遊戲時間」的活動類別，即可能與「雨天活動區」和「遊戲場設計」的場景、「對開放計畫的態度」的情況等類別連結在一起，形成相互關聯或彼此影響的脈絡關係。研究者可藉由提問下列問題，分析場景中的過程和情境中的行動，連結起有關場景、情境、觀點、過程、活動、控制過程的策略等各種類別之間的關係（Charmaz, 2014: 34-35）：

　　1. 從誰的觀點，一個特定過程是基本的？從誰的觀點，一個特定過程是不重要的？

　　2. 觀察到的社會過程如何浮現？參與者的行動如何建構過程？

　　3. 是誰盡力控制這些過程？是在什麼條件之下控制過程？

　　4. 不同的參與者認為過程的意義是什麼？他們如何談論過程？他們強調什麼、又省略了什麼？

　　5. 參與者對於過程的定義和行動，如何及何時影響到過程的改變？

　　所謂的主軸編碼（axial coding），即是用來探索與連結類別間的關係，主軸編碼意指每次針對一個類別進行關聯性分析，將這個類別當作一個軸心（axis），圍繞著這個軸心，尋找資料概念上相關聯的有關類別：

主軸編碼強調由描述至建構理論，需要將分析帶入過程（process）和脈絡（context）中，過程是回應情境條件的改變而採取行動（action）和互動（interaction）的適應性改變，脈絡是情境條件（condiction）、行動和互動過程、以及結果（consequences）之間的關聯性，主軸編碼即是以某個類別作為軸心，尋找資料概念上相關聯的情境條件、行動和互動過程、以及結果的有關類別，這些類別都與軸心類別有關聯性，而成為可藉以瞭解這個軸心類別的次類別，將資料中各個概念與概念、概念與類別、類別與次類別、以及類別與類別之間連繫起來，一起解釋資料中一個觀點或一組問題，是在何種情境和情況的條件、發生何種行動和互動的過程、以及產生何種結果而能達到一個目標或解決一個問題，將行動和互動的過程，放置在條件背景和預期結果的脈絡中解釋，藉以連結概念和增進理論的解釋力（Corbin & Strauss, 2015: 153）。進行主軸編碼時，須緊密地根據參與者的主體經驗，避免脫離主體經驗而過於傾向外在現實的客觀分析，才能整體保留和呈現研究主體的經驗意義（Charmaz, 2014: 147）。

（六）分析備忘錄寫作

　　進階編碼密集地持續比較資料的概念，撰寫分析的備忘錄即是持續比較資料概念之間相似性、差異性、和關聯性的過程。進階備忘錄可透過文字敘寫或圖表繪製，並藉由問問題的方式展開資料的探索，持續提問類別的概念和定義、類別如何浮現與變化、以及支持類別的看法與假設，從不同觀點論述類別看起來如何及感覺如何，並且敏銳地作各方面的比較，比較不同參與者的看法、處境、行動、理由、或經驗，比較同一位參與者在不同時間點的資料，比較資料中不同的類別，比較哪個類別應成為主要類別，哪個類別應為次要類別，比較次類別與一般類別是否契合，確認類別的屬性和面向，連結情境條件、行動和互動過程、以及結果之間的脈絡關係（Charmaz, 2014: 170-171; Corbin & Strauss, 2015: 117）。

　　根據備忘錄的分析重點，將每份備忘錄設定一個概念化的標題，例如

標題可能是某個概念類別、幾種類別之間的比較、或分析中有待追查的某個斷層，並在備忘錄中放入標題有關原始資料的經驗事例，並註明其資料的出處編號，以備之後對照查閱資料事例如何支持備忘錄的分析觀點。

（七）進階編碼實例

進階編碼主要是密集地持續比較初始概念以發展類別，持續比較資料概念的操作方式，如是透過建立資料單位的索引卡（index card），將每個資料單位的概念寫成一張索引卡，每張索引卡註明其原始資料編號以備查核資料來源，接著有系統地持續比較每一張索引卡以發展類別，操作資料單位索引卡的下列步驟，具體展現持續比較資料概念和類別的思考路徑（Lincoln & Guba, 1985: 347-350）：

1. 在卡片堆中選出第一張卡片，閱讀和註記其內容要點，這個要點代表第一個待命名的類別，將第一張卡片放在一邊。

2. 在卡片堆中選出第二張卡片，閱讀和註記其內容要點，直覺地判斷其是否看起來很像或覺得很像第一張卡片的內容，如果是，將第二張卡片和第一張卡片放在一起，如果不是，第二張卡片的內容要點即代表第二個待命名的類別。

3. 參照第二個步驟繼續閱讀卡片，判斷每張卡片的內容和前面已暫時分類的卡片內容是否看起來很像或覺得很像，如果是，將這張卡片和前面相似類別的卡片放在一起，如果不是，這張卡片的內容要點即代表一個待命名的新類別。

4. 這樣繼續閱讀幾張卡片之後，可能發現有些卡片的內容既不符合已暫時建立的類別，也似乎不能形成一個新的類別，就將這些卡片暫時放成一堆「其他類」，不要丟棄，留待以後再認定；以上述方式檢視卡片，剛開始時，新的類別會出現得很快，但是大約檢視五十至六十張卡片後，新類別出現的比例將很快地減少。

5.開始努力敘述每個類別的性質，在另一張索引卡片上寫出每個已建立的類別定義，給予每個類別能代表其定義的名稱，或更仔細地寫下有關類別性質的備忘錄；當類別的定義暫時建立後，卡片的分類將不再只是看起來很像或覺得很像的直覺判斷，而是有規則指引的判斷；參照編碼類別的定義，再檢視每個類別的所有卡片，確定所堆集的卡片符合該類別的定義，在這檢視分類的過程中，有些不符合原類別的卡片可能被改放到其他類別，或是另外形成新的類別。

6.繼續上述的步驟3、步驟4、步驟5，直到檢視完所有的卡片，在持續檢視過程中，原已建立的某個類別定義可能有所衝突或顯得不適合，而必須再加以修訂，原來根據這個類別定義分類的卡片即需要再檢視，以確定這些卡片仍可分類於這個修訂過的類別。

7.再繼續檢視所有已建立的類別，仔細分辨類別概念有無重疊以及彼此之間的關係，在這檢視過程中，有的類別可能需要進一步分成幾個更細微的次類別，至於那些原註記為其他類的卡片，有的可能適合某個已建立的類別，有的可能很清楚顯示與研究主題無關而被捨棄，有的則可能繼續保留存疑；一般而言，這些被保留的卡片不應超過所有卡片的百分之五至七，否則可能表示已建立的類別有所不足，而可能需要再發展新的類別以適用於這些被保留存疑的資料單位。

8.持續蒐集資料的過程中，持續閱讀和檢視每份資料，繼續擴展、合併、調整、和修訂已發展的類別。

9.準備停止蒐集資料和分類卡片，這個停止的決定可參照四個標準：資料來源已很完備、類別顯得飽和穩定、類別的統整規則已呈現、資料已顯得充分擴展；當研究者察覺已無新的資料概念可用來擴展或修訂編碼，即可準備結束資料的分析工作。

10.最後再一次檢視所有的類別，確定沒有忽略資料中的任何概念。

上述發展類別的索引卡操作步驟，可運用較方便操作的電腦文書處理

技術，例如延續前述筆者進行幼教科學生教學觀研究（黃瑞琴，1990a）的初始編碼，參考上述索引卡發展類別的思考方式，持續比較電腦檔案中資料概念的初始代碼，將初始代碼分析歸納為下列二十九個以數字編號的暫時類別：

1. 玩
2. 自己動手做
3. 博學的老師
4. 自尊心
5. 黑板
6. 保母
7. 浪漫的幼兒
8. 介入
9. 知識的內容
10. 彈琴與秩序
11. 孩子的成就感
12. 不要直接說
13. 專業教師
14. 小時候的遊戲
15. 幼兒能學的東西
16. 老師的成就感
17. 示範或抄襲
18. 選擇權
19. 生命力
20. 思考
21. 讚美
22. 功課
23. 吃點心
24. 親密關係
25. 上學去
26. 安全感
27. 孩子的興趣
28. 兒歌與秩序
29. 老師的情緒

接著將上述暫時類別用來分析大量的資料，以測試類別是否適合資料的解釋，延續前述初始編碼的三份資料實例，以下是以暫時類別的數字編號，分析三份相同資料的摘錄：

例一　團體訪談記錄【訪 3-5】

【訪 3-5】
25

訪談者：佩伶，你小時候有沒有上過幼稚園？

佩　伶：有，我兩三歲的時候就上幼稚園，因為我爸爸媽媽比較忙，很早就把我送到幼稚園去了。

訪談者：你記得那時候對幼稚園的感覺怎麼樣？

29
23

佩　伶：感覺哦，我記得我一進去幼稚園就哭，印象中幼稚園老師會打人，你乖乖的話，就會送你墊板、橡擦，然後就是吃點心、作功課。

【訪 3-5】
22

訪談者：要作哪些功課呢？

佩　伶：寫 123、國字、ㄅㄆㄇ，我記得有些國字都好難，筆劃很複雜。

【訪 3-5】
25

訪談者：你對於幼稚園老師和國小老師的感覺，有什麼不同或相同？

佩伶：我覺得幼稚園和國小的老師好像沒兩樣。

【訪 3-5】
5

後來，我們星期二那天第一次去參觀幼稚園，我進去的第一個感覺是，咦！教室怎麼沒有黑板？看他們上課，我才知道，哦！上課也可以不要黑板。

【訪 3-5】
1

22

我想，今天我當幼稚園老師，我希望我扮演的角色，不是像我小時候一樣，我要和他們一起玩，不要出功課給他們，太辛苦了。

例二　團體訪談記錄【訪 4-2】

【訪 4-2】
29

春　惠：那天我們去幼稚園看了以後，我看他們老師都好累，我想我大概沒有這個耐性，但我的朋友認為我很聒噪、愛講話，應該滿適合的。

【訪4-2】
8
10
16

> 訪談者：你覺得幼稚園老師要會講話？
>
> 文　君：我也覺得我滿適合當幼稚園老師，第一是我聲音大，可以鎮得住小朋友，尤其是他們很吵的時候，除了很大聲，我還會用琴吸引住他們，但我覺得我的琴還沒有學得很好。

【訪4-2】
8
16

> 麗　美：但是小朋友在玩時，你如果用很大聲，會把他們嚇到，我覺得你可以不講話，讓小朋友知道，老師沒有講話，大概是有很重要的事，就會靜下來，專心聽老師要講什麼。

例三　學生書面報告【報4-3】

【報4-3】
15
8

> 其實有時候我並不很瞭解兒童，我會在心中存著跟有些父母一樣的觀念，就是認為兒童很小，很多事情不懂，大人知道也做得好，所以會常有替他做的念頭在，因為看到他不會做又急得滿身大汗的樣子，的確是會有一點於心不忍，我不是為表示自己有助人之心，而是我希望看到的是兒童展開的笑容。

【報4-3】
2
8

> 如這次去試教，我看到一位小朋友不推畫，只是一直自己拿粉筆在書面紙上畫東西，我看到了，我過去教他如何做，而不去替他做，因為學習過程比學習結果來得重要。

　　使用暫時類別編碼更多資料時，繼續沿用索引卡發展類別的持續比較思考方式，測試和調整暫時類別，發展為更適合解釋資料的概念類別，有的類別進一步分成幾個更細微的次類別，類別與次類別一起組成編碼資料的類別系統。運用這套類別系統，使用電腦編碼資料後，接著將已編好類

別代碼的全部資料，分類剪輯和歸類整理，即使用電腦剪下原資料檔案中同一類別的所有資料單位，編輯組成歸屬於該類別的資料檔，就像將同一類別的索引卡片堆集在一起，可一併檢視該類別的所有資料內容，或進一步分成幾個次類別。

　　分類剪輯和歸類整理資料的方式，例如，筆者為持續瞭解幼教科學生的教學觀發展型態，接著於學生入學幼教科的第二學期，選取兩位學生進行教學觀類型的個案分析（黃瑞琴，1991a），經由初始編碼和焦點編碼發展出十個類別，以下摘引其中兩個主要類別「幼兒是一張又白又淨的紙」、「兒童是有很多潛力的」以及次類別的剪輯資料，以畫底線標示該類別概念的關鍵字句，其中資料編號表示日期、學生代名和資料名稱（如【78/10 心怡：幼兒觀察報告】代表心怡在 78 年 10 月寫的幼兒觀察報告），由於研究著重於教學觀的發展類型，每個類別的資料按時間順序排列，有的資料單位呈現兩個或以上的類別概念，即複製貼放在多個類別的欄位，如【78/10 玉芳：幼兒觀察報告】分別放在類別一（次類別：天真純潔）和類別二（次類別：別小看兒童）兩個欄位。

類別一　幼兒是一張又白又淨的紙

次類別：天真純潔

【78/10 心怡：幼兒觀察報告】

　　進入師院後，第一次進入幼稚園觀察幼兒，從觀察中不難發現幼兒真的是一張又白又淨的紙，遊玩、做活動，一點兒也不作假，天真無邪的臉龐展露無遺。

【78/10 心怡：週記】

　　幼兒是一個無盡的資源，受盡世俗利益、權勢洗禮的大人，若想擁有

最清純的空間，只要多接近孩子，幼兒是躍動的音符，他們的歌聲、笑聲、動作無一不使人見了就快樂。

【78/10 玉芳：幼兒觀察報告】

我覺得幼兒是個小個體，是一個內含無限潛力、很純潔天真的人，而且也是個吸收能力很強、有思想、善良的個體。

【78/10 玉芳：週記】

那天去幼稚園參觀後，我覺得小朋友是天真的、可人的，我覺得我很喜歡他們。我是個很討厭虛偽、奉承的人，以前工作二年多，就是一直對成人的世界感到有些不能接受，覺得自己不大適合這複雜的社會。

【78/11 心怡：幼稚園參觀報告】

幾個男孩在積木角說：「兩個人或三個人一起做會比較快」、「我不要和別人做」、「你們不要拿我的，你們再拿我的，我要告訴老師」，雖是這麼說，但後來還是一起完成了，大家並不會記恨剛才的爭吵，這是幼兒最純潔的一面，換成大人，一次的爭吵，可能導致絕交。

【79/2 心怡：上課反應報告】

我覺得幼兒的發展特徵是非常活潑好動，翻、滾、爬、跳，無所不備，不會隱藏情緒，想哭就哭，想笑就大笑。

次類別：學得大人樣

【78/12 心怡：週記】

我理想中的幼稚園要有大的空間讓小朋友活動，強調自然教學，有大樹、瓜棚、小河（可人造），針對這些理想，我以後想成立鄉野幼稚園，而不是將一顆顆種子供奉在花盆裡，我要讓孩子們除了有現代的幼教課程、材料外，還要盡力去塑造我童年的模型，來彌補幼兒失真的心。

【78/12 玉芳：週記】

　　由於大人社會化程度很深，連小朋友都學得很大人樣，缺乏了幼兒應該擁有的可愛和天真，我該慶幸自己擁有在田間跑、烤蕃薯、爬樹的童年，但陪伴現代兒童的大概是那些各式各樣的玩具，所以我心目中的幼稚園是有大的空間，接近大自然的地方，盡量不去破壞自然景觀，老師會很有耐心地去和小朋友同樂。

【79/8 心怡：訪談記錄】

　　小時候在鄉下，幾乎什麼土都能玩到，像紅土，媽媽拿來醃鹹蛋，還有田裡面的那種土，最好捏揉。而現代的課程和材料，在參觀幼稚園時看到的，像化學黏土、保麗龍、塑膠玩具、剪紙、在紙上畫圖。現在好多小孩講話的口氣、內容都像大人一樣，電視看太多了，電視術語學了不少，例如：嗶啵。

類別二　兒童是有潛力的

次類別：別小看兒童

【78/10 玉芳：幼兒觀察報告】

　　我覺得幼兒是個小個體，是一個內含無限潛力、很純潔天真的人，而且也是個吸收能力很強、有思想、善良的個體。

【78/11 玉芳：幼兒觀察報告】

　　去參觀了二所幼稚園給我很多常識，又多機會去瞭解兒童在幼稚園階段已能學什麼，我現在的觀念是別小看兒童，因為往往有些是兒童會的，但因成人覺得太危險而禁止了，所以常常遏止了一些學習機會，這個社會是多變化的，唯有讓兒童也有多變的環境，才可使其對這社會沒有脫節。

【79/6 心怡：綜合資料表】

我的人生觀是順應自然，有什麼機會可以<u>磨練</u>，我就去嘗試，雖然挫折很多，但更多的經驗，使我更成熟。<u>人是在挫折和失敗中長大的</u>，一個不曾遇挫、被過度保護的孩子可能會有下列情形：1.清純可愛、2.幼稚無知。

【79/8 心怡：訪談記錄】

因為有個朋友就是這樣，從小倍受呵護，在父母的保護下，不曾有過什麼大挫折，所以感覺她的思想較不成熟。

【79/8 心怡：訪談記錄】

小時候在鄉下都打赤腳，踩遍各種路（泥地、碎石地、草地），也不怕受傷什麼的，反正腳去刺到什麼尖物，回家請媽媽「挖」出來就好了。挖傷口會痛，也會被罵，但不知怎麼的，那種感覺很甜蜜，嘴裡哇哇叫痛，心裡卻有份「被服務」的成就感，很快樂。而<u>現代小孩，父母保護過度</u>，不大有什麼「<u>災難</u>」可以玩，相對的，我就感覺小時候那種生活較甜美。

次類別：小朋友自己去做

【78/11 玉芳：幼兒觀察報告】

上到幼稚園階段，要讓幼兒處理一些生活技巧，如穿脫衣襪、收拾玩具，在幼稚園有一小女孩，在戶外活動時間，老師叫他們要外出時要穿外套，這小女孩會在放外套的地方，拿出自己的外套，自己會先握住一些衣服，再將手放進去，穿完一隻袖子，再用手握另一隻手的袖子，將手放在袖子內，雖然扣不到領口的扣子，但是<u>能自助穿衣是很好</u>。

【79/7 玉芳：訪談記錄】

　　我記得去參觀幼稚園時，那園長說：應該要讓大家一起收玩具，如果一直鑽牛角尖，一定要這個是誰拿的，就一定要那個人去收，小朋友就不能互相幫忙，可是要是我的話，我還是會很堅持，誰玩的就請他拿回去，我的意思就是說，<u>對自己做的那件事能夠負責任</u>。

【79/8 心怡：訪談記錄】

　　（我問：妳認為對幼稚園小朋友要保護他，又要他獨立，這二者如何去平衡？）

　　要衡量一下，看是不是孩子<u>能力範圍能做</u>的，像在「國語日報」科學班的小朋友，有一次做「牛頓汽車」，必須綁橡皮筋，大部分的小朋友都不大會綁，因此我就幫他們綁。但穿輪胎時，大約有一半的小朋友能穿，所以當其他小朋友要求代穿時，我便說：不行，<u>你們可以做</u>，試試看。所以我幫不幫忙，完全看其大體之發展。

【79/9 心怡：訪談記錄】

　　我覺得幼稚園老師不要十分的萬能啦！但多學一點總是好的，至於你要不要教給小孩子，<u>看看他們的能力啦</u>！我現在也沒有經驗，不曉得他們接受的程度怎麼樣。像我小時候，我媽媽是做雞籠子的，那鐵絲也蠻粗的，在大人眼光當中，這可能給小孩子做是吃力了一點，可是因為家境關係，<u>我們還是去做了</u>。

　　如上述分類剪輯同一類別的資料，可一併檢視該類別的所有資料內容，以歸納和確定該類別的性質，並進一步發展類別性質的面向，例如，筆者進行幼教科學生教學觀研究（黃瑞琴，1990a），透過寫作分析備忘錄，並以表格析理出每個類別屬性的兩個相對面向（見表 4-1），幫助自己看見類別之間的屬性關聯和面向變異，並看見類別屬性和面向重複出現的關係，分析備忘錄如下：

1. 幼兒可教或不教：幼兒是否可教予知識，或只要給予保護和照顧；

2. 知識可說或不可說：老師是否可告訴幼兒知識，或是讓幼兒自己去想、去體會；

3. 學習是看得見或看不見：老師須出面教導，或是讓幼兒遊戲中自然地學習；

4. 老師決定或是小朋友決定：教學是由老師指示、糾正、示範、控制，或是由幼兒自己選擇、自己作決定；

5. 教學是情性或是知性：幼稚園教學源自單純溫柔的情意，或是源自智慧和理性的判斷。

表 4-1　類別的屬性和面向

類別	屬性	面向
教幼兒知識 保護和照顧	學習者	可教－不教
告訴幼兒知識 讓幼兒自己去想和體會	知識	可說－不可說
老師出面教導 遊戲中自然學習	如何學	看得見－看不見
老師控制 幼兒自己作決定	誰決定	老師－小朋友
溫柔的情意 理智的判斷	教學者	情性－理性

　　筆者後續進行兩位學生教學觀類型的個案分析（黃瑞琴，1991a），亦透過寫作分析備忘錄，並以表格析理出每個類別屬性的面向，進一步檢視類別屬性和面向重複出現的關係，呈現出教學觀發展趨勢的型態（見表4-2）。

表 4-2 類別的型態

類別	屬性	面向	型態
幼兒是一張又白又淨的紙 兒童很多事情不懂 兒童是有潛力的 小孩子也不是這樣自我中心	幼兒的本質	寫意 ——— 寫實	漸趨
要不要給予知識上的東西 知識怎麼來的	知識觀	內容 ——— 過程	盤旋
他對我的感覺是什麼呢 要尊重、不要權威 秩序控制得很好 可否加以約束	師生關係	尊重 ——— 控制	游移

　　筆者在分析備忘錄中，配合表 4-2 呈現的類別型態，敘寫整理兩位學生教學觀類別屬性和面向重複出現的關係型態，下列摘錄的備忘錄，之後即融入研究報告初稿的論述內容（摘引自黃瑞琴，1991a）：

1. 漸趨型態（幼兒的本質由寫意漸趨寫實）：兩位幼教科學生對於幼兒的印象可說是由寫意的，即只從自己對幼兒的主觀感覺去看幼兒，如：她們常使用天真、可愛、很純等字彙抒寫幼兒，而逐漸趨向於寫實的，即開始具體地觀察描述幼兒會做什麼，如：幼兒會自己穿外套、會分點心給別人等，這種趨勢顯示她們正在學習客觀地從幼兒的角度看幼兒的本質。

2. 盤旋型態（知識觀盤旋於內容和過程之間）：對於幼兒須學習什麼樣的知識和如何獲得知識，心怡（化名）一方面認為只須教幼兒日常生活習慣或常識之內容性的知識，另一方面又覺得幼兒自己無時無刻不在吸收知識；玉芳（化名）先提到增強幼兒一些內容性的基本概念或技巧，而後又覺得幼兒不一定要從老師得到知識技巧上的東西，而有開始注意到觀察、比較等認

知過程的跡象，並逐漸意識到知識不是用說的、聽來的。

3. 游移型態（師生關係游移於尊重或控制之間）：心怡和玉芳入學師院幼師科之初，即意識到自己與幼兒的關係，接著的一個學年，她們一方面強調要尊重兒童、讓兒童自由發揮，一方面又認為老師應將幼兒的秩序控制好，常猶豫於開放和約束的尺度之間。

（八）研究實例

研究者運用紮根理論方法分析資料，如參照研究目的採用初始編碼和進階編碼，即可獲得有關研究現象的一些概念關係。例如筆者為瞭解初入學師範院校幼教科學生，對於幼教教學存有的觀點及其發展類型，以期作為幼教師資培育課程發展的參考，先後進行一班幼教科學生的教學觀研究（黃瑞琴，1990a）、兩位幼教科學生教學觀類型的個案分析（黃瑞琴，1991a），皆是運用如上述初始編碼和進階焦點編碼的心智和技術，發展教學觀的類別及其屬性和面向，著重於分析參與者入學初期思考和感知幼教教學的心理過程。

如果研究目的想瞭解參與者較長時間的社會過程，可進一步採用進階的主軸編碼，分析各種類別之間前因後果的關聯性。例如，蘇慧貞與簡楚瑛（2004）進行幼兒園園長領導之個案研究，目的在瞭解一位幼兒園園長從入園開始，如何領導和型塑幼兒園樣貌的歷程，研究以長時間的脈絡為背景，採用訪談、參與觀察、文件檔案和研究札記等方法蒐集資料，並以紮根理論方法分析資料，進行資料的開放編碼和主軸編碼，找出類別屬性和面向、發展類別和次類別、連結類別和次類別以聚合資料，主要為領導歷程方面的類別和次類別，呈現園長一連串領導的行動及與教師的互動；研究發現幼兒園評鑑是園長領導上明顯分界的重要事件，評鑑前園長偏向於人事行政和環境的領導，評鑑後藉由教授在園輔導的外力，聚焦於課程

與教學的領導，評鑑前的領導歷程包括：教師成長的直接或非直接訓練，引進部分的課程戲碼、幕前或幕後協助與支持教師演出，評鑑後的領導歷程包括：長期主軸課程或短期補充課程的直接訓練、幕前或幕後協助演出、教師情緒安撫與施壓等；園長領導歷程的演變，可連結至幼兒園評鑑結果、園長的經驗與能力以及人格特質的交互影響，賦權、願景、以及教職員工對園長信任度，交錯產生全園願意繼續改革的結果。

　　分析資料時連結資料中各方面類別關聯性的研究，例如，陳秉華、程玲玲、范嵐欣、莊雅婷（2013）組成研究小組，探究基督徒在靈性掙扎中的靈性因應歷程及所帶出的結果，研究參與者為近五年內曾有過重大壓力事件、並有靈性掙扎經驗的十七位基督徒，以個別訪談法蒐集資料，以紮根理論方法的開放編碼與主軸編碼分析資料，發展資料概念的類別與次類別，並連繫各種不同類別間的關聯性，以發展靈性掙扎中靈性因應歷程及其結果的模式架構；研究發現九個主要類別：重大壓力事件、先前的信仰狀態、壓力下的身心反應、靈性掙扎、靈性與心理詮釋、經歷神的主觀經驗、資源的使用、靈性因應行為、改變與成長。連繫這九個類別的概念架構，顯示基督徒靈性掙扎與靈性因應的前因、歷程、和結果的關聯脈絡，研究參與者遭遇「重大壓力事件」時，背後有著當時「信仰狀態」的脈絡，他們經歷到「壓力下的身心反應」，也出現「靈性掙扎」，他們也都經過靈性因應的動態過程，其中「靈性與心理詮釋」、「經歷神的主觀經驗」、「資源的使用」、「靈性因應行為」，都是在靈性因應過程中的要件，在靈性掙扎與因應後，結果都出現了與神、與人、與己關係的「改變與成長」。研究者針對研究發現的靈性掙扎與靈性因應架構，例如發現靈性因應歷程中的結構性元素、靈性因應歷程是個動態過程、結構性元素之間彼此有關聯等，進一步提出討論和結論。

七、理論編碼

　　理論是概念間關係的整體陳述，是對經驗世界意義的理解與詮釋，理

論編碼延續前述的進階編碼，進行前文第三小節「編碼的理念」所述持續比較法四個階段的後兩個階段：界定資料中經驗世界呈現的理論，以及陳述和撰寫對於經驗意義詮釋的理論。研究經由初始編碼和進階編碼發展概念類別和連結類別間關係，研究目的如要建立有關研究現象的理論，則需要更上一階層進行理論編碼，發展類別間更加概括性和抽象性的理論化關係，理論編碼開始於選取理論的核心概念，持續驗證和修訂理論，以及撰寫用來陳述理論的備忘錄。

（一）選取理論的核心概念

紮根理論經由持續比較法，將不同的類別統整於一個足夠廣泛和抽象的核心類別（a core category），核心類別與其他各種類別整合提供理論的結構，類別屬性和面向細節充滿在理論結構中，可用來解釋研究現象的統整性架構（Corbin & Strauss, 2015: 7-8）。核心類別立基於紮根理論金字塔的初始概念和類別概念之上，是位於塔尖頂端的更高階概念。核心類別是理論發展的核心概念，研究者可採行選擇編碼（selective coding），透過持續比較的方法，選取一個具有下列準則的核心類別（Strauss, 1987: 36）：

1. 類別的抽象層次足以用來連繫所有其他類別的解釋概念。
2. 類別頻繁出現在資料中，幾乎所有資料事例都指向此類別概念。
3. 類別與資料內容有一致的關聯，這些關聯性自然呈現於資料內容。
4. 此類別可再加以擴展，發展成為更具概括性的理論。

紮根理論研究者持續與資料互動對話，參與者藉由理解和解釋他們的生活經驗而建構故事，研究者則從故事中建構概念和理論，植根於資料所建構的理論，即來自於研究者和參與者共同的建構（Corbin & Strauss, 2015: 26）。核心類別以扼要字句陳述類別的關聯性，核心類別的扼要陳述或命名，須能代表所有類別概念整合成的概念化故事，概念化的故事線

即是核心類別。研究者透過持續比較方法，檢視資料的核心現象所敘述的故事，從故事中建構概念，將敘述式的故事概念化為故事線，成為分析式的核心類別陳述，能統整情境條件、行動過程、及結果所有類別的脈絡關係，作為理論發展的一個核心概念，此核心概念整合的類別豐富且多樣，凝聚成一個理論的雛形，朝向界定理論的目標邁進。

　　Charmaz（2014: 243-245）從建構論的觀點，提出重構（reconstrucing）一個實質理論化的類別（a category for substantive theorizing），理論化意指各個經驗紮根於在地的情境脈絡，往上提昇至抽象的層次，並連結於更大的社會結構，理論的陳述將各別不同經驗連結成一個理論化類別，並闡述其中隱含的意義。研究者藉由分解、整合、再整合資料概念的循環過程，或透過研讀有關文獻，觸發理論敏感性，敏銳感知與洞察資料概念關係的理論架構，將資料概念間的連結關係提升至理論的層次（Glaser, 1978）。

（二）驗證與修訂理論

　　研究者持續進行資料的進階編碼和選擇編碼，從資料中初步呈現和生成中的理論，還需要再加以填補、修剪、回到資料中驗證，填補某些類別尚未發展完全的理論密度，修剪與理論無關而顯得沒有意義的概念，如再檢視資料而找不到可據以加強和修訂理論的佐證資料，即須針對理論的空隙，採用理論取樣蒐集更多資料，再驗證理論陳述與資料能在大方向上相互契合；理論是一般概括性的統整論述，是根據資料案例的編碼和編輯過程，驗證理論可從大處著眼，著重於確定理論架構的整體解釋力（Corbin & Strauss, 2015: 198-199）。

（三）理論抽樣與理論飽和

　　理論抽樣是用來協助理論生成和創造的一種工具，當資料的分析顯示某方面類別的概念不足或不清楚時，需要回到經驗世界蒐集更多有關這方

面類別的人們、地點、事件、或活動等的資料事例（Strauss, 1987: 38-39）。

理論抽樣用來協助理論的生成，是一種反繹的溯因推理（abductive reasoning）或溯因假設（abductive inference）（Charmaz, 2014: 200-201, 341），溯因意指產生假設來解釋結論，研究者檢視資料歸納的結果，如看到一個令人驚異或費解的研究發現，既不符合其他發現的類型，也不能以相同方式作理論解釋，研究者即採用想像性的溯因推理，由資料發展出所有可能的理論解釋，接著測試每個解釋形成的假設，透過理論取樣的資料事實來驗證和推導出最為可能的理論解釋；溯因推理可說是始於資料的歸納、並超越歸納，紮根理論是根據經驗的推論作理論的猜測和假設，因而需要進一步蒐集更多的經驗資料來測試及驗證這些理論假設，推導出最為可信合理的最佳解釋，研究者在溯因推理過程中將創意帶入分析，創建出新穎的理論架構。

研究者持續使用理論取樣工具，修訂與驗證生成中的理論假設和解釋，直至資料中所有類別都充分顯示關係的統整性和解釋力，並且沒有新的類別特性再從資料中浮現，研究者即可推測理論的類別達到理論飽和（theoretical saturation），生成的紮根理論具有概念的稠密度和理論的完整性（Corbin & Strauss, 2015: 134-135）。然而，Charmaz（2014: 214-215）指出理論飽和常是研究者個人的猜測，研究者只能夠宣稱類別屬性已經飽和，而不能證明其飽和，除非持續編碼所有資料且沒有新的類屬出現，否則並沒有證據支持類別達到飽和的猜測；面對理論飽和的不甚明確，Charmaz 建議改稱為理論充足（theoretical sufficiency）以代替所謂的理論飽和，著重於充分建立足以被資料建議（suggested）的類別，作為理論抽樣的重點目標。

紮根理論研究採行理論抽樣的實例，例如 Eriksson 等人（2018）探究小學教師在教室的回饋理念，以半結構式訪談蒐集資料，訪談十三位瑞典小學教師在教室情境回饋一至三年級學生的理念，分析資料採用初始編碼、焦點編碼、理論編碼，進行理論取樣的過程包括：開始先訪談四位教

師，初始編碼和焦點編碼這四位教師的訪談資料，引發出新的訪談問題，因而再次訪談其中三位教師；編碼分析這幾次訪談的資料，建構了一組焦點代碼，接著再增加三位教師的訪談，更加詳盡地建構焦點代碼：最後再增加六位教師的訪談，以確保資料的飽和（saturation）與信實性（trustworthiness）；透過訪談、再次訪談、從訪談資料中建構代碼、持續比較代碼和類別、訪談更多教師、再檢視被建構的代碼和類別、又再加訪談更多教師的過程，以精煉類別的解釋力。在資料分析的較後期，研究者結合好奇心與開放式理論，將有關教師回饋的文獻作為激發靈感、創造性聯想、批判性反思、和多元取徑的可能來源，藉以觸發理論敏感性和發展敏感概念，敏銳感知資料概念間的整體連結關係，將資料分析提昇至理論的層次。

（四）理論陳述的備忘錄

　　研究者根據已編碼分析的資料，並依據已寫的初始編碼和進階編碼備忘錄，將有關理論生成的理論性思考，以文字陳述或圖表展示的方式，寫作理論陳述的備忘錄，陳述孕育於資料來龍去脈而生成的理論。相較而言，貼近原始資料的初始備忘錄較多描述性的敘寫，較為概念化的進階備忘錄較多闡述性的敘寫，陳述理論的備忘錄則著重於理論意義的論述與詮釋。

　　寫作理論陳述的備忘錄，一方面可用文字論述理論生成的過程和架構，另一方面亦可將資料類別關聯性整合成視覺化的圖形或表格，藉以激發更多的理論思考和想像空間，展現資料的整體概念如何連結成一個實質理論。陳述理論的文字或圖表，在寫作備忘錄過程中演進和修訂，隨著備忘錄寫作的理論性思考，陳述理論的文字或圖表在理論概念的連結上，會愈來愈稠密、也愈來愈清楚，理論化的圖表將隨之逐漸定型，陳述理論的文字也逐漸完成，之後將圖表配合相關文字陳述放在研究報告中，讓讀者對研究建立的實質理論架構更加一目暸然。

（五）編碼與研究實例

　　紮根理論研究經由編碼程序發現的類別和其間關係，常成為研究報告呈現理論的標題，用來回答研究的問題（Glaser & Strauss, 1967: 113），以下兩個紮根理論研究實例中的類別和其間關係及建立的理論，即呈現在研究報告章節的標題。

　　例如，陳向明（2004）的《旅居者和「外國人」——中國留美學生跨文化人際交往研究》，資料分析採取三級編碼的過程，建立有關跨文化人際交往的理論；首先一級編碼的開放式登錄，找到研究中受訪學生使用的本土概念，二級編碼的軸心式關聯登錄，找到將本土概念連接起來的下列七個主要類屬（摘引自研究報告目錄）：

交往：人際關係的基本形態

人情：人際交往的基本原則

情感交流：人際交往的情緒傾向

交友：人際交往的理想形態

局外人：跨文化人際交往的特殊形態

自尊：跨文化人際關係中的自我評價

變化：跨文化人際關係交往對個體文化身份的影響

　　每個主要類屬分別包含相關本土概念的分類屬，接著三級編碼的選擇式登錄，確定一個核心類屬為「文化對自我和人我關係的建構」，建立的紮根理論為「文化對個體的自我和人我關係的概念及人際交往行為具有定向作用」，以及「跨文化人際交往對個體的自我文化身分具有重新建構的功能」。

　　另一個研究案例是依據建構論的紮根理論方法，採用初始編碼、焦點編碼、理論編碼程序探究小學教師在教室的回饋理念（Eriksson et al.,

2018），其研究報告中的標題，包括下列兩種理念類型、每種類型包含理念類別或次類別、以及理念之間的關係：

類型一 回應學業的需要（addressing academic needs）

　　回饋理念(1)：學業的鼓勵（academic encouragemen）

　　回饋理念(2)：個別化（individualising）

　　回饋理念(3)：同儕學習示範（peer learning modelling）

　　回饋理念(4)：任務控制（task controlling）

　　回饋理念(5)：課業流暢（classwork flowing）

　　回饋理念(6)：推理的時間（time-for-reasoning）

類型二 回應行為和情緒的需要（addressing behavioural and emotional needs）

　　回饋理念(1)：需要秩序（need-for-order）

　　　(a)救火（fire-fighting）

　　　(b)同儕秩序示範（peer order modelling）

　　　(c)沒有秩序就沒有學習（without-order-no-learning）

　　回饋理念(2)：愛護（caring）

　　教師回饋理念之間的關係

　　　滿足每位學生在此刻的個別需要

　　　優先和次要的需要

　　上述研究發現的理念類別或次類別代碼，大多是以動名詞命名的行動代碼，以凸顯教師給予學生回饋的動態行動和歷程，例如類型二中隱喻的救火（fire-fighting）回饋理念，來自於教師提到自己回饋學生：「有時候主要是要滅火（extinguishing fires）」，凸顯教師在教室需要秩序的基本

理念中，須警覺教室即將失序的警訊，採取救火似的緊急行動和歷程，當下及時採取救火似的回饋行動和歷程，撲滅教室可能失序的危機。研究者根據研究發現的教師回饋理念架構，陳述和撰寫從資料中建構「教師回饋理念之間關係」的理論，教師在教室情境給予學生回饋，是依照他們對於學生需要感知的解釋，是一種形成性的教室評量，教師主要關注於回應學生的學業需要以及行為和情緒的需要，並依據當時情境、關係、時間和努力的因素，滿足每位學生當時的個別需要，並衡量學生當時需要的優先順序先後給予回饋，日常的教室評量和教室管理重疊進行，因此凸顯師資教育對於瞭解教室評量、教室管理、和兩者間關係的重要性。

參、意義的解析

質性研究的資料分析交互進行資料的分解與連結，研究者依據研究目的，可參照紮根理論方法編碼資料，分解資料的概念類別，並連結概念類別之間的關聯性，研究者亦可多元地跨域取徑，因應研究目的選用合宜的研究取向，深入資料中思考與反思，辨識、理解、洞察資料部分與整體的相互關係，從混沌的原始資料中，提煉出有意義的結晶。

一、多元取徑

資料的編碼分析可彈性參考紮根理論方法，資料意義的思辨解析可參酌多元的研究派典和取向，擴展資料分析的廣度和深度。例如，Jackson（1968, 1990: xxii）進入小學教室觀察研究教室生活，在研究專書的序言中，敘述自己面對複雜的教室生活，無法從單一觀點去觀看和討論，為了試圖掌握教室生活的意義，自己動用一切可能的研究方法，閱讀、觀看、聆聽、計數、與人們交談，甚至用自己的童年記憶去深思，試著融合各種取向，寫出自己所瞭解的教室生活。質性研究資料意義的解析，可能動用如下列取向的方法：

（一）參酌紮根理論方法

Charmaz（2014: 12）指出基本的紮根理論策略，如編碼、寫備忘錄、理論取樣、持續比較法，可跨越本體論和認識論的分歧，以許多方式流通運用於不同的研究取向。在一項質的資料分析試驗方案中（Wertz et al., 2011），現象心理學、紮根理論、論述分析、敘事分析、以及直覺探究的研究者，都分析同一份訪談文本和參與者敘寫自身經驗的文件，結果五種研究取向的資料分析都潛在採用紮根理論方法，包括：研究者的理論敏感性、參與者的觀點、逐行分析資料、編碼或命名資料成分、類別的分析、歸納和回溯的分析、持續比較參與者的各種資料、以及分析持續蒐集新的資料。

針對紮根理論的持續比較法，Yin（2016: 210-211）指出質的資料分析無論是否採用編碼，都可運用持續比較法，持續比較資料中浮現的概念、主題和類型，尋找資料中的反面事例（negative instances），運用對立的思考（rival thinking），針對先前分析的想法或初步發現，發展其他另類的解釋。例如，民族誌原意指描述一個特定群體的生活而言，紮根理論的持續比較法引導民族誌者在研究開始就進行資料的比較，在資料與浮現的類別之間進行比較，以及比較概念與類別之間的關係，紮根理論協助民族誌者在研究過程中聚焦、結構化、與組織化，從較低層級無所不包的描述，提昇至概念化類別與理論的發展與詮釋（Charmaz, 2014: 35-41）。

（二）持續發現資料的意義

質性研究在蒐集資料、作記錄、分析資料、寫報告的循環過程中，思辨和發現資料的意義，如同 Griffith 與 Smith（2005: 2-8）回首自己探究母職為學校教育工作，是一條發現之路（a path of discovery），透過訪談、寫報告、持續分析、書寫、和研讀相關議題研究中學習，隨著處理資料時遇到未預期的問題，增加分析的廣度和深度，經由訪談、書寫、分析、研

讀、學習、和困惑的過程中，持續處理資料和發現資料的意義。

　　Griffith 與 Smith（2005）採用建制民族誌研究取向，將母職經驗連結至系統性的組織體制與社會權力關係，以論述（discourse）作為研究的建構，論述是系統性發展的知識、道德觀、和價值觀，透過說話和書寫的方式表達，母職論述是母親承諾擔負孩子教育工作的基礎，母職論述的表達即在建構母職的意義，母職論述的分析開展了發展心理學、教育課程、與母職工作的論述關係；研究過程結合了民族誌訪談、訪談母親的母職工作、母親敘說母職故事、以及論述分析，母職論述不斷滲入母親敘說的故事，也滲入研究者分析的觀念，將受訪母親們的母職經驗連結至經驗相關的語言、意識、和權力的社會關係，演繹推論經驗涉及的社會建制過程；兩位研究者反思自己進行社會學領域女性主義民族誌取徑的力量來源，至少部分是來自於可以在民族誌過程，以及在反思和分析工作中自由地學習（43 頁）。

（三）選用文獻啟發的理論概念

　　研究者解析資料的意義，研讀有關文獻的理論概念和先前研究，可能啟發資料分析的概念和洞見，Maxwell（2013: 49-50）指出有用的理論是一個衣櫥（a coat closet），理論概念是衣櫥裡的掛衣鉤，可試著用來掛上資料，以展示資料與其他資料的關係，有用的理論也是一個聚光燈（a spotlight），可照亮研究中的特定事件或現象，也照亮資料概念間潛在的和可能被忽視的關聯性。

　　研究者分析思辨資料的意義，批判性地探討有關的文獻，謹慎選用文獻中有助於解釋資料意義的理論概念，藉以看見資料關係的分析線索，而開展資料分析的視野和方向。質性研究可藉由文獻的啟迪，發展可詮釋資料意義的概念架構，另一方面亦可藉由資料分析，測試、闡明、擴展、或修正文獻理論應用於經驗世界的意涵，文獻作為啟發資料分析的工具，分析資料的概念可來自文獻、亦可能超越文獻，藉由研究的經驗資料超越既

有文獻的理論概念。

（四）意象的解析

　　質性研究常蒐集和分析靜態或動態的意象（images），靜態意象主要是圖片、照片的圖像分析，動態意象主要是錄影帶、影片的影像分析，這些意象資料有的是公眾或私人的檔案，有的則是研究者錄製的資料，圖像或影像的意義解析，常需要對照有關的觀察記錄、訪談記錄、或檔案文件等其他資料，在相關資料的背景脈絡中解析圖像和影像的意義，相較於文字資料可依據字義作解析，圖片、照片、影片的意義需要穿越表面的印象，看見意象潛在的深層意義。

（五）數值的解析

　　質性研究對於資料的解釋，主要來自於資料中的文字。也可能來自於簡單的統計數字，數字雖不能真正證明這些解釋，但可對資料的解釋提供合理的支持。分析資料中某種概念出現得較多或較少，如清楚界定分解資料單位的一致性，即可直接計算（count）此概念的資料單位數值，相較於只使用如最多、一些、較常等模糊字眼，具體數字能有效且可信地支持資料的解析，避免偏誤的印象，並引發進一步的分析和解決困惑，增進資料分析的完整性，例如分析人們的談話時，計算談到各種話題的次數，而引發進一步分析為什麼某些人沒有說到其他人都說到的某個特殊話題，計數有助於描述現象、呈現證據、增加分析結果的強度，資料內容如轉換成數字的統計分析，也可能朝向質量混合研究的統整分析（Bazeley, 2018: 160）。研究如需要解析較大量的文字資料，亦可採用數位化的分析工具，用來計算某類資料出現的次數頻率，或是朝向質與量的混合方法研究。

（六）提煉意義的結晶

　　思辨解析文字或意象資料的意義，可選取或融合多元的研究派典和取

向，區分辨識和整體理解資料的概念和關係，提煉有意義的結晶，含有意義的結晶體是從大量資料概念凝結的類目、主題、類型、和結構，概念是從經驗事實產生的抽象想法，用來解釋經驗世界的意義，概念凝結成的類目、主題、類型、和結構，都是構成資料意義的構念、這些構念即來自於資料意義的解析。這四種構念名稱的定義，類目如同前述編碼分析的概念化類別，主題是資料中相似類目連結而成，類型是資料中重複出現某類關係的型樣，結構是資料概念及其關係組織的架構，四種構念並非彼此界線分明，有時還具有相互連結或延續擴展的關係。研究目的如是著重於解析資料的類目、主題、類型、或結構，宜先清楚界定所探究構念的定義、定位、解析方法和步驟，以明確釐清研究資料分析的針對焦點和具體過程。

二、類目

解析資料的類目，如同前述編碼分析資料的類別，分類資料是建立資料關係的方式，也是解釋研究發現的定錨點（Blumer, 1969: 26），分類（sorting）可說是質性研究資料分析的基本程序（Wolcott, 1994: 26）。解析資料的類目，主要針對研究題旨和目的，從資料中提煉概念化的類目，或藉由文獻啟發類目的概念和洞見，亦可藉由類目的數值，增加分析結果的強度。

（一）概念化的類目

不同取向的質性研究解析資料的意義，如同編碼分析，基本上會從資料中提煉概念化的類目。例如，民族誌採用知識分類學（taxonomy），將資料的概念知識分門別類，簡要而言，如一個小學班級的民族誌，將小學生在教室的角色分類為吃午餐者、公務者、和幫助者三個層面，每個層面又細分為幾個類目，吃午餐者分為三類午餐（吃冷的午餐便當者、吃熱的午餐者、回家吃午餐者），公務者分為四類職位（班長、副班長、秘書、出納），幫助者分為幫助九類事務（天氣、運動、新聞、牛奶、巡查、門

口指揮、洗手間指揮、擦拭、傳遞消息）（Spradley & McCurdy, 1972: 153）。

敘說分析從現場文本轉移到研究文本，為經驗創塑意義的過程，有時也以某種方式分類（sort）現場文本，將各種現場文本編碼（coding），初步分析處理的資料項目包括：人物、地點、場景、情節、張力、結局、敘說者、脈絡、語調等，研究者心裡想著敘說分析的用詞，開始將現場文本做敘事式的編碼（narratively code），例如：現場文本裡出現的人物名字、行動與事件發生的地點、交織與相互連結的故事線、變得明顯的鴻溝或沉默、浮現的張力、連續或不連續等，這些都是可能的代碼（codes）；當敘說研究者投入這樣的工作，即不斷詢問現場文本中有關意義與社會重要性等的問題，對於這些問題的回應，是最終將現場文本形塑成研究文本的關鍵，這些問題也形塑了研究裡的分析與詮釋（Clandinin & Connelly, 2000/2003: 190-191）。

（二）針對研究題旨的類目

一般質性研究直接針對研究題旨，持續比較有關研究目的或問題的各個概念化類目，從中建構對於研究問題的回應。例如，林文莉（2009）進行母親陪伴幼兒書寫萌發研究的個案研究，探究自己的兒子四歲到六歲五個月的書寫萌發現象，及研究者身為母親陪伴兒子書寫萌發的方式、並提出書寫陪伴過程的想法與省思；研究者從原始資料中尋找浮現的類目，並探討文獻中呈現的可能類目，先繪出初步的類目網絡圖，再逐步修改分類的類目和歸納類目範疇，而完成資料初步分析的類目網絡圖（見圖4-2）。網絡圖是依照研究目的與問題，分為兩個主軸概念，一是研究者自己（母親的角色）相關的，包含母親的角色、立場、參與度、使用的策略、及研究者自己的省思，二是兒子（化名安安）相關的，包含書寫的特徵、動機、種類、生活應用和需求等，這兩個主軸概念之間是親子互動的關係，也就是研究主題的母親陪伴，其中包含社會化的過程、親子互動的類型、

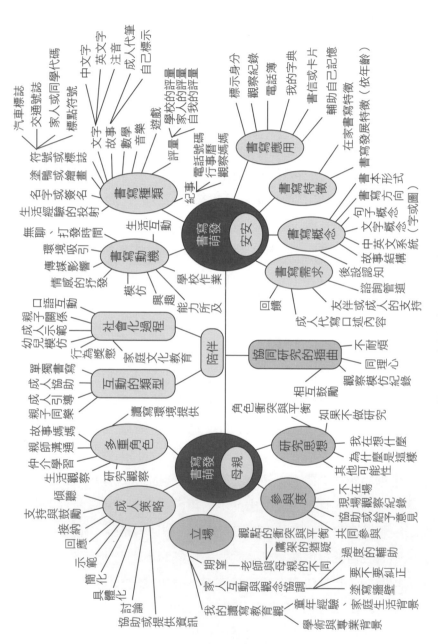

圖 4-2　資料分析類目網絡

（資料來源：林文莉，2009：86）

研究過程中出現的幼兒協同研究插曲，此網絡圖幫助研究者在分析資料時，可參照圖中的概念持續對照原始資料，修改類目名稱或調整資料，並著手敘寫資料分析的架構（85-87頁）。

網絡圖中有關母親與兒子的類目，經由持續比較和分析歸納，即轉化為研究發現的重點，包括：幼兒書寫的動機是功能重於形式，會主動觀察模仿並建構書寫符號意義，書寫技巧是融入整體生活中自然習得，對於書寫形式的掌握是逐漸自行調整修正而成；研究者身為母親陪伴兒子書寫萌發的方式，是等待與促進、示範與支持、回應與提問、遊戲互動等，幼兒書寫萌發最需要的是母親的陪伴與支持，而不一定是特意的教導。

研究者將資料分門別類，亦可參照研究題旨和有關文獻概念面向，據以分析各面向的有關類目，例如，李璧岑（2015）探究自己任教班級兩位幼兒參與閩南語兒歌活動的經驗，兩位個案幼兒家庭語言背景分別為閩南語和客家語，研究中經驗是指幼兒對閩南語兒歌和閩南語的知覺和感受，研究根據語言學語言使用的語音、語詞、語法概念，分析兩位幼兒在活動經驗中，對於閩南語的語音、語詞、語法三方面的各類主觀知覺和感受（見摘引的表4-3）。研究者相互對照所蒐集的觀察和訪談記錄、教學日誌、幼兒的學習單和作品、以及家庭評量回饋單，分析幼兒對兒歌活動的學習反應、日常使用閩南語互動對話、對活動課程的興趣和困難度感受，從多元的資料中辨識語音、語詞、語法的知覺和感受類目，建構出幼兒彼此相同和不同的個人化經驗課程，亦即顯示兩位年幼的參與者觀點，如何主觀解釋其經驗世界（閩南語兒歌活動經驗）的意義，相較於本土語言教學目標常高舉的體驗不同族群語言和尊重多元文化，透過幼兒在地體驗如此單純、直白的經驗類目，可從幼兒的觀點理解和詮釋臺灣本土語言教學目標的意涵。

質的資料類目的分析，如欲確保分析的信度或可靠性，可採同儕審視的方式，由多位分析者分析同一份資料，以建立評分者一致性信度，例如，鄭芬蘭等人（2013）進行罕見疾患的家庭壓力因應與需求的研究，資

表 4-3　幼兒對閩南語的知覺和感受

幼兒	小魚	小豆
語音知覺	相同點： 1. 能找出很像的音，且認為相同的字發音一樣。 2. 注意到反覆聽到的字詞。	
	1. 會把兒歌歌詞背起來。 2. 主動說出閩南語和英文相似的語音。	1. 不常主動唸出來，但能聽辨閩南語語音。 2. 主動提到國語、客家語和閩南語相似的語音
語詞知覺	相同點： 1. 都能描述歌詞大意。 2. 都會利用歌詞海報上的圖片，來回想閩南語語詞的意義。 3. 會自然的在其他情境，主動使用兒歌中學過的閩南語語詞與人交談。	
	1. 能看歌詞翻譯整首兒歌。 2. 認為有些閩南語的說法，是因為臺語習慣這樣講。	1. 會簡短翻譯 1-2 句歌詞。 2. 對特殊的閩南語語詞，是用語音或聯想的方法來理解。
語法知覺	相同點： 1. 唸讀疊字時拉長音加強語氣。 2. 自然地記得常見的詞綴「阿」和「仔」。	
	唸讀 AAA 式形容詞時，會刻意將第一個字拉長音。	將「菠菱仔菜」每行第二句的第一個字拉長音。
語音感受	認為有些音「很好聽」。	
語詞感受	喜歡的語詞多是因為曾經聽過或感到興趣。	
語法感受	1. 喜歡的句子多有疊字或類字。 2. 喜歡的句子多有疊句或類句。	

（資料來源：李璧岑，2015：126-127）

料分析是以訪談的二十一個家庭為編碼單位，研究團隊經由討論達成共識後，執行編碼與分析詮釋，先確立編碼原則，兩人一組以互不討論方式，逐句審視訪談逐字稿，當呈現完整概念即予以一個編碼，評分者一致性信度的計算方式為：（編碼一致次數）／（編碼一致＋不一致次數）＝評分者一致性係數，計算結果在家庭壓力的信度係數為.976，顯示評分者信度良好，訪談結果有效可信而得以繼續分析討論；研究者分析討論罕見疾患的家庭壓力編碼概念的連結關係，五種家庭壓力來源（疾患照顧、家庭系

統、社會互動、醫療、安置），分別引發不同的因應過程，而產生罕病家庭的七種需求（喘息服務、和諧氣氛、相互支持、正向思考、社會支持、醫療品質、安置服務），凸顯罕見疾患的家庭在因應壓力過程的困境與期待。

（三）文獻概念的類目

質性研究經由文獻探討，如確定文獻中既有的理論概念，足以涵蓋研究題旨並有助於解釋資料的意義，可直接或間接引用為分析資料的類目，並用來闡釋文獻概念應用於經驗世界的意涵，如前述的研究實例（李璧岑，2015；林文莉，2009），即分別參照文獻中讀寫萌發、語言學的理論概念，針對研究題旨解析資料的類目和意義。

質性研究主要依據適用於研究題旨的文獻概念作類目分析，例如，周春美與沈健華（2007）以認知學徒理論融入半年的教育實習輔導活動，設計認知學徒制的行動研究，以六位不同科系的實習生為研究對象，探討實習生專業社會化的認知內涵及其影響。依據文獻中既有研究指出，實習生從師傅學習到實務經驗及信念建構，轉為專家教師，分別有外在支持、遷移、及自我調整三個階段，外在支持是指反思的不同層次，包括例行性省思、技術性省思、實踐性省思及批判性省思，遷移是指教師實際知識從抽象到具體的不同層次結構，包括教學知識表徵意象在日常教學活動中化為實際的教學行為、教師個人化的特質及特別情境中的具體行為，自我調整則是指生手教師在師傅指導下的學習內容，包括工作熟練度、目標與價值、學校文化及人際關係等，文獻中有關實習生專業社會化的這些認知內涵類目，即成為研究資料分析的參照依據。

研究主要運用 ATLAS.ti 質性研究資料分析電腦軟體，處理文字資料、圖形檔及聲音檔載入和分析等大量質性資料，依據文獻初擬編碼表，先於每一關鍵事件的段落進行資料代碼登錄，再分別登錄實習生的書面所記載的關鍵事件內容，以瞭解其思考歷程或感想，並透過校正分析歸納法及恆

常比較分析法歸納分析資料，與文獻進行比較與分析，資料登錄的方法以類目建立作為分析單位的界定，參照文獻的三大類認知內涵的項目予以分類，並檢定三位編碼員信度為.824。資料分析結果顯示實習生對不同教育實習輔導活動有不同的認知內涵，計算資料登錄次數占各項實習輔導活動方案的百分比，其中達50%以上實習輔導活動具有的認知內涵，例如：準老師讀書會具有批判性省思、實際的原則及目標與價值的認知內涵，師徒教學相長會具有例行性省思、意象及學校文化的認知內涵，教甄口試模擬具有批判性省思、實施規則、人際關係的認知內涵。

（四）類目的數值

　　如分析資料出現不同數量的類目，此數值具有解釋上的意義，即可計算各類目出現的次數，例如 Ogbu（1974）在美國一個都市社區進行教育民族誌研究，針對少數族群兒童在學校失敗受挫的現象，訪談 104 位社區兒童缺席不上學的原因，接著分析訪談資料中兒童缺席原因的類目，並計算各類原因的人數百分比，以確知兒童為什麼缺席的主要原因和其他次要原因（見表 4-4）。

表 4-4　學生缺席原因百分比

缺席原因	百分比%（104 人）
學生生病	73.0
家人生病	3.8
需幫忙父母	4.8
不想去上學	8.7
功課沒有做	1.0
其他	8.7

（資料來源：Ogbu, 1974: 104）

　　當研究需要分析較大量檔案或社會成品的文字或圖像資料，例如研究現場機構發行的海報或廣告單，或是研究參與者私人收藏的圖書或照片，基於研究問題的驅動，可採用內容分析法，經由問題形成、確認資料、蒐集資料、建構類目、界定分析單位、組成編碼人員、建立編碼系統、檢測信效度、進行編碼分析，以提供系統化的資料作為討論基礎，並回到資料本身的現象脈絡分析資料的潛在意義（游美惠，2000；Krippendorff, 2013: 357-370）。內容分析融合量化與質化分析，研究者一方面針對資料類目作量的分析，另一方面也關注文字或圖像脈絡作質的分析，闡釋資料的整體意義。

　　例如，劉雅琳（2019）研究廣告中的幼童圖像，以內容分析法進行量的分析，編碼系統包括幼童與畫面、幼童與廣告、幼童與自己三方面的類目，幼童與畫面的類目包括：性別、年齡層、地域、服裝類型，屬於外顯的外在形象特質；幼童與廣告的類目包括：廣告類別、互動對象、拍攝場景，是從廣告的角色與功能切入，探究幼童在廣告中代表的意義；幼童與自己的類目，屬於心理意象的內在特質，是參照 Sorin（2005）提出的十種幼兒圖像（純真的、高尚的／救世主、邪惡的、滾雪球似的、失控的、縮小的成人、受訓練中的成人、視為商品的、受害者、自主建構的），另加上其他一類，共分為十一個類目（51 頁）。研究以數值統計結果為基礎，進一步作質的分析，觀察廣告中幼童的外在形象是否和其內在特質有所關聯，並根據廣告中的劇情、角色和台詞等其他元素，分析廣告中幼童呈現的方式及意涵，解讀廣告傳遞和建構出的當代幼童樣貌和概念；依據量的和質的分析結果，詮釋幼童在廣告中呈現純真、弱小、需要受到照顧的樣貌，或者扮演最佳銷售員的角色，幼童和家庭與成人的依附性高，代表著家與希望的象徵，對於幼童的描繪以童年再現的方式，顯示出廣告世界以成人主導的幼童觀。

（五）線上文本的類目

傳統上社會科學研究解析文件潛在意義，常採用人工標記加以判讀的內容分析法，研究者如需要分析巨量文字資料，尤其是處理線上取得之大量即時更新的電子化文本，則可採用文字探勘（text mining）技術分析，就所蒐集特定的巨量動態文字資料，執行編輯、組織與分析的過程，其分析過程是以文件的字、詞、概念特徵表現為基礎，將文本內容數據化為字詞出現頻率，並區別文本的類屬，發現其間隱含的關鍵字詞特徵及特定意義；文字探勘主要程序包含資料檢索與處理、斷詞、特徵萃取、文件分類與集群、文本表示與詮釋，文字探勘的自動化技術能克服人為主觀判斷的失誤，且較能快速且客觀處理大量動態的網路文字資料（陳世榮，2015）。

藉由文字探勘技術分析線上文本的詞彙特徵、類目和其次數，例如在教育場域需要進行教師教學品質和學生學習成效的評鑑，即可運用文字探勘技術將學生回應的意見文字進行斷詞、計算字詞出現次數、分析字詞重要程度，並將較常出現的字詞組合成如雲一般的文字雲（word cloud）圖形。例如，莊禮聰（2018）研究以翻轉教學設計提升五專護理科解剖生理學課程之學習成效，透過 Zuvio 即時反饋系統，請學生針對課程給予回饋，即使用文字雲方式呈現所有回饋，出現的關鍵字愈多次，於文字雲中呈現的字體會愈大，例如與傳統上課相較的協助之回饋文字雲圖形（22頁），顯示學生自評認為和其他傳統上課方式相較，這門課的上課方式對其有幫助的多數關鍵字有：覺得自己能瞭解更多、學到更多、上課能更認真、上課有預習、能掌握重點、能知道老師上課在說些什麼、上課比較不會睡著等，從回饋中可見學生在學習動機（能掌握重點、能知道老師上課在說些什麼）和課程專注度（上課能更認真）的提升，且看到自己在學習的理解能力之改變（自己能瞭解更多、學到更多）。

文字探勘除了分析字詞出現的次數頻率，還能對有情緒傾向的文本進

行情緒分析（sentiment analysis），在文本資料中找到帶有情緒的詞語，透過特徵萃取進行情緒傾向的分類、定義，並計算情緒字詞出現的次數頻率，瞭解使用詞語的人們對於某議題的意見、情緒、感情、和態度（Liu, 2020）。例如，吳肇銘、金志聿與蔡毓霖（2019）運用文字探勘技術分析一所大學資訊管理學系必修課程教師教學評鑑資料，詞彙分析針對學生在網路上問卷留言區提供的課程質化意見文字，進行斷詞、統計字詞出現頻率、使用文字雲呈現較常出現字詞，以及分析比較各類課程的關鍵字重要程度；並且分析學生質化意見文字的情緒類別，情緒區分為正面、中立、負面三類，將每筆質化意見計算出其於正向、負向的得分，將正向分數減掉負向分數即為情緒分數，該筆意見正負向分數相減總分大於 0 即為正面情緒、小於 0 即為負面情緒，該筆意見總分相減後為 0 即為中立，計算這三類情緒的數量與比例，以瞭解學生對於課程正負意見的高低評價；例如針對技術類課程教學評鑑質化意見的研究發現（445-447 頁），學生呈現的前五名重要字詞為：謝謝、程式、認真、作業、教學，這些字詞顯示學生相當「謝謝」老師的教學，老師的「認真」受到學生的認同，學生在乎技術類課程的教學元素為：「程式」、「作業」、「教學」內容和方式等，學生對於技術類課程的留言意見以正面情緒居多，而在技術類低評價課程中，學生表達了「簡單」（教得太簡單）、「敷衍」這類負面字詞，學生對於教師講解能力、上課方式、敷衍態度的不滿，即造成教學評鑑的低評價。

三、主題

　　質性研究分析資料中所謂的主題，有的研究者認為主題即是類別，例如論述紮根理論方法時，指出持續比較法是以概念為分析的基本單位，將相似的一組概念集合成類別（categories）或稱主題（themes）（Corbin & Strauss, 2015: 7）。有的研究者則認為分類架構是辨認主題的有用工具，尋找資料中的主題包括：談話的話題、字彙、重複的活動、意義、情感、

俗話和諺語等，有些主題在資料中顯而易見，有些則不是如此明顯，在尋找主題的過程中，盡可能先列出暫時性的主題，再持續加以檢核，尋找其中更深的意義（Taylor & Bogdan, 1984: 132）。分析資料的主題，可由類目連結成主題，整體思辨有意義的主題，或辨認圖像資料中的主題。

（一）類目連結成主題

有的研究者認為主題是由代碼連結而成，主題是一個延伸的詞句，用來辨識資料中有關什麼或意指什麼，聚集有共通性的代碼，建構成一個有延伸性的主題陳述，而不是只聚集成一個簡短的類別標籤（Miles et al., 2020: 73）。例如，心理學研究使用主題分析（thematic analysis），是結合敘事分析、論述分析、和紮根理論分析，將主題定義為資料被組型（patterned）的意義層次，主題由代碼連結而成，主題分析是跨越各組資料尋找重複出現的意義型態，心理學研究的主題分析步驟如下（Braun & Clarke, 2006）：

1.熟悉資料：謄寫資料並反覆閱讀。

2.產生初始代碼：從資料中發展代碼，注意區分語義代碼（語言表達的意義）和潛在代碼（潛在的意義），有系統地檢視整個文本，聚焦於整個段落的脈絡。

3.尋找主題：將代碼分類於各種不同的主題，對照主題的相關資料片段成為次主題（subthemes），並排除與研究無關的主題。

4.再檢視主題：聚焦於資料片段或整組資料，形成主題圖，視覺化呈現主題和次主題間的連結關係。

5.定義和命名主題：主題的名稱須能反映主題表示的意義。

6.提出報告：呈現主題分析的結果。

一般質性研究可聚集共通性的類目，建構成一個主題面向，例如Wing（1995）探究幼稚園幼兒和一、二年級小學生對工作和遊戲的知覺

（perceptions），分析參與觀察和深度訪談資料，將兒童覺察教室活動是遊戲或是工作的各種類目，連結成三方面的主題：教室活動的性質、關於兒童的身心情況、關於教師的期望和評鑑，這三個主題面向意指兒童區分遊戲或工作的主要指標包括：是否被指定或被要求去做（動機）、是否有成人的介入和期望（成人目標）、是否一定要完成（結果評量）；圖 4-3 呈現兒童知覺遊戲或工作的各類觀點和指標性主題，是以一條介於遊戲或工作的連續線（continum），區分兒童解釋遊戲或工作的知覺取向，趨向於連續線一端的遊戲，趨向於連續線另一端的工作，或是介於遊戲與工作兩者之中。遊戲的理論概念有相對不同的觀點解釋，社會學、人類學、或文化心理學主張遊戲即權力（play as power），從權力的相對位置解釋遊戲中誰有或沒有權力（黃瑞琴，2009），圖 4-3 的連續線顯示兒童知覺的遊戲，可能位在兒童自己較有權力的位置，當兒童逐漸失去權力，即可能逐漸位移至老師較有權力的工作，這條連續線連結兒童知覺遊戲和工作的各種類目、三個主題（是否被指定去做、是否有成人介入、是否一定要完成）、三個連續面向（遊戲、工作、兩者之中），整合為兒童自己解釋遊戲和工作的連續延伸觀點。

（二）主題的思辨

　　質性研究解析資料的主題，亦可參照研究題旨，較自由開放地整體思考辨識資料中有意義的主題，或是引用有關文獻理論概念進行主題分析。敘說分析如關注參與者說了什麼，即會採用主題分析，分析參與者說些什麼主題，或參照符合研究題旨的理論，作為詮釋敘說意義的資源（Riessman, 2008: 19）。

　　例如，李文玫（2014）採用敘述訪談法，探究三十位桃竹苗地區客家庄社會文化行動者在地實踐中的情感結構樣貌，引用可解釋故事之文化批判學者提出的情感結構（structure of feeling），作為敘說分析的主題，將文化行動者的不同敘說連結起來；情感結構是一種文化假設，是人們處在

遊戲 ————————————————————————————— 工作

活動的性質

自由探索材料	活動是教師設計、但允許有些發現或創造	教師指導和設計的活動
通常用到操作物或其他物品		經常用到紙和筆
不需要保持安靜	需要專心或注意細節的自我選擇活動	有時需要保持安靜
過程取向	有規則和學業內容的遊戲	成品取向
不需要完成		計畫必須被完成

關於兒童

主要是孩子的意向	通常主要是教師的意向、但能讓孩子有較多的選擇	
孩子明顯很少專注或認知的活動		孩子明顯需要集中心智和認知的活動
通常是身體的活動		通常不是身體的活動
可自由和同儕互動	通常可以自由和同儕互動	有時可以和同儕互動
總是有趣的	通常是有趣的	有時是有趣的

關於教師

很少教師的期望		主要是教師的期望和意向
很少被教師評鑑	通常有些教師的評鑑	結果被教師評鑑

圖 4-3　兒童對遊戲和工作的知覺

（資料來源：Wing, 1995）

特定歷史文化與社會經濟脈絡中，可共同感受到的情感與認同，是一種真實存在與感覺得到的意義結構，其分析步驟藉由反覆閱讀文本資料，掌握逐漸顯現的重要主題，區辨故事內容與形式所傳遞的敘事基調（narrative tone），區辨敘說語言的表徵意象（imagery），探尋對參與者個人有意義的形象、符號或隱喻，同時分辨特定的表徵意象帶出的特定主題。由口述文本敘事基調和表徵意象帶出的主題，例如：

嫌棄：我自己以前也不太講客家話，可能年輕人就會覺得講客家話好像俗氣俗氣的。

渴望：……反倒是現在我們常講客家話也覺得很好玩，也很樂於分享自己是客家人。

離家：……那時候就想找一個最遠的，基隆再出去就是海，就沒有啦……我就想向外，人類的文明的起源就是一個字：逃；如果兩個字就叫冒險，不是嗎？哥倫布也是這樣，不滿現狀嘛！

回鄉：我在國外唸書，人到越老，為什麼鮭魚要返鄉、告老要還鄉？很多生命體都會到某個年齡，衝到一個點，就會去想原鄉。

傳統與創新：我比較想要做一件事情，也就是說不要老是把客家一直侷限在以前的觀念與方法裡面，沒有錯，那是傳統，不能丟，但是有很多新的可以學，……慢慢去轉變，但是舊的東西不要丟。

研究藉由情感結構的主題分析，發現客家文化行動者除了共同具有「堅持而熱情」的客家情感結構之外，同時具有複雜而雙面性的社會心理情感結構，包括：「既嫌棄又渴望」的心理性情感結構、「離家與回鄉」的行動性情感結構、以及在「傳統與創新」之間的客家認同情感結構，從

社會文化的視野詮釋這些多元情感結構樣貌，乃是鑲嵌於在地的客家歷史文化與政治經濟脈絡以及族群互動中，展現人的自我系統與社會系統之間相互依賴的動態關係，客家文化行動者一方面受到社會體制的形塑影響，一方面以作為一個能動的主體影響著社會體制的運作歷程。

現象學取向的主題分析，亦是整體思辨資料主題的研究取向，現象學探究人們生活經驗的本質，本質是人們共享的經驗現象和相互理解的核心意義，現象學的主題是由經驗的意義群聚而成，共構出經驗現象的意義與本質（van Manen, 1997: 10）；現象學取向的主題分析，主要是將現象括弧起來（bracketing），純粹針對現象本身作分析，避免受到外來成見的影響，研究者整體閱讀文本，反覆來回檢視參與者解釋其個人經驗的資料單位，從中領悟和洞察該經驗單位對參與者的意義，經驗單位即轉化為意義單位，再將重複顯現的經驗意義連結起來，形塑出有解釋意義的各種主題，也揭露了經驗世界的現象本質，據以詮釋現象的整體意義。

在教育領域的現象學主題分析，例如，許惠茹（2009）採用詮釋現象學探究國中三年級學生的考試經驗，分析蘊含於學生訪談文本的主題，進而詮釋國三學生考試經驗的現象意義與本質，研究者以開放的態度反覆逐行逐段及整體閱讀文本，來回審視學生的考試經驗樣貌，分析各個意義單元呈現學生考試經驗的意義，再匯集相關意義單元產生共同的主題，從資料中分析出六個主題，包括考試如圍城，住著異化的人、圍城中充滿情緒的交織與負載、數字化約導致慣性的認知與認同、考試如同是經濟性商品製造的過程、考試壓迫學生主體產生學習抗拒、考試和作弊為共生的生存策略。例如其中「考試如同是經濟性商品製造的過程」主題，是由下列三個相關的意義單元交織形成，意義單元呈現考試經驗的樣貌，主題詮釋學生考試經驗蘊含的意義，並啟發教學的詮釋與反思（摘引自 51-53 頁）：

意義單元一：「有價值的學生」之生產與分類

學校為了升學率，一開始便舉辦入學考試將學生加以分類，之後還不斷的藉由考試分數將學生分類，來篩選出「有實力」的學生來加以「磨練」，如此才能標榜有哪些銷售好的產品，提出有利的業績證據……更加突顯考試分數與學生價值呈現的「對價」關係。

意義單元二：固定時程篩選「有價值的學生」

學校會固定時間，每半年、一年，就固定排名將「有價值的學生」不斷的篩選出來，學校除了各班排名，還會有全年級排名，由普通班篩選前幾名符合條件的晉升到資優班，資優班學生不符條件的也會被殘酷的刷下來，被迫轉班。

意義單元三：學生的位置如同商品的擺放

就如同學校公佈欄，在段考後或是模擬考成績公佈後，所貼的紅榜，即如同商店標榜當月銷售冠軍或銷售前十名，是學校最具有價值的產品。而學生的位置，也會依考試成績來斷定你是否具有價值及潛力，而有不同的位置調整，如同商品的擺放。

主題：「考試如同是經濟性商品製造的過程」

學生每日經歷上課、考試的反覆性學習生活，然而，學校對成績好的學生的重視，讓學生的考試經驗與感受，反映出如同是經濟性商品生產的過程。

詮釋與反思：學校與教師依照學生成績將學生加以生產、篩選與分類，將學生視為有價商品加以培育照顧，卻將不符資格的學生排除，對於學生心靈的傷害，以及違反公平、正義的原則，實值得教師與學校深切反思。

（三）圖像的主題

解析照片和圖片的圖像主題，可看作是觀察，研究者仔細觀察整張照片或圖片，轉譯成描述圖像細節的文字稿，圖像文字稿即如同文字資料用來作主題分析，圖像的主題分析亦可直接分析圖像本身，研究者觀察照片或圖片時，參照下列步驟分析圖像的主題（Creswell, 2016: 169）：

1. **準備分析的資料**：將每個圖像列印或黏貼在一張較大張的紙上，紙張邊緣留有寬闊的空位，以便於寫上分析的代碼。

2. **編碼圖像**：針對圖像的特徵，設定這些特徵的代碼。

3. **聚集代碼**：將所有代碼聚集在一張紙上。

4. **檢視代碼**：排除重複或重疊的代碼，開始濃縮代碼成為潛在的主題。

5. **發展主題**：連結代碼成為具有共通概念的主題。

6. **區分代碼和主題的群組**：將代碼和主題分成預期的、驚奇的、不尋常的三組，協助確保分析結果能呈現多樣化的不同觀點。

7. **排列代碼和主題的概念圖**：將代碼和主題排列成一個概念圖，以顯示分析結果的概念在一般圖像與特定圖像之間的流動關係。

8. **敘述主題**：敘述每個主題，形成研究的發現，或寫成摘要的敘述，形成研究發現的討論部分。

教育研究常需要解析學生的繪畫作品，先彙整每位學生的畫作資料，分析圖畫的線條、色彩、人物、物件、背景、空間等表現特徵，彙集這些共通特徵即可敘述繪畫表現的主題，再對照繪畫作品有關的其他資料，解釋學生繪畫表現的意義。例如，伊彬、邱佳勳、陳翊慈（2019）進行低視力兒童繪畫表現特徵與教學策略初探，經由一學期行動研究的繪畫教學歷程，獲得七位低視力國小兒童的八百餘張繪畫作品，整理和組織畫作的系統性方式包括：所有畫作皆於教學結束後歸檔製作成電子圖檔保存，並於

圖畫紙面與電子檔註明日期、教學主題、重要過程與順序、關鍵內容、重要改變、畫作尺寸、作畫動機、參與者作畫時的反應、作畫後的感想等記錄；參與者畫作也以彩色列印成 A5 大小的紙本，以個人為單位按照日期排列，蒐集於透明活頁資料本中，以便快速的縱向（時間）或橫向（參與者之間）的比對；接著即可利用已依照時間和參與者排列妥當的畫作，比較七位兒童在教學前後繪畫表現的觀察描繪力、整體空間與情境想像力的改變，並分別比較在教學前後每位兒童畫作的人物結構、物件特徵與細節、故事情境與空間表現等方面的改變，歸納出低視力兒童繪畫表現的特徵，例如摘引一位兒童畫作變化的解析片段（17頁）：

> 人物特徵及細節增加：教學前的人物表現以簡單的線條表現身體結構，教學後能明確將人臉五官描繪仔細，並將所穿衣服的細節完整表達，透過木偶人模擬肢體動作也讓人物的身體結構更加完整，其周遭環境物件也加入作品中，如桌上的檯燈、彩色筆、桌子、空氣清淨機等。此外，利用髮型、色彩、穿著等特徵區別自己與家人的不同，增加了作品的完整度及辨別性。

又例如，陸璇（2016）探究幼兒「主題活動回顧畫」呈現的繪畫表現和活動經驗，依照幼兒的繪畫圖像發展形式，分析三位個案幼兒主題畫中空間、線條、色彩、和人物的表現特徵，並對照個案幼兒主題活動的觀察記錄和訪談記錄，瞭解幼兒主題活動回顧畫呈現的活動經驗，分析歸納個案幼兒主題畫具有的共通特徵包括：依據主題活動內容，傾向採取俯瞰視角，以 X 光式畫法呈現想強調的內容，充分運用線條勾勒物體形狀，依照實際物體色彩著色，以及嘗試在畫中呈現動態的動作，這些特徵顯示幼兒透過主題活動回顧畫，表現他們對於主題活動的認識、知覺、感受、和評價，例如以下摘引一張愛玉活動回顧畫的解析（48-49頁）：

幼兒訪談內容：我在做愛玉，我們在聽小老師說要怎麼做。認識了愛玉子一粒一粒的，做愛玉要注意的是要看著鍋子不能打翻。

空間：以展開式繪畫的桌子，人物以畫紙邊緣作為基底線，排列在桌子周圍。畫中以陳列式的方式畫出主題活動中的工具和材料。

線條：小方以半圓形與接近三角形的形狀畫出洗愛玉所使用的鍋子，半圓形中間的藍色和粉紅色則是碗，碗中有黑色直線與圓形組合成的湯匙，右側桌邊有一長方形，是礦泉水。小方畫出了接近實物的形狀特徵。

色彩：桌子、鍋子、碗分別依照小方的喜好塗上不同的顏色，色彩鮮豔而飽滿。小方筆下的塑膠手套，雖然在主題活動中是透明的，但小方將其以紅色著色，並與人物原本的手指有所區隔。

人物：從左至右為小方、G27、擔任愛玉小老師的B20與G9、桌子上方者為小弘。小方筆下的自己所占畫面比例最大，同時也具有最豐富的色彩和頭髮、手部等細節。畫中的小方雙手朝向桌面伸長，顯示其動態的動作，其他人物也舉高了雙手表示正在進行活動。

四、類型

紮根理論方法的編碼分析，在類別的屬性與面向重複出現的關係中尋找類型（pattern）（Corbin & Strauss, 2015: 92），Miles 等人（2020: 79-81）指出類型代碼（pattern code）是解釋性或推論性的代碼，將許多較

小的類別、主題、或概念群聚為更有意義的分析單位,用來確認較大圖樣
(bigger picture)的結構,類型代碼是一種後設代碼(meta-code),包括
可能有所重疊的四種類型代碼:類別或主題、原因或解釋、人際關係、以
及概念或理論的構念,類型代碼常是一再重複出現的慣例、儀式、準則、
角色、和關係,也可能是在地人覺知的意義和解釋、常識性和較概念性的
解釋、推論或隱喻性的群組、單一個案或跨個案的觀察結果。解析資料中
的各式各樣類型、廣泛呈現於思考和行為、隱喻、數值、物理環境和實
物、以及圖像、影像。

(一)思考和行為的類型

　　民族誌將文化視為各種有意義符號系統的類型,民族誌分析資料的一
種方式,即是尋找人們文化知識和文化行為的類型。Fetterman
(2010/2013: 150-151)指出類型是民族誌的一種信度(reliability),是在
不同情況經常可看到不同人們思考和行為的方式,民族誌者蒐集資料,常
是從人們一堆雜亂的想法及行為開始,接著對照比較和整理分類這些資
料,並且繼續觀察,將所觀察的事實與尚未完整的類型作比較和分類,直
到與觀察事實相配對的類型浮現出來;Fetterman 指出所有文化團體思考
和行為的方式都是交織混合在一起,例如觀察一個中產階級家庭的日常作
息,可從中發現好幾種方式,夫妻兩人每天去上班,將小孩寄放在托兒所
內,他們固定地每個月領薪水,固定地在周末去採買生活用品,綜合這些
行為方式,即成為一個有意義的整體類型,將使得其他的方式更加凸顯出
來,例如一個雙薪家庭的壓力和負擔,強調組織和計畫,甚至經常的突發
性活動,以及許多其他的行為和習慣都變得更有意義、更容易瞭解,民族
誌者藉由分析日常生活方式,對文化有更深一層的瞭解和欣賞。

　　研究者找尋人們家庭生活方式的潛在類型,亦找尋人們在學校生活或
社區生活中的潛在類型。例如,Jackson(1968, 1990)學習人類學家的現
場觀察,進入小學教室觀察學生的教室生活,觀察發現學校教室生活的三

個特徵（Jackson, 1990: 10-11）：人群（crowds）、稱讚（praise）、權力（power），這三個關鍵字是小學生必須學習應付的學校生活現實，一是身處於人群中，須學習作一個群體成員，二是言行須常被人稱讚，作一個常被獎賞的接受者，三是面對老師主控權力和師生權力不平等，須學習作一個機構權威的被控者。一群學生每天擠在空間有限的一間教室，人群擁擠的狀況又延伸出學校生活的四個特徵（Jackson, 1990: 17-18）：延遲（delay）、拒絕（denial）、干擾（interruption）、分心（social distraction），意指學生個人的願望常被拖延，個人的需求常被拒絕和忽視，進行中的活動常被干擾和打斷、課堂要避免分散注意力，因此等待、耐心、專心是學校群體生活的潛規則，年幼的孩子要成為一個成功的學生，必須學習如何在人群中獨自一人獨處（be alone）。學校教室生活的這些特徵，即可說是教室生活規律化地重複出現之慣例、規則、角色的類型，是學生應付學校生活的思考和行為方式。

人們的社區生活中亦有潛在的思考和行為類型，例如，人類學家 Heath（1986）進入美國兩個勞工階層白人和黑人社區，在社區及其家庭和學校觀察人們在生活和工作中使用文字的方式，將人們閱讀的功用類別（工具、社會互動／娛樂、消息、證明），和人們書寫的功用類別（幫助記憶、代替口語的訊息、財務、公眾的記錄），群聚為社區人們閱讀和書寫方式的類型（見表 4-5）。

Yin（2016: 210-211）指出質的資料分析無論是否採用編碼，都可運用持續比較法，持續比較資料中浮現的概念、主題、類型，尋找資料中的反面事例（negative instances），運用對立的思考，針對先前分析的想法或初步發現，發展其他另類的解釋。類型是在資料中規律化地重複出現某類關係的型樣，如持續比較資料，發現不同於一般規律之反面事例的類型，運用對立的思考加以推論和解釋，反而可能更加凸顯一般類型隱含的意義。

例如，Griffith 與 Smith（2005）探究母職為學校教育工作，訪談九位全時家庭主婦和五位就業的母親為配合及補足孩子學校教育所做的互補教

表 4-5　社區人們閱讀書寫的類型

閱讀的類型	閱讀的功用
工具	達成日常生活的實際目的 （標價、支票、帳單、時鐘、電話號碼、街道標誌）
社會互動／娛樂	維持社會的關係、作計畫、介紹討論的主題、說故事 （問候卡、漫畫、報紙專欄、政治傳單、社區公告）
消息	知道遠處發生的事情 （當地新聞項目、社區或學校的傳單）
證明	獲得態度或信仰的支持 （聖經、車上的小冊子、貸款期票、帳單）

書寫的類型	書寫的功用
幫助記憶	用來提醒 （電話號碼、行事曆）
代替口語的訊息	用於無法直接口語溝通或令人困窘時 （問候卡、信函、學校缺席記錄）
財務	記錄數字、總額、附註 （在支票和表格上簽名、記錄所得稅數額）
公眾的記錄	宣告教堂的服務情形和有關事情、記錄教堂的政策 （只用在教堂、教堂公告、教堂基金委員會的報告）

（資料來源：Heath, 1986: 198-199）

育工作，持續比較每位母親所做的互補教育工作有何相同或不同，依據學校導向先後順序，分別列舉全時家庭主婦、就業的母親所做的課後教育工作類型（見表4-6、表4-7），最優先是為孩子安排和學校課程有關的教育工作（如督導孩子完成學校指定的家庭作業），接著是為孩子安排各種各樣的例行活動（如送孩子去參加游泳課或戶外活動），其次是較有彈性地安排孩子的例行活動（如彈性依照孩子的需求或心情，讓孩子和朋友玩或是在家休息或甚至不安排任何教育活動），最少學校導向是不按照學校教育來安排孩子放學後的家庭教育工作（如不參與孩子的家庭作業或沒有安排任何課後教育事項）（Griffith & Smith, 2005: 87-88, 97-98）。

表 4-6　全時家庭主婦互補教育工作類型

課後教育工作的類型	住宅區學校	商業區學校
教育工作為優先	Desmond, Knight	
各種慣例	Moore, Naysmith	
彈性的慣例	Ames	Gordon, Lindsay
非強烈的學校導向	Fergus	Cartwright

（資料來源：Griffith & Smith, 2005: 88）

表 4-7　就業的母親互補教育工作類型

課後教育工作的類型	住宅區學校	商業區學校
教育工作為優先	Orton	
各種慣例		
彈性的慣例		Ecker, Jackson
非強烈的學校導向		Heller, Irwin

（資料來源：Griffith & Smith, 2005: 98）

　　表 4-7 顯示五位就業的母親中有四位都未投入孩子的課後教育工作，並且都沒有安排例行活動，唯有出現一個反面事例是以教育工作為優先的 Orton，研究者解析這個事例的意義，Orton 是受訪者中唯一的單親媽媽，具有全職的專業工作，因此有足夠薪資用來購買一位替代者的時間，即花錢請鄰居來照顧放學的孩子，以補足她自己因長時工作以致母職缺席的時間，這個特例凸顯孩子放學回家後的這段時間是職業婦女的母職難題，職業婦女能處理這個難題的特例是花錢購買一位替代者的時間。研究者依據文獻中既有研究論點，指出父母投入互補教育工作有助於學校教育和老師的教學，就業的母親無法像全時家庭主婦，投入較多學校導向的課後教育工作，不同的家庭呈現不同的課後教育工作類型，也影響到學校教育的運行，研究者持續比較學校老師和行政人員受訪的觀點，亦發現這樣類似文獻論點的訊息（Griffith & Smith, 2005: 109-122）。

（二）隱喻的類型

　　隱喻（metaphor）是一種比擬的文學手法，用來比較兩件事物的相同

處，而忽略兩者的不同處，即是用一個較為具體的概念來比擬抽象的概念，將抽象概念放入一個統整且概括的比擬意象，藉以更清楚掌握抽象概念的意義，研究參與者常會使用隱喻作為理解自己經驗的方式，研究者也使用隱喻檢視資料、塑造資料的類型（patterns），或用隱喻將研究發現連結成理論（Miles et al., 2020: 277-278）。

　　類型常是一再重複出現的慣例、儀式、準則、角色、關係，也可能是隱喻性的群組（Miles et al., 2020: 79-81），研究者在描述現象的字裡行間，運用隱喻的文學手法描述重複觀察到的慣例、儀式、規則、角色、關係，常會浮現出這些慣例或規則等的類型。例如，Jackson（1968, 1990）觀察研究小學的教室生活，描述教室長久不變的物理環境（如公布欄、學生的座位、老師的辦公桌）、社交環境（如固定座位）以及教室瀰漫的各種氣味（如酸苦的粉筆灰、鉛筆削下來的新鮮木屑、午休時的橘子皮、下午的學童汗水味），並形容放在老師辦公桌的一棵新盆栽，放久了就變得像一幅地理掛圖或橄欖色廢紙桶、窗台上削鉛筆機一樣平淡無奇（Jackson, 1968, 1990: 6-7），這些隱喻式的描述就是一種詮釋，詮釋教室生活日常重複性的一種慣例類型。

　　敘說探究在尋找研究文本的敘說形式時，亦常使用一個或數個隱喻來幫助思考，但如太緊密地將研究文本硬擠進一個藝術的形式，反而減損了隱喻的意義（Clandinin & Connelly, 2000/2003: 237）。研究者使用隱喻作研究文本的描述、分析、或詮釋，需要找到與資料型樣恰好合身且能凸顯類型風格的隱喻手法。

　　民族誌從關鍵事件找到文化的隱喻，認為關鍵事件提供了一扇窗，可藉由這扇窗觀察和分析整個文化，關鍵事件可說是文化中的一種隱喻，例如例行性的宗教儀式、緊急事件的反應、辦公室裡的多數表決、籃球比賽的打架事件，都是一種生活方式或特殊價值的隱喻，提供社會現象許多隱含的意義（Fetterman, 2010/2013: 152-156）。隱喻是一種表徵意象，民族誌者尋找能幫助他們描述和瞭解文化的象徵（symbol）和儀式（ritual）

（Fetterman, 2010/2013: 58-60），象徵是激起強烈情感和思維的一種扼要表達方式，例如十字架代表宗教、國旗代表國家，象徵也是日常生活的一部分，例如學校選個吉祥物代表學校的精神、社會或學術團體成員配戴特定胸針以識別身分；象徵常是儀式的一部分，儀式是宗教和世俗生活中不斷重複的象徵行為，例如全校師生在每個月某一天都穿著特別的襯衫，這件襯衫代表合作、努力、友誼、成就和教育機會的價值觀，儀式的用意是在強化團體的向心力，民族誌將象徵和儀式視為一種文化速記的方式，有助於具體化重要的文化知識。

筆者研究兩位幼稚園園長的教室觀點（黃瑞琴，1991b），即參照民族誌象徵和儀式的隱喻概念，比較分析和解釋兩位園長規劃教室空間和時間的不同類型，例如：

> 如從社會文化的層面比較言之，林園長的信念和知識較趨向於我國傳統的集體規範取徑，該園日常教室內亦存在著許多這種集體規範的象徵和儀式。在幼林幼稚園裡，例如，圍兜、常規標語、單元中的好習慣即是一種集體規範的象徵，早會排隊、穿圍兜、唸誦兒歌、一起吃點心、全班性的教學即是一種集團規範的儀式，在這些儀式中強調每個人要同時做團體中他人做的事情，因此幼林幼稚園的教室裡雖設置有玩的空間設備，但在時間運用的結構上仍是以團體教學為主。相對地，華園長的信念和知識較趨向於有選擇性的現代多元社會主張，而較注重幼兒個體興趣的選擇、情感的滿足、和自主的信心，因此該園教室內原有之集體象徵和儀式亦隨之逐漸剝落，例如：取消升旗早會、讓幼兒得以持續地玩；減少團體討論、讓幼兒持有他們自己玩的目標；增長玩的時間、讓幼兒得以慢慢地體會學習；脫去圍兜、讓幼兒得以選擇自己的服裝等。

（三）類型的數值

　　以計數摘要資料中的類型（patterns），更容易比較和辨識資料的相互關聯性，作進一步的探索，數字有助於呈現證據和增加分析結果的強度，特別可用來說服決策者採取行動（Bazeley, 2018: 160）。在教育或教學研究中，以計數分析資料和呈現分析結果，據以發展合宜的教育方針或教學行動，讓研究具有實務應用的參考價值。例如，戴芳煒與蔡敏玲（2013）進行大班到小學一年級兒童回應圖畫故事書的思考脈絡研究，探討金門縣一群兒童從幼稚園大班到小學一年級與老師共讀圖畫書，於討論時段回應圖畫書的思考脈絡在兩年間的展現與轉變，以及老師在共讀活動中帶領、提問與回應兒童的方式。兒童於兩年間三十場次共讀活動的討論時段，有關兒童回應圖書的分析和計數方式摘引如下，可供借鏡參考（摘引自14-15頁）：

　　1.**將資料分段**：閱讀討論時段影音轉譯稿，以一個討論問題為一個段落，標示主要提問句，將每篇記錄依據討論問題劃分成幾個段落。

　　2.**分析兒童回應的步驟**：

　　　(1)標示兒童的思考脈絡：在每個段落裡，以每位兒童發言輪次為切割單位，針對每位兒童每次的表達內容，判斷其對討論問題的思考脈絡進行編碼。經過一年來回整理、討論、修改與調整碼名後，將兒童的思考脈絡歸納為七種類型，包括：生活經驗、故事本身、圖像、生活常識、作者意圖、複合脈絡、其他脈絡。

　　　(2)比較兒童大班和小一思考脈絡的差異與變化：將兒童的回應語料切割、編碼後，再將相同思考脈絡的回應聚合起來，觀察兒童在大班和小一回應圖畫書問題時，思考脈絡的轉變。

　　研究藉由表格顯示類型的數值，具體展現和比較兒童思考脈絡類型的多寡和轉變情形，例如，兒童回應討論問題的思考脈絡次數和比例，整體

而言，大班十八位幼兒的二十次討論和小一十三位兒童十次討論的回應總次數接近，可見小一兒童的回應次數有很大的增長，兒童最常以所討論的故事本身（37%）和生活經驗（30%）為脈絡來思考，同時以兩種以上的脈絡來思考故事的「複合脈絡」，占所有回應的 5%，「其他」（9%）類則包含以別的故事為脈絡、引用同儕的說法和推測基礎不明等情形，一般所稱答非所問的「不適切」現象則鮮少出現（4%）（摘引自 16 頁）；兩年間兒童思考脈絡的百分比及其變化，整體而言，小一的思考脈絡較大班多元，且較少仰賴生活經驗，但這樣的差距並沒有導致以故事為思考脈絡的比例大幅增加（從 35%到 38%），比例增加的思考脈絡其實是「作者意圖」、「複合脈絡」和「其他」類（摘引自 21 頁）。

（四）物理環境和實物的類型

研究如是針對研究現場的物理環境或實物狀況，資料的分析即是針對現場物質或實物外顯的類型及其內含的意義，分析現場物理環境、建築、設備、器材、物品的型態，並對照有關這些實物來源和使用的其他資料，詮釋其中內含的意義。

例如進行教育民族誌研究，可看到學校的教室充滿舊的或新的物質文明，學生必須學習這些器物的名稱及其在特定時間與空間使用的規則，在許多教室內學生的課桌椅是直行排列，教師的書桌則被安排在教室裡所有其他書桌的前面，教師很少坐在這張桌子前對學生說話，而常是當學生坐在座位工作或不在教室內時，教師才使用這張桌子，顯示這張桌子放在教室前面的功能是為了看住學生（如測驗時盯住學生）。因此教室內桌椅或其他器具物品的排列設置、可能顯示一個教室文化的意義，呈現師生使用這些器物時的文化知識和文化行為（Heath, 1982/1988）。筆者探究兩位幼稚園園長的教室觀點（黃瑞琴，1991b），即針對這兩所幼稚園的教室空間型態，包括遊戲角的設置、遊戲材料的種類（如蒙特梭利教具櫃和生活區、大沙池）、牆上的布置（如生活常規標語、幼兒作品）、教學實物

（如兒歌掛圖和讀本），分析兩位園長規劃教室空間和時間型態的脈絡關係。

在教育研究中，學校的物理環境型態包含許多空間元素，例如針對環境的色彩，探究四所幼兒園環境色彩的應用現況（郭泇君、蕭惠君，2016），研究中幼兒園物理環境包括基本的空間（如大門、教室、廁所、戶外遊戲區等）和特有的功能性空間（如遊戲室、圖書區、鞋櫃等），觀察分析這些空間色彩的色系、明度、彩度、飽和度，並參照與園長、教師、設計師的訪談資料，解析色彩應用在幼兒園環境所賦予的空間表情、引發情緒和增進學習的意義，例如在園區外觀的辦學理念色彩呈現、多功能教室的中性穩定色彩應用、遊戲區的活潑對比色彩展現、廁所中明亮正向色彩配置等，並藉由留白以保留空間色彩的可變更性，讓教師與幼兒可因應時節、活動或喜好來賦予空間更活潑多樣的色彩。

（五）圖像的類型

照片或圖片的圖像類型的分析，可採用符號學（semiotics）取向的分析，符號學源自於語言學研究，研究人們用來交換訊息的語言符號，文字和圖像都是符號（sign），符號代表的意義是由人們所賦予，符號學提供視覺文本的分析和詮釋方法，視覺文本的符號學分析（semiotic analysis），是以意象編碼（image coding）詮釋的架構，反覆進行下列相互關聯的五個程序（Creswell, 2016: 170-171; Spencer, 2011）：

1.**意象脈絡**（image context）：注意圖像來自何處、誰是拍攝者、什麼時間拍攝、在什麼地點和場所拍攝。

2.**文本特徵**（textual features）：注意圖像中明顯的文本特徵，如編碼一張圖畫，描述畫中的人物，可能的代碼是性別、膚色、表情、姿態和其他外顯特徵，如針對教室照片中的學生圖像，可能描述學生的外觀、衣著、姿態、動作、正在做什麼事情。

3. **定錨**（anchor）：注意圖像中包含的其他文本，例如圖像背景常出現的標誌或文字等其他文本，以此初始印象作為參照點，進一步檢視圖像和其他文本在一起溝通什麼。

4. **互文參照**（intertextual references）：互文性（intertextuality）是指文本的意義與其他文本互動而構成，圖像不是孤立的文本，解析圖像須參照其他有關文本及圖像的社會背景脈絡，例如解析一間學校教室的學生圖像，如何與其他教室的學生圖像作比較？連結到什麼紀律或學科的影響？可看見什麼其他外在社會脈絡的影響？

5. **內涵意義**（connotation）：關注圖像內涵較高層級的意義，詮釋圖像隱含的整體概念和意義。

例如，Prochner（2001）分析 1840 年至 1920 年代日托所（daycare）進餐時間（mealtime）的六張視覺意象（visual images），在十九世紀照顧幼兒團體最困難的方面之一是餵食（feeding），這六張歷史性文本（historical text）呈現一群日托幼兒高度儀式化進食的慣例，Prochner解析圖像雖未提及是運用符號學分析，但其解讀各張圖像的行文顯示其分析視線，分別注意到上述符號學分析的重點：

1. **意象脈絡**：注意到圖像來自何處，特別指出六張圖像中有一張木刻畫和三張照片都來自當時推行日托機構的出版品，這四張圖像可能代表在十九世紀和二十世紀初期，幼兒日托專業者或研究者對於日托機構的理想化看法。

2. **文本特徵**：注意到圖像明顯的特徵，幼兒團體同時進食的特徵就是許多幼兒怎樣群聚在一起，例如一張 1945 年的木刻畫是來自法國當時推行托兒所運動的圖書，呈現一個理想化，甚至幻想式的托兒意象，五位年齡較小的幼兒圍坐在腎形餐桌外木條分隔的座位，以便坐在餐桌內的一位保母能餵食每位幼兒，而進食完和還未輪到進食的幼兒，則在餐桌外圍的圓形欄框走動等待。同樣地，一張 1920 年拍攝於加拿大的照片，顯示

二十多位幼兒緊密地圍坐在一大個圓圈狀餐桌附帶的椅子，椅背圍圈住幼兒，使得幼兒用餐時不能任意移動，七位女性成人都站在餐桌旁觀看幼兒，腎形餐桌、圓形圍欄、以及大圓圈餐桌和椅背的設計，都被用來限制幼兒之間的社會互動，以達成餵食和督導許多年齡相近幼兒的最大化成效，顯示透過一位或少數幾位成人的有限人力，照顧一群幼兒進食時必要的管理技術。

3.**定錨**：連結圖像背景的其他文本，例如 1917 年第一次世界大戰時拍攝的一張用餐照片，十位幼兒圍坐在腎形餐桌旁的小椅子上自己進食，餐桌前的地面放著三個玩具，餐桌旁豎立著小床，顯示用餐儀式是在一個多功能的房間角落進行，幼兒日常都在這裡吃、玩、睡覺，吃過之後就在這裡玩，然後就展開小床睡覺，將用餐的房間轉型為一個休息的場地，參照此基準點，可檢視幼兒在幼托機構的全面生活型態。

4.**互文參照**：連結其他文本及外在社會脈絡，例如來自 1912 年出版圖書中的一張圖像，是該書作者在義大利羅馬訪問一所蒙特梭利學校時拍攝的照片，作者是蒙特梭利教育最早期在北美的支持者，照片用來幫助讀者瞭解蒙特梭利學校的先進精神，照片中有八張長方形的餐桌圖像，每張餐桌後坐著三位兒童面向著前面，每位兒童都自己進食，照片中沒有成人出現；這樣的意象如同當時另一本書的作者比喻自己進食的兒童，就像童話故事中的七個小矮人，房間的主人是小男生和小女生，能自己處理所有事情，全都不需要成人的幫忙，幼兒被賦予自己進食的責任，進食時間被建構為提供幼兒更多真實生活經驗的教育機會和道德課程。

5.**內涵意義**：兒童進食是在家庭撫養孩子的核心活動，在日托機構被重組為一群幼兒同時進食的視覺圖像，圖像的內涵顯示日常的用餐時間，在幼兒日托機構以不同方式重組為具有生存、營養、道德、和兒童管理意涵的議題。

（六）影像的類型

動態的影像包括聲音和連續性圖像的不同文本，互文參照的觀點亦擴展了連續性影像的分析思路，影像不是孤立分離的聲音和圖像系列，影像的意義是聲音文本、連續性圖像文本、和其他有關文本綿延互動而構成。簡要而言，影片分析（film analysis）是影片整體和各個鏡頭的互動解析（Denzin, 2004: 241-242）：

1. 觀看和感覺：將影片看作是一個整體，注意感知影片中明顯的印象、問題、和意義的類型（patterns）。

2. 注意研究問題聚焦的關鍵鏡頭。

3. 微觀分析各個鏡頭和呈現順序：仔細描述各個鏡頭展現的型態和順序。

4. 尋找整部影片的類型：針對研究問題，寫出整體意象的詮釋。

影片分析需要分析聲音和連續性圖像，可先將影像轉譯成文字稿用來分析，亦可直接觀看影片本身寫出分析註記。如分析社會成品的廣告或動畫影片，聲音和影像有較明顯的相互對應，可參考如表 4-8 的影片分析格式（Creswell, 2016: 171），按影片長度劃分時間單位（如一至五分鐘），左欄轉譯聲音文本，右欄摘要描述影像視覺特徵（如背景改變、拍攝角度、人物特徵等）。參酌研究目的，如可能以文字轉譯或描述影像內容，即使用影像轉譯文字稿作分析，如先摘要式轉譯或描述影像內容重點，即同時參照此摘要記錄和觀看影片，寫出影像分析註記或備忘錄。

表 4-8 影片分析格式

聲音轉譯文本	影像視覺特徵
1:00	1:00:
2:00:	2:00:
3:00:	3:00:

（資料來源：Creswell, 2016: 171）

　　如果影片的聲音和影像密切交融在一起，較難分開對應分析，即需要一起轉譯音像的文字稿，才能保留音像交融的完整性。另一方面，依據研究目的和資料分析的需要，影片轉譯的內容和形式可能有所不同，可能分別或同時著重於口語聲音、行為動作、事件始末、情境變化等的轉譯和分析。

　　例如，賴美玟（2007）研究幼兒假扮遊戲呈現的心智理論，錄影拍攝個案幼兒的假扮遊戲，在每次觀察結束後，儘快將錄影資料整理轉譯成逐字稿，依據研究目的，聚焦於轉譯個案幼兒遊戲時的語言、動作和互動行為的關鍵鏡頭；接著，研究者詳細閱讀轉譯內容，以個案幼兒開始玩一種假扮遊戲到結束為一個遊戲事件，作為資料分析的單位，依照文獻中假扮遊戲的內外架構及心智理論內涵進行編碼分析，分析每個遊戲事件呈現心智理論的類型（見表 4-9）。

表 4-9　錄影記錄的分析

編號	錄影記錄	外在架構	內在架構	心智理論
V 93.3.23	小鵬：「我是蜘蛛人，厶！厶！」（模仿蜘蛛人手吐絲） 小豪：「我是最厲害的鹹蛋超人，你輸了，你被我打死了。」（手成圓狀，在兩眼間比畫） 小鵬：「蜘蛛人比鹹蛋超人厲害，你才輸了，厶！厶！我把你包起來。」 小豪：「鹹蛋超人比較厲害，所以你被我打死了，你要躺在地上。」 小鵬：「沒有，是蜘蛛人比較厲害，所以你被我打死了。」 小豪：「誰説的，我去問賴姊姊。」 小豪走過來我旁邊：「賴姊姊，鹹蛋超人比較厲害還是蜘蛛人比較厲害。」 我：「賴姊姊覺得兩個一樣厲害。」 小豪點點頭：「喔！」 接著走過去小鵬身邊：「賴姊姊説鹹蛋超人比較厲害，所以是你死了。」	計畫故事情節		欺騙 給予他人錯誤訊息 誤導他人想法 態度從容

（資料來源：賴美玟，2007：61）

　　透過錄影文字稿判斷個案幼兒（化名小豪）是否展現心智理論，不僅是從幼兒說出心理狀態詞當中獲知，有時在幼兒的動作行為或其他語言中也可看出其展現心智理論的情形。研究者除了在遊戲現場錄影，也在現場觀察、訪談，蒐集有關個案幼兒和研究現場的文件資料，互文參照這些其他文本和社會脈絡，亦有助於個案幼兒遊戲的錄影分析。

　　研究目的如著重於影片中口語互動的分析，影片轉譯文字稿的內容和形式，即需要細膩保留口語的內容和互動的形式。例如，宋如瑜（2013）進行華語教師課堂語言的會話分析，研究分析的主要資料是教學錄影，輔助資料是研究者的課堂觀察筆記與訪談紀錄。教學錄影轉譯成文字稿時，盡量記錄課堂的言語和非言語互動事件，轉錄語料的操作方式有兩種，一是由參與研究的教師自行轉錄，轉錄完畢後交由研究者核對，另一種由研究者轉錄，轉錄完畢後交由教師核對，藉此程序降低錄影中語料誤錄和誤解的比例。錄影轉譯成語料的形式，是參考文獻中俗民方法學的會話分析方式，並根據華語教學情境的特殊性加以調整，例如（引自宋如瑜，2013：49）：

01 教　　師：得糖尿病的人呢？能夠掉以輕心嗎？
02 學生甲：啊……得糖尿病的人不能掉以輕〔03 教師：不能。
　　　　　　（（以手勢輔助，糾正聲調））〕不能啊(2)掉以輕
　　　　　　心。〔04 教師：嗯（（點頭））〕他們比許組以〔05
　　　　　　教師：必須〕必須，組意他〔06 教師：注意〕主意
　　　　　　〔07 教師：注、注意（（以手比聲調））〕注意〔08
　　　　　　教師：嗯（（點頭））〕啊他們吃的東西。

　　上述錄影轉譯成語料的符號，用來呈現互動中的口語形式，提供語料分析的重要訊息。符號 01-08 代表話輪，話輪是一位說話者在多人參與的會話中單獨講話的時間段；〔〕內的文字是學生在說話過程中，教師介入

的語言或動作；半形括號(2)和其中所代表的數字是指互動時停頓的秒數；雙半形括號和其中的文字說明，如：（（點頭））（（手勢）），指伴隨教師語言出現時的肢體動作。研究參照紮根理論方法，從錄影轉譯的這些語料中分析歸納出教師話輪所執行的教學行為類別，為提高研究的信度，由研究者和三位在職教師分別標記語料中的教學行為，確定標記結果的一致性，語料標記、整理並歸類後，教師課堂語言呈現的教學行為歸納為回饋、發問、指導語、示範、解說、其他六種類型。例如在上述語料的口語互動中，記錄了教師的七個話輪，其中 01 話輪呈現發問行為，而其他話輪是在學生敘述過程中介入的六次回饋行為，04、08 兩次為正向回饋，另外四次負向回饋中，糾正聲調（03、07）與發音（05、06）各兩次，糾正聲調的同時，教師展示正確的發音並輔以手勢動作。

五、結構

　　資料結構的思辨分析，著重於解析可詮釋資料意義的概念架構（frame work），將資料概念連結成具有解釋力的整體結構（structure），敘說分析、論述分析、會話分析、社會網絡分析，皆致力於解析資料的語言結構或社會結構。資料結構可透過其呈現的數據加以解析，或參照文獻的理論概念，闡明可詮釋資料意義的概念架構，擴展理論化解釋研究發現的洞察力。

（一）意義的整體結構

　　本節前述的類目、主題、類型都是構成資料意義的概念，如分別持續連結這些構念，即塑造資料意義的整體結構。例如，依據民族誌文化描述的觀點，文化描述的一種組織方式著重於文化知識的結構（structure），以報導人的文化知識類別來組織資料，仔細定義這些知識類別，顯示類別間的關係，闡明其中的意義，或建構一個仔細的地圖來展現這個意義結構（Spradley & McCurdy, 1972: 84）。

資料的類型亦可連結成意義的整體結構，例如幼兒教師教學的實際知識研究（黃瑞琴、張翠娥，1991），探究教師在教學過程的個人實際知識（personal practical knowledge），是一系列實施中的動態知識，運作於實際的例行活動流程，藉以建立時間和空間秩序的儀式化行動結構（Johnson, 1989）；研究分析六位初任教幼兒教師教學實際知識的八種類型：注意孩子是否集中注意力於老師的教學、考量孩子是不同的個體和不同的群體、對照自己心中預定的計畫和期望、避免直接說和直接介入、衡量師生之間以及幼兒之間的彼此距離、選擇師生之間的選擇權、銜接各種活動的時間和教學習慣成自然，並以視覺化圖式呈現八種知識類型如何連結成整體結構。圖4-4所示幼兒教師教學的實際知識結構，可視為教學的儀式化行動結構，圖式外圍框架顯示教師在日常教學過程中，基本上被框住於當時活動的「銜接時間」和過去教學的「習慣成自然」；在師生互動過程的雙箭頭動線中，教師「注意」孩子是否「集中注意力」位於動線中間，動線一端是對照「教師的計畫或期望」，動線的另一端則是考量「幼兒是個體和群體」；至於師生之間的「選擇權利」、「衡量距離」、「避免直接介入」，則位於師生互動過程動線上下以及時間和習慣圍成的框架中，展現幼兒教師在日常教學的實地情境，對於教師自己、幼兒、時間、空間位置的多重思考，這些注意、考量、對照、避免、衡量、選擇、銜接或習慣的多重思考，顯示幼兒教學現場是個擁擠而流動的場所，場所裡充塞著個別幼兒和一群幼兒的興趣和能力、充塞著老師個人的計畫和期望、流動著各種活動銜接的時間，老師身處其中的心理活動也顯得擁擠而流動，老師得經常自覺或直覺地衡量距離、選擇權利、立即作各種教學行為的決定，圖4-4可說是展現出幼兒教師教學動態的、實際的知識論。

（二）敘說的概念架構

不同研究取向的有關文獻，提出資料解析可參照運用的理論概念架構，以塑造具有解釋力的整體結構。例如，敘說探究提出的三度空間，將

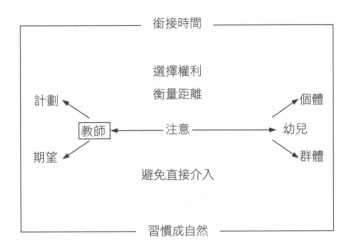

圖 4-4　幼兒教師教學的實際知識結構

（資料來源：黃瑞琴、張翠娥，1991）

經驗定位在一個隱喻上的三度空間：個人與社會的互動性，過去、現在和未來的連續性，地點的情境性；以時間性為第一個向度，處理時間的議題，人與社會沿著第二個向度，將研究焦點放在個人或社會之上，地點則是第三個向度，發生在特定的或一連串的地點（Clandinin & Connelly, 2000/2003: 72）。敘說探究在這三度空間裡定置現場文本的議題，轉化為分析詮釋的研究文本，例如教師作為課程計畫者的經驗敘說、教師個人對於教學情境所瞭解和運作的實際知識，是鑲嵌於個人過去的社會經驗、個人現在的身體和心靈、以及個人未來的計畫和行動（Connelly & Clandinin, 1988: 25）。

　　時間性是敘說探究三度空間的第一個向度，處理時間議題的歷程（如階段、轉變、軌跡），亦是紮根理論強調的一種理論代碼（theoretical code）（Glaser, 1978: 72）。在生命傳記研究領域，德國社會學者 Fritz Schütze 從生命傳記史觀，主張生命史是由大大小小依序組合的歷程結構所堆砌，隨著生命流程前進，重要歷程會改變，整體的意義也會隨之改

變；敘述訪談所獲得主體自我建構的資料，可藉以理解貫穿意義轉變堆砌歷程的結構，來獲取社會歷程的重要意義（引自倪鳴香，2004a：30）。倪鳴香（2004b）即以生命史觀探究四位資深幼兒教師們童年經驗及職業角色形成歷程的詮釋分析，採用 F. Schütze 發展的敘述訪談及理論建構分析方案，理解文本結構（敘述、描述、評論）和語言結構，分析傳主敘述自我生命經驗的基本視框，描述說明傳主生命運轉的結構，詮釋評論結構間的關係，整體形塑傳主生命歷程的圖像，並在不同傳主文本的比對中，發掘出新的知識，建構出生命主體與社會互動歷程的理論；研究建構分析「父親身教楷模的陶養」、「修復童年的虧與匱」、「順水推舟以退為進」、「追求母職教師及教師母職的交融」四類幼兒教師職業習性的陶養歷程，並以圖示每位幼師成為幼師歷程的分析推論架構，顯示其生命史依序組合的歷程結構，在這歷程中置身於個人與社會交會的環境，使其產生邁向職業角色過程的動力，童年經驗為幼師開顯出生命追尋的軌跡，過去的我在生命歷程中朝向認同幼師專業角色的未來。

生命史研究分析詮釋生命經驗的敘說資料，可參照有關生命史的層面（dimensions）、轉換（turnings）和適應（adaptations）的理論概念（Mandelbaum, 1973），層面的概念是生命史研究的基本考慮，層面是由來源相似的經驗所組成，並影響個人隨後的行動，一個人的生命史包含生物、文化、社會、心理四個層面，綜合顯示每個人都是一個生物體、文化的攜帶者或創造者、社會的互動者、以及擁有心理情感的個體：

1. **生物的層面**：是根據個體的器官合成及其遺傳組織，男性和女性的生物性發展在時間和方式上即有所不同。

2. **文化的層面**：是個體成長的社會中人們共有的期望、瞭解和行為類型，每種文化為個體一生的生物性事件提供了社會性的意義。

3. **社會的層面**：是個體在社會互動關係中更換角色、改變選擇、和變換文化定義的過程，個體的生活過程可能會修訂社會群體共有的文化期望，因而造成個體生活上的衝突。

4.心理的層面：是個體經歷的個人主觀世界，包括對他人的一般態度和對自己的情感和意象。

至於生命史的轉換概念，是指個體在生命歷程中開始執行一組新的文化角色，與人們建立新的社會互動關係，並在心理上獲得新的自我知覺，轉換的發生可能是單一的事件或經驗（例如婚禮），也可能是一個逐漸變換的過程（例如由活躍的成人變為老人），有些轉換是被強迫發生，有些則是由於自我的選擇。生命史的適應概念，則是指個體在其生命歷程中，必須持續改變某些已建立的行為類型以應付新的情況，藉以持續維持群體的參與、社會的期望、自我的意象、和繼續的生存，這些新的情況有些來自於個人的身心發展，有些則來自於家庭或社會外在狀況的改變。

例如，筆者探究兩位幼稚園園長的教室觀點（黃瑞琴，1991b），採焦點式生命史訪談的研究取向，參照生命史層面、轉換，和適應的概念架構，比較分析和詮釋兩位幼稚園園長個人的生命主題，與她們規劃幼稚園教室型態的脈絡關係；兩位園長是女性的生物體、有情感有思想的心理人、從事機構式（幼稚園）幼教工作的社會人、以及生活在臺灣社會變遷中的文化人，兩位園長分別呈現自由或獨立的生命主題，是她們個人主觀經驗的心理層面，其中亦蘊涵著她們對於身為女性角色、幼教的社會意義、和周遭社會文化的知識和經驗，再加上創辦幼稚園分別經歷轉換和適應的心路歷程，而形塑她們規劃幼稚園教室型態，要讓孩子玩或要靠外界來教導的不同觀點取向。

（三）敘說的結構分析

敘說探究如關注參與者敘說些什麼，即採用前述的主題分析，分析參與者說些什麼主題，而如果關注參與者如何說，即採用結構分析（structural analysis）、分析參與者如何組織其敘說的結構（Riessman, 2008: 19）。敘說探究不僅是說故事，亦將故事作為資料，將敘說作為分

析，故事是發生了什麼，敘說則是發生什麼的言說如何被構成、以及如何在某個目的脈絡中被寫成，敘說將故事置於脈絡中加以分析和詮釋（Bell, 2002）。因此口語言說資料的解析，除了關注說了什麼（what），亦關注如何說（how），前者著重於口說的內容主題，後者著重於口說的形式結構，然而口語內容和形式總是相互交融且相輔相成，研究如能同時關注參與者說了什麼以及如何說，或是研究問題著重於其中一面、並以另一面作輔助解析，內容與形式之間相互來回理解，更有助於完整詮釋參與者述說的意義。

有關生命史的敘述結構，例如，倪鳴香（2009）以生命史觀詮釋一位幼師職業角色「我就是這工作，在工作中我蛻變」的自我創化，依據德國教育學傳記研究學者 R. Kokemohr 的參照推論分析觀點，關注敘述訪談文本中文字網絡之語言符號、語句結構、語用習慣所建構而成的意義，透過微觀語料分析，逐句掃描解釋語言結構，包括語言指示器（如：然後、那）及語料中顯現的不確定性（如：省略句、不同的人稱代名詞、多元的連接詞），將參與者主敘述錄音逐字謄寫出可閱讀、且無標點符號的文本，例如（摘引自倪鳴香，2009：33），主敘述的起始：「嗯 是 這 樣 子 我 …… 算 是 ……」，是以「我」作為故事開展的主角，約兩個小時後，敘述流也是在「我」的意念下畫下句點，其職業史主敘述的最後一句話語：「欸 到 目 前 為 止 我 就 是 變 成 這 樣 子 的 一 個 工 作 哦」，故事的開播到完成，敘述者完成了許多大小故事情節的報導，主敘述的「我」與「我就是這工作」可視為文本的核心訊息，透過關注敘述文本中語言現象的不確定性（如：「不管如何、也可以說是」），進行職業變遷故事中「文本我」與情節訊息變化的解析，以理解文本中「流離的我」如何被安置建構，並針對文本特有之離合職涯型態，解析與詮釋那個在不斷「逃離」工作職性的職業故事意義何在？另一方面，文本語言符碼中大量出現以「你」人稱代名詞取代「我」的不尋常表述形式，顯現敘述者看待自我的視域，存在著多元關係中自我建構的表述，例如：「…… 你 可能就是以後要教育孩子這

樣子 後來來到了一年級二年級三年級慢慢就覺得說 你自己本身 的那種……工作性質你 就從一個然後開始有雛型然後到……到一個很很完整你就是以後就是一個幼教師這樣子」，基本上「你」人稱代名詞可作為缺席或存在他者的標記，也可以作為「我」的別名，對自我處境進行回應反思和自我對話，呈現「我－你（自己）－他者」的文本關係。

敘說是將個人經驗賦予意義的基本結構，Labov 與 Waletzky（1967）提出敘說的分析架構（analytical framework），用來分析口說的個人經驗，主張一個完整形式的敘說形成的常態結構（normal structure），包含下列各有其功能的六個要素：

1. **摘要**（abstract）：簡短說明故事內容的要點，簡要告訴聽者這是關於什麼內容的故事。

2. **場景導向**（orientation）：確定故事發生的場景，描述有關故事的時間、地點、人物、情境。

3. **複雜的行動**（complicating action）：描述行動系列、轉折、危機、或問題，告訴聽者發生了哪些事情，是屬於故事的核心部分。

4. **評價**（evaluation）：敘說者對所說經驗提出看法和評價，表達此經驗對自己或他人的意義，是讓聽者理解故事意義的關鍵部分。

5. **解決**（resolution）：描述事情發展或狀況問題解決的結果。

6. **結語**（coda）：是故事的結束，帶聽者回到敘說現場，知道故事已經講完。

參照上述預設架構的要素分析敘說文本，敘說者每次敘說的形式不一定都會完整包含六個要素，例如可能只敘說一連串的行動，或都沒有說到評價（Riessman, 2008: 92）。參照運用此分析架構須依據研究目的著重點，例如，著重於解析敘說結構要素的組成形式及有無出現，用來瞭解某類社會背景的敘說者敘說的完整性和特殊性，或是著重於解析敘說字裡行間結構元素的相互關係，從故事開始至結束間行動序列和敘說者評價的脈

絡中，理解敘說形成的可能結構和潛在意義。

　　敘說者從個人經驗中建構故事，研究者參照敘說結構的要素，檢視敘說語句和行句組成的小節，以及檢視許多行句和小節組成的整段談話，分行、分節、分段辨認敘說者如何組織其敘說各部分間的關係，將敘說文本的故事段落轉寫成敘說結構。例如，黃瑋芸（2008）研究新住民子女個人經驗敘說的內容、結構與意義，分析三位幼兒敘說的主要內容、人物、事情、行動、時間、地點、敘說長度（總句數），分析敘說的結構是以最小單位「行」來切割語料，以幼兒敘說時明顯的語調下降或停頓為斷句的標準，較難辨別語調時則依據語意來斷句，行與行形成一個話題或觀點就變成「節」，將幼兒的敘說分行、分節，並以敘說的功能或內容為行與節命名，以辨認敘說的結構，再參照三位幼兒的個人特質、與研究者的互動、以及訪談和日常觀察幼兒所得的資料，瞭解幼兒為何如此說的脈絡，綜合幼兒敘說的內容、結構和脈絡，理解新住民子女個人經驗敘說的特色及其意義。例如，一位幼兒對弟弟的喜好和行為的敘說結構（摘引自黃瑋芸，2008：32-33）：

　　　　人物的描述＋摘要（人物、地點）＋問題串（解決、結果）＋結束
　　　　／人物的描述／以前我弟弟喜歡看海綿寶寶的電視阿　然後　然後
　　　　　　　很愛看
　　　　／摘要／然後我弟弟很喜歡去公園玩呀
　　　　／問題1／然後弟弟玩了很久　然後他然後他還不回來呀
　　　　／解決1／然後弟弟這樣子　媽媽再給弟弟玩一下
　　　　／結果1／然後玩好的時候弟弟還是不回來　然後媽媽就帶他去
　　　　　　　買東西阿　然後她就買飲料給他喝阿
　　　　／問題2／有時候弟弟還要買糖果　然後媽媽就不買糖果阿
　　　　　　　然後弟弟要娃娃阿
　　　　／解決2／然後弟弟　媽媽就帶他去買糖果阿

／結果2／然後買好的時候 然後然後弟弟就開始吃糖果了 他
　　　　　就吃很多個 然後他牙齒都黃色了
／結束／沒有了

　　評價是敘說時表達個人觀點的重要關鍵，幼兒的敘說結構有時也會出現評價，可從中理解幼兒敘說的意義，例如一位幼兒三十二篇敘說中有十七篇在敘說行動時提出評價，如敘說去動物園的經驗，穿插評論一連串的行動（摘引自黃瑋芸，2008：47-48）：

／摘要＋非語言的情緒表達／我禮拜六的時候去動物園 哈哈哈
／評價／因為很久沒去了嘛
／行動1／然後我就去那個什麼 企鵝館 我有去看企鵝
／評價／恩 好可愛喔 恩 我最喜歡了 我最喜歡它了 恩 我最喜
　　　　歡企鵝……
／行動3＋評價／然後我去看一隻小猴子
／評價／好可愛呦
／行動4／小猴子 然後我就跟他握握手
／評價／然後我覺得他的手好軟喔……
／行動6＋非語言的情緒表達／ 然後我就用熱狗來叫他來 呵呵
／結果／我放在這裡的時候他全部都來了 全部的猴子都來了
／評價＋對自己的評價作解釋＋非語言的情緒表達／我覺得這樣
　　　　比較好阿 因為我喜歡看全部的猴子 呵呵呵
／結束／好了

（四）語言結構的論述分析

　　所謂論述（discourse），是人類使用口說語言和書寫文字，在使用的

特定社會情境中與人溝通訊息和傳達想法、信念和價值觀，而形成論述，論述能連結語言的微觀結構與鉅觀的社會脈絡，論述分析即主要在分析解讀語言文本的語言使用形式規約、語言隱含的思想意識、以及語言涉及社會脈絡的相互間關係，語言的形式規約和思想意識構成某個特定社會群體日常相當一致的論述形構（discursive formation），論述分析須清楚揭示研究中的論述或論域形構所指為何，並分析其如何產生不同形式的權力關係（游美惠，2000）。

Gee（2014）指出論述分析是研究使用中的語言（language-in-use），以語言學的語意及語法規則為基礎，著重於分析語言的結構（structure），以及這個結構如何在特定情境運作而塑造意義，從微觀的語言結構分析，連結至鉅觀的社會權力關係分析，相互循環進行語言和論述的分析歷程，使用中的語言實例或口說及書寫語言文本是小寫的 d（discourse），社會文化意涵的論述是大寫的 D（Discourse），人們使用語言時會反覆表現出某些具有社會文化意涵的論述，結合語言、行動、互動、思考方式、信念、評價，並使用各種符號、工具、和物體去執行社會可辨認的特定身分，但人們自身在使用語言時常未能清楚意識到這些社會文化意涵的論述，論述分析的任務就是要分析與詮釋語言情境中的社會文化意義。

語言學取向的論述分析，從微觀的語句結構進行語言情境的語境分析，以語句的行來拆解敘說資料的最小分析單位，在敘說音調有顯著變化時就斷句，在話語出現一個新訊息時就換新的一行，行與行形成一個主題或觀點時就構成詩節（stanza），節中的人、地、時、事、物等訊息改變時就構成新的一節；各個不同訊息的詩節構成詩的段落（strophes），以詩的形式呈現敘說的故事，以凸顯故事的意義和其中起伏的情感。將研究參與者的敘說文本分解並連結成行句、詩節、詩段的分析單位，即浮現敘說語言結構的形式，可從中理解敘說文本前後情境脈絡形成的論述形構。

Gee（2014）指出人們在使用口說或書寫語言時，總是同時在建構或建立現實（reality）的下列七個領域，論述分析即須執行這七個領域的語

言建立任務（building tasks），換言之，人們使用語言來建立這七個領域的事情，論述分析的任務即須針對任何使用中語言的片段，詢問這段語言有關這七項事情的不同問題：

1. **意義性**（significance）：這段語言使用何種方式確認特定事件有意義或沒有意義？情境中語句的意義或重要性為何？哪些情境的意義與情境的地點、時間、身體、人們、對象物體、人工製品和制度相互關聯？

2. **活動**（activities）：這段語言使用何種方式讓他人知道什麼活動正在進行？情境中進行著哪些主要活動？有哪些次要的活動組合？哪些行為構成主要的及次要的活動？

3. **認同**（identities）：這段語言被用來呈現什麼樣的身分認同？什麼樣的認同是由於他人所引起，並且如何幫助口說者或書寫者呈現他們自己的認同？這些認同涉及哪些人、社會、文化知識、信念、情感與價值？

4. **關係**（relationships）：這段語言是在尋求與他人的何種關係？該情境中有哪些相互關聯的社會關係？

5. **政治──社會利益的分配**（politics / the distribution of social goods）：這段語言傳達什麼樣的社會利益觀點？傳遞哪些被認為正常的、對的、好的、正確的、適當的、合適的、有價值的、事情原本的方式、事情應該的方式、高階或低階地位等的各種觀點？

6. **連結**（connections）：這段語言如何連結事情，如何使得一件事情和另一件事情有關或無關？這些語句的連結如何與人物、事情和想法相互關聯，共同呈現連貫性的意義？

7. **符號系統與知識**（sign systems and knowledge）：這段語言如何相對性強調或輕視特定的符號系統（如西班牙語相對英語、技術語言相對日常語言、語文相對意象、言談相對表述等），如何強調或輕視不同的認識和相信方式或宣稱的知識和信念（如科學相對人文學科、科學相對常識、生物學相對創造科學）？

　　論述分析的重點在分析語言如何在不同的特定情境中被使用，每個情境的論述總是與另一時空情境的其他論述有所關聯，不同情境相似或相異的論述也可能相互關聯而形塑共同的意義，因此論述分析基本上須考慮論述的互文性（intertextuality），引用其他文本來相互對照說明語言情境中人或話語／論述間的關係。綜合上述論述分析的七項任務，語境中的重要意義（任務一）、進行的活動（任務二）、認同身分（任務三）共同構成不同的社會關係（任務四），政治或社會利益（任務五）結合任務一至任務四所架構的社會情境，連結任務一至任務五的互文性分析（任務六），任務五和任務六整合為社會情境的符號系統與知識形式（任務七）。

　　王文欽與賴念華（2011）訪談四位女性肢體障礙者的心理劇團體暖身經驗，探究被社會所障礙的障礙者生活經驗，以Gee的語言學取向敘說分析法分析訪談資料，以理解參與者在使用語言時隱含的解釋性論述，如以下摘引研究者對於一位敘說者暖身經驗故事的理解，界定故事重點為「從逃離到衝刺」（14-15頁），呈現故事的詩節語句，以粗體表示顯著的音調變化，以畫底線表示與研究問題有關，以括弧（）表示敘說的語意未了並將研究者推測的意思寫入並置放一問號：

第 1 小節

　　　　剛好去參加廣青

　　　　心理劇的課程

　　　　當我看到

　　　　一個主角

　　　　在做劇的（？過程）

　　　　覺得有一點……**害怕**

　　　　如果今天換我做主角

　　　　<u>我會害怕自己</u>

　　　　<u>會呈現另外</u>

　　　　<u>**自己所不知道的那一面**</u>

去參加心理劇我也是好奇

看人家怎麼做**主角**

訪員：那是兩天的團體，結果妳（只）參加一天？

那天來做劇的那個主角

對我很震撼

她做的內容我覺得有衝擊到我

我第二天就直接

跑了

那個主角　就在

呈現是**我在當主角**

我發現那好像是我

我看到的是我

發現自己

嚇到了

　　研究者解析這一小節詩句涉及情境的意義、身分／認同、社會關係，處境的意義時常是透過人們的互動而來，曉薇（敘說者）參加團體，發現主角好像是自己，因而嚇到了，曉薇自身潛藏下的信念、感覺和價值的身分／認同、與主角的身分／認同意義的撞擊，或者潛藏在這情境結構下的社會關係類型與她自身相似，因而讓曉薇嚇到了。

　　又例如，理解另一位研究參與者敘說暖身經驗的故事重點為「導演說出我心中的話」（10頁）：

第 6 小節

訪員：（B 導演）請大家自由的舞動，在過程中有什麼想法？妳

的感覺又是什麼？

我都會覺得好像每次都是我先停下來

因為我沒有辦法站起來動

我都會坐在位置上動

就會擔心那些

動來動去的人

因為我都不動

我怕他們會跳跳跳得忘我然後就去拐到我的腳然後就

跌倒（輕笑）

　　研究者解析這一小節詩句涉及情境的意義、權力關係和社會利益，小飛（敘說者）會擔心別人跳到忘我而被她絆倒，這個情境的意義牽涉到團體的空間、小飛的身體、團體成員和帶領者，帶領成員的權力是在導演手上，導演請成員自由的舞動，小飛因為身體的關係選擇坐在位置上動，但是無法管到別人跳到忘我，會擔心別人拐到自己的腳跌倒，在這情境之中，成員的權力以及障礙者和非障礙者人數的多寡都牽涉到社會利益，在此情境中空間分配的社會利益是不平均的。

（五）談話架構的會話分析

　　根據人們日常處事方法的俗民方法學，談話是人們日常行動的基本工具，常重複出現語言結構的特徵，會話分析（conversation analysis）進行人們互動性語言的解析，可瞭解人們互動中言談的社會規則和習慣，或是瞭解機構成員與其工作角色密切相關的機構性談話（institutional talk）（Peräkylä, 2004）。教育機構和學校組織成員如何透過機構性談話架構，執行教育和教學角色的任務和活動，即是教育研究進行會話分析的研究主

旨。例如，宋如瑜（2013）分析三十位華語教師課堂語言，隨機選取每人十五分鐘的課堂教學語料，由研究者和三位在職教師共同參與標記語料中的教學行為，歸納出教師課堂語言呈現回饋、發問、指導語、示範、解說和其他六種教學行為類型，依據這六種教學類型，研究者參照文獻中機構性談話框架提到的詞彙選擇、話輪設計、序列組織、整體結構、社會認識論和社會關係，解析華語教師課堂語言的機構屬性特徵和相關的應用規律，並發現華語教師語言不同於其他機構性談話和日常會話的特殊性，其中包括六項特性：可理解的語言形式、具功能性的話輪、三段式的基礎序列、重效率的整體結構、正向的互動關係、超越真實性的談話，可作為未來規劃華語師資培訓的參考。以「整體結構」的特性為例，整體結構是指談話有一定的規則和順序，研究者依據語料分析結果，另調整為「重效率的整體結構」，是強調口語教學中教師為學生建立、練習新語言點的完整結構（引自宋如瑜，2013：79-80）：

01 老師：我喜歡畫畫，他喜歡看書。你呢？

02 小王：嗯，我想不起來。

03 老師：打球。

04 小王：我喜歡打球。

05 老師：很好。小李，看電影。

06 小李：我喜歡電影。

07 老師：我喜歡看電影。全班一起說。

08 全班：我喜歡看電影。

09 老師：小李你喜歡做什麼？

10 小李：我喜歡看電影。

此實例包含十個話輪，話輪是語言教師操作教學的基礎，是為有效完成教學目標而設計，實例中教師的每個話輪都有教學的功能，包括：01 話

輪的示範和發問（喜歡、你呢）、03 話輪的示範（打球）、05 話輪的正向回饋和發問（很好、小李）、07 話輪糾正的負向回饋和指導語（我喜歡看電影、全班一起說）、09 話輪的發問（小李你喜歡做什麼），隨後小李回答出正確的句子，整個練習即到此結束。這整段話語結構是為了完成教學目標，提供學生語言點的練習過程，因此研究者將來自文獻分析框架的「整體結構」，調整為更明確的華語教學語言特性「重效率的整體結構」；另依據語料分析而提出的語言特性「超越真實性的談話」，原並不存在於文獻中的機構性談話框架，凸顯非真實性的模擬性和假設性談話，是第二語言課堂互動不同於一般機構性談話的獨有特徵，能提供學生練習語言和發揮想像的課堂情境。

（六）數值的解釋架構

　　質性研究資料的分析，計數某種概念化資料的數量，能有效且可信地支持資料的解釋，文字資料如轉換成大量數字的統計分析，即朝向質量混合研究的統整分析（Bazeley, 2018: 160）。資料結構是由資料概念及其間關係組織而構成的解釋性架構，如能以數值呈現資料概念的數量，或是統計分析較大量的資料，可有效且可信地支持資料概念的解釋架構。例如，前一小節引述宋如瑜（2013：71-73）華語教師課堂語言的會話分析研究，語料分析方法包括教學行為標記和統計標記，統計分析針對七萬多字語料，計算出教師的總話輪有 2,771 次，每個話輪可包含一種以上的教學行為，因此算出行為總量為 3,519 次，依據統計結果分別列表呈現教師教學行為數量、教師話輪共現行為及其組合，統計結果顯示回饋是最多數量（2,270 次，64.51%）的教學行為，發生頻率最高數量的話輪共現行為組合依次為先回饋再發問、先回饋再示範、先回饋再解說，在所有共現行為組合中，含回饋行為在內的話輪占 98.34%，可見回饋最容易與其他教學行為共同出現，回饋位於話輪的前端，是針對前一個學生話輪的回應，接著呈現教師執行的教學行為，讓學生在理解上不致造成困難，因此回饋與

其他教學行為共現的話輪，成為教師最常用的語言形式。

幼兒遊戲的過程常形成某種形式的遊戲架構（play frame），以數值呈現幼兒遊戲的架構內涵，能有效支持對於遊戲的解釋。例如，Sawyer（1997）研究幼兒園教室假扮遊戲的對話（conversation），比喻幼兒團體的假扮遊戲為即興創作（pretend play as improvisation），分析幼兒團體假扮遊戲即興演出的結構本質及其社會脈絡，編碼分析幼兒遊戲對話語料，是參照文獻中假扮遊戲的內外架構和扮演結構，遊戲內架構是幼兒實際進行的扮演活動，遊戲外架構則是幼兒暫時跳脫出遊戲來協商扮演細節，分析按遊戲架構形成下列四層次的代碼（codes）（Sawyer, 1997: 128）：

1. **在遊戲內架構、作角色扮演**：例如模擬玩具恐龍的聲音對恐龍說：「我是媽媽哦！」「好啦！孩子們，睡覺時間到了！」

2. **在遊戲內外混搭的架構、作角色扮演**：意指在遊戲架構內扮演某個角色說話，話語中混合加入遊戲架構外實際物體、事件或人物的名稱，例如問：「珍妮，這是我們的小孩嗎？」扮演自己和玩伴有個小孩，但稱呼玩伴的真名（珍妮），即在遊戲架構內混搭架構外人物的實際名稱。

3. **在遊戲內外混搭的架構、沒有作角色扮演**：意指在遊戲外架構，以原來真實的自己在說話，例如說：「假裝他殺了她？」話語中混合加入遊戲架構內角色、物體或事件的假裝轉換。

4. **在遊戲外架構、沒有作角色扮演**：意指在遊戲外架構，以原來真實的自己在說話，例如說：「我們在建一支火箭」，宣稱自己實際正在做什麼事情，話語沒有加入任何假裝轉換。

研究參照幼兒在上述遊戲架構對話的後設語用（metapragmatic）策略，編碼分析幼兒遊戲語料庫的資料，並摘要統計幼兒的語用策略與其年齡或性別等社會變項之間的關係，例如表 4-10 列舉男孩與女孩使用四個架構策略的數量，以辨識何種架構策略在不同性別幼兒的假扮遊戲中顯得特別重要。

表 4-10　男孩與女孩的架構策略

性別	架構			
	1	2	3	4
男孩	97	19	32	25
女孩	50	25	44	32

（資料來源：Sawyer, 1997: 139）

　　賴美玟（2007）研究幼兒假扮遊戲呈現的心智理論，亦是參照遊戲的內外架構，將文獻中有關假扮遊戲和心智理論的內涵結合成分析的概念架構，假扮遊戲內在架構是幼兒實際進行的扮演活動，外在架構是幼兒暫時跳脫到遊戲外，協商假扮的想像物設定、角色分配、計畫故事情節、糾正玩法四種常見情形；心智理論意指能推論自己和他人的心理狀態，按照文獻中幼兒各類心智理論能力發展完成的年齡順序，依序列出：區分表面與真實、相信欲求、欺騙、意圖、情感性角色取替、及錯誤信念六種類別。研究以個案幼兒開始玩一種假扮遊戲到結束為一個遊戲事件，作為資料分析的單位，依據假扮遊戲和心智理論內涵結合成的分析架構，逐一編碼分析三十九個呈現心智理論的假扮遊戲事件，以打勾標示每個遊戲事件中的遊戲內涵類別及其呈現的心智理論內涵類別（見表 4-11），再歸納計算幼兒假扮遊戲內涵類別分別呈現心智理論類別的次數，三十九個假扮遊戲事件總計呈現八十二次心智理論內涵，以數據分別顯示幼兒假扮遊戲內外架構的心智理論結構（見表 4-12）。

表 4-11　假扮遊戲呈現心智理論內涵的情形

事件	假扮遊戲內涵					心智理論內涵					
	外在架構				內在架構	區分表面與真實	相信欲求	欺騙	意圖	情感性角色取替	錯誤信念
	想像物設定	角色分配	計畫故事情節	糾正玩法							
1	√						√		√		
2	√						√			√	
3	√						√				√
4		√					√				
5		√					√				

（資料來源：賴美玟，2007：65）

註：原為 39 個遊戲事件

表 4-12　假扮遊戲呈現心智理論內涵的次數

假扮遊戲內涵　　心智理論	架構外					架構內	總計
	想像物設定	角色分配	計畫故事情節	糾正玩法	架構外合計		
區分表面與真實			1	2	3	16	19
相信欲求	3	5	9	6	23	13	36
欺騙			2	1	3	4	7
意圖	1		2	1	4	1	5
情感性角色取替	1	3		1	5	6	11
錯誤信念	1		1	1	3	1	4
總計	6	8	15	12	41	41	82

（資料來源：賴美玟，2007：66）

　　文獻中有關研究的理論是一個衣櫥或是聚光燈，可用來展示或照亮資料間的關係（Maxwell, 2013: 49），在幼兒假扮遊戲呈現心智理論的研究中，文獻中兩個不同領域的理論概念就像兩個聚光燈，共同照亮資料之間的連結關係，心智理論的各類心理狀態和假扮遊戲的架構類別就像衣櫥掛鉤，可試著掛上資料以展示資料之間的關係，藉由具體的數值顯示資料掛

得最多次或最少次、或無資料可掛的理論掛鉤，藉以激發和支持有關假扮遊戲架構和心智理論結構的討論和詮釋。

（七）社會網絡的結構

民族誌的資料分析常參照人類學的結構（structure）和功能（function）概念，結構和功能是社會組織研究的傳統概念，結構是指社會組織的結構或團體的輪廓，功能是指團體中人們的社會關係，大多數團體有一個可辨認的內在結構和一組規範行為的社會關係，例如公司常有一個正式的組織表顯示公司內在結構，民族誌則更進一步探究影響公司內部互動的非正式結構網絡（Fetterman, 2010/2013: 58）。傳統的社會結構研究，是透過現場觀察或訪談資料的蒐集和分析，而隨著數位科技的快速發展，行動載具普及和社群網站盛行的當代社會，線上社群網站存有社會互動的巨量文字資料，研究者可運用社會網絡分析（social network analysis）的社會結構概念和網絡分析技術，用來瞭解網絡的社會互動模式和關係結構特徵（Scott, 2017）。教育領域運用社會網絡分析探究學習社群及其成效的研究，例如黃旭鈞與陳建志（2019）以社會網絡分析法探究初任校長導入方案對校長專業發展的影響與成效，以十九位參與「臺北市初任校長導入方案」的中、小學初任校長為研究對象，先以個案訪談方式蒐集並歸納初任校長對導入課程的看法，訪談後的資料藉由社會網絡分析軟體工具，進行量化分析及圖像視覺化的社會網絡結構圖分析，以瞭解初任校長與四類導入課程（專業增能工作坊、小團體成長、標竿參訪、師傅校長支持系統）及六類專業領導能力（政策推動執行力、課程教學專業力、專業發展學習力、人際關係溝通力、組織變革創新力、成果展現績效力）之間的關係網絡，藉以判斷其彼此間的關聯及叢集性，研究結果發現初任校長導入方案課程與領導力之社會網絡關係具有正向的意義，且方案持續調整改善，提昇其成效；研究者建議未來研究可以社會網絡分析的角度來編製問卷或設計訪談題目，將更有利於瞭解學習成效之全貌。

又例如，蘇明進與張文華（2020）針對同儕式校長領導型、教師領導型兩種不同領導行為的兩所小學教師專業學習社群，運用臉書（FB）社團發展學校本位課程的歷程，分別蒐集一學年兩校社群成員的線上發表和回應文字，依據社會資本理論的結構、關係、認知三大面向細目，並結合學科教學知識形成分析架構，建立評分者間一致性編碼的資料分析信度，分析社群成員於線上發表和回應的類別和次數，並透過量化的視覺化圖形，呈現社群內部發文與回應的社會互動關係；另藉由蒐集實體聚會錄音、教師訪談逐字稿、課程研發相關文件的質性資料，用來輔助詮釋線上發文數據，進行質性與量化混合研究的統整分析與詮釋，例如視覺化圖示同儕式校長領導型學校的一位校長，於 FB 社團多以「回應」與成員互動，在一則迴力鏢實作活動中，校長分享科學原理：「形狀確實會影響投擲和飛行，迴力鏢的鏢體都非常流線、勻稱，主要目的是在旋轉時和空氣作用……。」這位校長曾在訪談中表達他內心的擔憂：「其實我的角色，到底要不要主導，應該主導到什麼程度？我覺得這部份比較難拿捏。像上回在迴力鏢發文中的回應，因為我寫得太專業了，我發現底下沒有什麼人回應。」（摘引自 99-100 頁）教育研究者如何運用社會網絡分析，進行質與量的混合方法研究，探究教育場域的社會網絡結構，是教育研究可持續努力研發的方向。

肆、資料分析的檢核

質性研究的資料蒐集與分析互動循環進行，研究者長期投入現場，使用多元的方法，蒐集多種來源的豐富資料，厚實描述現場和參與者情況，即同時在支持資料的分析和詮釋，奠定資料分析結果的基礎。資料分析過程中，如採用紮根理論的持續比較法和尋找反面案例，將資料概念計數和繪製圖表，即是在支持資料分析結果的效度（Silverman, 2005: 209）。第二章第肆節所述「研究的檢核」即包括資料分析的檢核，本節說明一般質

性資料分析的檢核方法，以及特定研究派典之研究分析的檢核標準。

一、 檢核的方法

　　質性研究基本上可透過研究參與者的回饋、研究同儕的評論、外部專業的審查、以及研究者的自我反思，檢核資料分析的過程和結果。

（一）研究參與者回饋

　　如同請研究參與者協助檢核資料的蒐集和整理記錄，亦可商請參與者或現場成員閱讀資料分析的結果，並提供分析結果是否明確呈現其觀點的回饋意見，據以釐清和修訂資料分析可能有的偏差和誤解。研究者可酌情透過個別訪談或小團體焦點座談，聽取參與者的回饋意見，或請參與者分別書寫簡要的回饋意見或填答研究者擬定的回饋問卷。例如幼兒教師教學的實際知識研究（黃瑞琴、張翠娥，1991），請參與研究的六位幼兒教師，分別閱讀由他們教學影片訪談所分析的八種實際知識類型，檢核分析結果是否確實反映其個人的教學想法，其中三位教師認為分析結果大致符合他們的教學想法，另外三位教師則分別提出有一種或三種知識類型不符合其想法，例如分析結果呈現一位教師有關某種實際知識的談話實例，但這位教師認為自己教學時並沒有這種想法，有位教師還另外提出自己想到的一種知識，研究者參酌教師們的部分回饋意見修訂分析初稿，另據實保留其他回饋意見，摘錄於之後的研究報告，讓讀者看見研究者和參與者相互磋商的分析結果。

（二）研究同儕評論

　　針對研究資料的分析結果，可請熟悉研究主題的同儕提供評論意見，以減少研究者個人的偏誤，如是多位研究者或研究小組一起進行研究，則可採取研究者三角檢測，由研究同儕組員一起參與分析資料及評論彼此的分析所見。例如，探究基督徒的靈性掙扎與靈性因應的研究小組（陳秉華

等人，2013：482），在資料蒐集階段，研究小組即經常討論個別訪談過程和詳細核對訪談錄音逐字稿，在資料分析階段，則進行同儕審視，研究小組每週密集討論一到二次，增加資料分析的多元視角，避免研究者因單獨分析資料而可能產生的偏見或盲點，另外亦透過電子郵件寄給每位受訪者資料分析與研究結果，請他們針對正確性提供回饋意見，研究者根據受訪者有提出的文字和語意意見修改分析與研究結果。

（三）外部專業審查

研究者詳細說明記錄資料分析的方法、步驟、細節、想法、分析結果和實例，作為請外部專家學者或研究者審查的完整線索，投稿專業期刊的論文或是研修大學學位的論文，如能在論文初稿中詳細說明資料分析的過程，即可透過期刊論文審查委員或學位論文口試委員的審閱，檢核及修訂資料分析的方法和結果。

（四）研究者反思

質性研究者對於資料分析檢核的反思，專注於思量自己分析資料的思想、觀察、及語言使用的前提為何，注意研究脈絡中研究者個人、整體社會文化傳統、以及語言呈現的形式，在研究脈絡中，反思可被定義為詮釋的詮釋（interpretation of interpretation），是對經驗素材及其意義建構的詮釋，展開批判性的自我探索（Alvesson & Sköldberg, 2018: 10）。研究者反身性的詮釋（reflexive interpretation），是一種質問形式的後設理論性的反思和應用實踐，是在經驗素材被建構和詮釋的過程中，謹慎關注不同種類的語言、社會、政治、和理論元素交織在一起的方式，反身性的詮釋需要交互質問下列四種焦點（Alvesson & Sköldberg, 2018: 328-331）：

1.**與經驗素材互動**：關注訪談敘述、情境觀察、及其他經驗素材的建構，初步提出貼近經驗素材的抽象性詮釋。

2.**詮釋**：關注詮釋的潛在意義，注意到詮釋的廣泛性、多重可能性、和多變性。

3.**批判的詮釋**：批判性思考與釐清研究的政治與意識形態，如何涉入詮釋和詮釋所根據的理論假設。

4.**產製的文本與使用的語言**：詮釋文本語句的主導元素，辨認有問題的權威形式，開展不同於研究者自身偏好的文本語言形式。

經由反身性的詮釋可構成良好的研究特性，包括：經驗性的論辯和可信性、具洞察力的經驗描述、對於社會現象的開放質疑、對於政治意識形態脈絡的批判思考、覺知語言的歧義性和有限性、以及處理語言再現和權威的修辭問題；例如針對理論面向的三角檢測，強調採用有關研究的多種理論觀點分析和詮釋，研究者反思在知識發展的過程中，質性研究需要有豐富的論點和不同的詮釋，然而並非意指所有的理論觀點都一定是好的詮釋，研究者反而可以嘗試著重在一個特定的詮釋，也許這個論點與經驗素材的契合優於其他或最為豐富有趣，更能激發經驗詮釋的洞見或理論性概念，如果研究者同時操作並精煉數種詮釋層次，則可根據某種評估方式測試多種理論後，選出其中最好的理論觀點，對知識發展做出研究貢獻（Alvesson & Sköldberg, 2018: 371-372）。

二、 檢核的標準

特定研究派典依據其理論觀點和方法論，對於研究分析有其特定的檢核標準，以下分別列舉紮根理論、建構論、和敘說研究的分析檢核標準。

（一）紮根理論

根據紮根理論研究者的提議（Charmaz, 2014: 337-338; Corbin & Strauss, 2015: 345; Glaser & Strauss, 1967: 223-250），紮根理論研究品質的評鑑標準（criteria），需要具備可信性（credibility）、原創性（originality）、共

鳴性（resonance）、有用性（usefulness）或可用性（applicability）：

1.**可信性**：研究分析顯示對於研究現場和議題的深入認識，考慮到資料所含有的範圍、數量和觀察深度，資料足以支持研究分析的主張，在觀察資料和類別之間作系統的比較和編碼，分析的類別包含廣泛的經驗性觀察，資料和論證分析之間有很強的邏輯性連結，詮釋根據特定的資料，理論生成於多元比較的準確資料，研究分析的主張提供讀者可信的資料證據，讓讀者得以評估和同意此主張。

2.**原創性**：分析的類別新穎且提供新的洞見，研究分析提供資料的創新概念及社會性和理論性的重要意涵，建立的理論可挑戰、擴展、或精煉現行的概念和實務。

3.**共鳴性**：分析的類別呈現所探究經驗的豐富性，研究分析同時顯示意義被視為理所當然的限制性和不穩定性，如此顯示的資料連繫了個人的生活和較大群體的制度，生成的理論對於研究參與者和相同情況的人們具有意義，研究分析提供參與者和相同情況人們對於生活和世界更深入的洞察。

4.**有用性**：研究分析提供人們應用於日常世界的詮釋，分析的類別提議一般通用的過程，並檢視過程中默示的含義，研究分析能激發其他實質領域的研究，進一步探究如何有助於創建知識及造就一個更好的世界。

5.**可用性**：建立的理論符合其生成和使用的領域，理論足夠一般化而能應用在領域中不同的情況和人們，讓外行人和專業人士都能瞭解理論的解釋架構。

（二）建構論

Guba 與 Lincoln（1989: 245-250）提出建構論研究品質的標準主要是真誠性（authenticity），意指研究結果能確實展現多元的觀點，其中包含公平性（fairness）、及參與者經由研究能達到本體的（ontological）、教

育的、激發的（catalytic）、和策略的（tactical）四種真誠性；公平性是指研究文本公平且平衡地展現研究中所有利害關係人（stakeholder）的觀點和聲音，本體的真誠性是指能擴展參與者個人的內在意識，教育的真誠性是指能增進參與者對他人的理解與欣賞，激發的真誠性是指能激勵參與者的行動實踐，策略的真誠性是指能提升參與者的行動能力。

（三）敘說研究

Riessman（1993/2003: 146-151）提出敘說研究可被信賴的信實性指標，包括：分析和解釋具有說服力（persuasiveness）、研究資料和分析解釋之間的符合度（correspondence）、分析解釋具有連貫性（coherence）、以及研究結果能被讀者採用並成為其他研究基礎的實用性（pragmatic use）。

例如，朱麗玲與郭丁熒（2019）採用敘說研究，探究一位初任校長（研究者）成為一位專業校長的修為，從中找尋專業治理性的內涵以及在專業發展中自理性的發展，並嘗試以學校教育人員社群運作成就校長自己與教師的專業發展為研究目的。應用建構論的標準檢核研究的真誠性，是以社群教師成員的增能與專業意識提昇，作為教師個人本體的真誠，以啟動社群成員投入教學實務的研討分享與自己學校社群的帶領行動，作為策略與激發的真誠，以及催化更多教師投入的教育的真誠，並依據 Riessman 提出的說服力、符合度、連貫性、實用性，編擬簡單驗證問卷，透過五位校內與社群成員進行研究文本故事／事件資料檢閱的問卷調查，統計分析調查結果以驗證研究的信實性，此份問卷的項目和問題如下（引自朱麗玲、郭丁熒，2019：63）：

1. 說服力：研究解釋是否合理、修辭是否能吸引或感動讀者
   (1)看完文本中的事件／故事，這樣的處理是否合理？
   (2)看完文本中的事件／故事，是否能感動或吸引您？

2. 符合度：研究資料經研究敘說者確認無誤、同意採用

  (1)針對這些事件／故事內容，與您在現場所見是否無誤？

  (2)如內容中有提到您的部分，您是否同意被採用？

3. 連貫性：總體、局部和主題的三個層次的解釋可適時地相互對照

  (1)您認為這些事件／故事的內容，是否符合一位校長對學校的治理？

  (2)您認為這些事件／故事的內容，是否符合一位校長引導老師自我治理？

4. 實用性：研究成果可與研究社群分享，敘說謄本亦可供為其他研究使用

  (1)您願意將文中所見所聞的經驗，分享給其他人嗎？

  (2)針對文中所述事件／故事，對您日後處理教育／教學問題，能否提供您參照？

　　王文欽與賴念華（2011）探究四位女性肢體障礙者的心理劇團體暖身經驗，採取語言學取向敘說分析法分析訪談資料，依據 Riessman 提出的說服力、連貫性、實用性三向度檢核研究的有效性（validation）及可信性（credibility）（25-26 頁），對照前述資料分析的各種檢核方法，檢視研究者針對敘說三向度的檢核：

　　1. 說服力方面：是採取研究成員的評論審視，兩位研究者討論文本並對話，尋求對文本的理解共識，並邀請一位協同研究者檢視作者所做的資料分析，共同尋求對故事理解的共識；並採取參與者回饋，請四位參與者檢視資料的分析是否有所補充、質疑、更正或討論之處，參與者的回饋認為本研究對她們敘說的理解具有可信性；另採取外部稽核，研究者詳細記錄每一研究步驟、反思自身偏見、書寫成研究結果發表投稿，獲取審查

287

委員嚴謹審查與回應的意見與建議。

2.**連貫性方面**：傾向於採取研究者的反思和反身性詮釋，關注語言、社會、政治、和理論元素交織在一起的方式，以研究參與者敘說中提到的、省略的、連接的語彙組織，檢核敘說者的總體目的、局部、主題和解釋能否連貫在一起，例如分析參與者敘說中被「省略的」，自我反思「……第一位作者也省略了去追問小飛對於這障礙現象的反思是什麼？在此第一位作者的省略亦重製了社會障礙，這兩者的省略中，有研究參與者受到社會障礙後，致使無法為自己發聲的連貫性，故而導演為其說出自己無法言說的話相對是重要的」（26頁）。

3.**實用性方面**：可說是兼採研究成員審視、外部稽核、及自我反思論文的具體實用成就，第二位研究者和協同研究者均獲得美國心理劇學會的心理劇導演認證資格，都同意這份研究對實務工作者有參考價值，另邀請多位心理劇導演、心理師、高中輔導老師閱讀文本，也都同意本研究對於實務工作者極有參考價值；研究採用諮商與教育心理學術社群推介的敘說分析方法，依循學術研究的精神，研究者盡可能持平和誠懇的站在女性肢障者的立場和女性障礙朋友一起發聲，促使她們的發聲讓社會知道社會文化與政治建構是如何障礙了她們參與成長團體和參與社會。

伍、摘要

質性研究的資料分析，主要是在解析資料的意義，資料分析過程常交互進行的工作，包括：整理資料、閱讀和思考資料、研讀有關文獻、寫作分析的備忘錄、繪製分析的圖表、以及檢核分析結果。質性資料分析的過程，交互思考著資料分解與連結的過程，進行整體與部分的詮釋循環，資料分析的思路涉及心智的邏輯系統和情節脈絡，採用整體直觀與邏輯推理的思維方式。質性研究資料的分析取徑，可分為資料的編碼分析和意義解

析，編碼分析採取從原始資料建立理論的紮根理論方法，意義的解析是分析詮釋資料構念的意義。

紮根理論方法的編碼理念，包括：理論的敏感性、分析的歸納、持續比較法、理論取樣與理論飽和，從資料的特定情境生成實質理論，或進一步生成概括性的形式理論。紮根理論的資料編碼程序，如同建立三個概念化層級的金字塔，由下而上依序為較低層級概念、類別、一個核心類別，資料編碼程序可歸納為初始編碼、進階編碼和理論編碼，初始編碼從資料中開發較低層級概念，進階編碼開發類別並連結類別間關係，理論編碼開發理論化的核心類別並提煉理論架構。因應研究目的和題旨，資料意義的思辨解析可選用一種或融合多元的研究取向，包括：參酌紮根理論方法、持續發現資料的意義、選用文獻啟發的理論概念、圖像和影像的意象解析、數值的解析，提煉資料中有意義的類目、主題、類型或結構。

一般質性資料分析的檢核方法，可透過研究參與者的回饋、研究同儕的評論、外部專業的審查、以及研究者的自我反思。不同研究派典對於研究分析有其特定的檢核標準，紮根理論的檢核標準需要具備可信性、原創性、共鳴性、有用性和可用性，建構論的檢核標準主要是真誠性，其中包含公平性以及參與者經由研究能達到之本體的、教育的、激發的、和策略的真誠性，敘說研究的信實性標準包括：分析和解釋具有說服力、研究資料和分析解釋之間的符合度、分析解釋具有連貫性、以及研究結果能被讀者採用並成為其他研究基礎的實用性。

第五章

撰寫研究報告

　　寫作是一種思考的方式和過程，撰寫研究報告的過程主要是要將各種研究資料加以組織和建構，並將從資料中發現的重要訊息有效地傳達給讀者。質性研究是周而復始的循環過程，在研究過程中選擇研究方案、問問題、蒐集資料、作記錄、分析資料、和撰寫報告循環進行，完成研究報告雖是研究的最後工作，撰寫報告則是在研究開始即持續進行，本章闡述質性研究報告的撰寫過程以及報告完成的內容和文體。

壹、寫作的過程

　　質性研究過程如同在進行心智的旅行，研究者曾到某個不熟悉或有些熟悉的文化情境去旅行，歷經幾個星期、幾個月、或甚至幾年的時間去瞭解這個情境，在這情境中注意傾聽、觀察、訪談、或參與人們的活動，並將蒐集到的資料加以分析解釋和寫成研究報告，與那些不熟悉這個文化情境的人們（讀者），分享自己對此情境的瞭解（Spradley & McCurdy, 1972: 81）。

一、預期的讀者

　　撰寫研究報告的內容和文字，須考慮哪些人將是閱讀這篇報告的讀者群，例如教育研究者撰寫報告時，預期將會閱讀這篇報告的主要讀者群，可能是學術界同仁、專業研究人員、教育行政人員、教師、學生、家長或一般民眾：研究報告如是發表在學術期刊的論文，主要的讀者是學術界同仁和研究人員，報告須詳細說明研究過程和論述研究發現；研究報告如是提交委託研究的教育行政當局，報告須提供有關教育政策或行政革新的資訊；研究報告如是發表在一般報章雜誌的文章，主要的讀者是教育工作人員或一般家長和民眾，報告則須使用清晰的語言扼要寫出研究發現的重點，並提出可供實務應用的具體建議，避免使用艱深的專業術語。

　　研究報告如擬發表在專業學術期刊或一般雜誌刊物，須先分別查閱該期刊或雜誌的撰寫體例或徵稿說明，或是閱讀以往這份期刊或雜誌作者的一般寫作風格，以瞭解該期刊或雜誌的讀者屬性；研究報告如是大學的學位論文，則須按照學校訂定的學位論文格式。研究者撰寫報告時，試著從讀者的角度反思：他們對於我提出的研究內容，理解到些什麼；他們如何觀看我所提出的研究發現（Patton, 2015: 72）？寫作就像說話一樣，是人際間的一種溝通行動，撰寫報告就像口語溝通一樣，是研究者與讀者之間的讀寫溝通過程，預期讀者是誰，反思讀者是否能瞭解研究報告在說些什麼，有助於達到更有效的溝通。

二、寫作的時序

　　質性研究過程是蒐集和分析資料以及撰寫報告的持續循環過程，在研究開始之時，研究者可能就開始草擬報告的某些部分，接著在資料的蒐集和分析過程，寫作的工作亦持續進行，研究初期即開始撰寫報告，可讓研究者有機會先練習寫作，心理上先習慣於寫作的過程，準備開放地面對寫作時新奇和困惑的思緒、起伏不定的心情、失望和突然的洞察，這些情緒

體驗可能貫穿寫作的整個過程。

　　一般研究報告的內容項目主要包括：緒論、文獻探討、研究方法、研究發現與討論、結論與建議、參考文獻，研究者撰寫報告這些項目的先後順序，可能依循個人的寫作習慣、思考方式、或研究狀況而有所不同，例如，有的研究者從緒論或引言開始按序寫到最後的結論，有的隨機先寫自己覺得最熟悉或最感動的部分，有的或者同時交互對照和撰寫報告的各項內容。

　　寫作的過程促使作者澄清思緒，研究者試著將心中所思所想寫出來時，才真正開始思考，開始獲得新的概念，看到新的關係，發現某些資料無法理解，或甚至可能發現原來的研究設計必須重新調整。寫作因而常能揭露研究知識和資料的缺失，這時研究者即須再補充現場觀察或訪談，當資料蒐集即將完成，研究者即進入全面思考和密集撰寫報告的時期，隨著寫作中的思考，所寫的報告內容和文字也會隨著有所調整和修改，這些改變將使得研究報告更加充實和完整。

三、寫作的大綱

　　研究者密集撰寫報告時期，須全面思考報告寫作的組織架構，一方面須決定已整理分析的大量資料記錄，如何組織在一個有系統的寫作架構，另一方面須決定怎樣的組織架構，最適合用來寫出研究資料的意涵。研究者在報告中不可能寫出所看到、聽到、和分析的每件事情，而必須以有系統的連貫性和統整性撰寫某些有意義的重要事情，寫作的主要工作就是將有意義的資料建構成詮釋性的架構。

　　研究報告的詮釋架構具體展現在報告的分章、分節、標題、或次標題的安排順位，研究者開始撰寫報告時，可參照研究目的和問題以及資料分析內容和反思，發展一份寫作的暫定大綱，預擬研究報告的章節標題和內容要點，參照大綱安排各章節標題有關的描述和分析資料，逐步撰寫報告的各部分內容。在研究報告寫作過程中，這份暫定大綱持續溝通表達研究

的潛在概念和意義，可幫助研究者組織思想、發現資料概念、洞察資料關係和發展寫作的方向，隨著寫作中的思考，持續思考某部分內容如何統整於大綱架構中，或思考各章節分別須包含那些有關內容，因而促使研究者再思考報告內容的連貫性和統整性，隨之彈性機動調整和修改寫作大綱的章節順序、標題名稱和內容要點。

四、初稿的檢核

　　研究者撰寫研究報告時，盡可能集中心思寫下任何想到的內容，先寫成一些初稿後，可暫時將初稿放置幾天、幾個星期或甚至幾個月，拉開自己和報告的距離並跳開原來的思考架構，之後再回來修改初稿，可能會產生新的寫作觀點和視野。撰寫報告的初稿時，不需急於修飾每個字句，以免可能打斷寫作持續的思路，報告初稿寫成後，再整體檢視和編輯初稿，這時可能又產生新的不同想法，即可能重新安排章節、增添新的段落、刪去不必要的多餘字句、選用另一種分析詮釋的詞句等，盡可能使得報告的章節組織有序以及內容和文字清楚可讀。

　　研究報告初稿寫成後，如同資料蒐集和分析的檢核，亦可商請研究參與者和研究同儕閱讀初稿，徵詢他們讀後的感想和建議，如果他們對於初稿的某些內容有不同看法，即可能引發進一步的討論或修訂，如他們的意見對於研究特別有幫助或有啟示性，即使研究者不一定有共識，亦可將這些意見據實放在報告中，也讓讀者參與辨認各種不同的研究觀點。另外亦可請同事、朋友或家人閱讀研究報告，以一般讀者的角度回饋讀後的感想，也有助於改進報告內容和文字的溝通表達，例如Jackson（1968, 1990: xxiii）於研究專書《教室生活》的序言中，提到自己每寫完一段報告，就會請妻子提供讀後感想，藉著妻子的敏感回應，讓他能修訂報告中語意不清或較為簡略的部分。

　　筆者研究兩位園長的教室觀點（黃瑞琴，1991b），報告初稿寫成後，將有關兩位園長教室觀點對照分析的部分，分別請兩位園長先看看其中內

容是否確實呈現了她們的觀點，並將她們的反應意見放在報告中，讓讀者
也看到園長對於報告的看法：

> 兩位園長覺得我寫的內容基本上大都是她們的意思，只有幾處須
> 加添幾句話以澄清她們的看法，林園長比較在意我引用她的話
> 「太囉嗦」，她擔心讀者看了會覺得「這個人怎麼這樣囉嗦」，
> 我即參酌她的意見刪去報告中一些她的口語。華園長看了初稿中
> 林園長的獨立觀點後，在幼稚園裡向我補充說明：「要讓孩子按
> 他的興趣去選擇，安全感、滿足感、信心這些要在先，再來獨立
> 自主，這樣人才會健康」；她指著坐在地板上縫著布塊的兩位小
> 班女孩，對我說：「孩子按著他的興趣去玩，你看！獨立就是這
> 樣獨立起來的」，我即參照她的意見增補和調整了初稿中的幾處
> 文字和內容。

　　蔡敏玲（2002）探究國小一年級和幼稚園班級教室團體互動，研究強
調多元觀點的並置與互動，報告初稿送給研究中的三位老師閱讀，也請幾
位研究生和研究助理對報告初稿提出評論，使研究者瞭解自己在書寫上和
讀者較難溝通之處；之後發表的研究報告中，將他們回應的質疑與意見和
研究者的詮釋並置交錯呈現，而不是檢證誰說的是對的或是真的，以便研
究者自己、參與研究的老師或助理、以及讀者能和報告文本持續開啟另一
段對話（87頁）。例如針對報告中一段詮釋：「在一個問題上花兩分鐘
對擔任小老師的慶華和芳馨而言，已經『花太多時間了』。陳老師雖然兩
度努力地想擴展談話內容，小老師卻仍然急急結束，問了下一個問題。小
老師也感受到課程進度的壓力嗎？」參與者的回應以及與研究者的對話情
形（摘引自223頁）：

> 陳老師：互動方式之所以很難去做一個改變和調整，從老師的角

度看，是時間和進度，這是一個最大的因素。那還有老
師的風格，她的理念問題。那以兒童來講，根本無視於
它的存在，這是老師設定的。對兒童自己本身而言，他
們沒有時間跟進度的問題。

　　我：對，可是這到後來也變成你們班的。

陳老師：這是後來慢慢地被老師制約的。

　　我：你看慶華都會說時間不夠。

陳老師：因為那是被老師制約的，而不是從兒童的觀點出去的。

　　我：所以我說，你看這樣的一個文化會讓兒童開始去擔憂這
些東西。

　　最終的研究報告寫成之後，還須仔細地再作整體的編輯或修訂，並尋求專業的研究者作嚴謹的審查和評論，請他們提供報告內容和表達方式需要加強、調整或修改之處，藉以增進研究報告的品質並達到學術專業的標準。

貳、報告的內容

　　研究報告的寫作涉及報告的實質內容和文字體裁，接著本節和下一節分別闡述報告的內容和報告的文體，內容和文體須相輔相成，共同成就一篇質性研究報告的優良品質，本節闡述質性研究報告的內容，包含整體的綱要目錄和各項目的內容要點。

一、綱要和目錄

　　一篇研究論文的綱要或一本研究專書的目錄，呈現研究報告內容的組織架構，論文綱要或專書目錄中各章節的標題和次標題，即具體展現研究內容的重點意涵。研究者撰寫研究報告時，如有發展暫定的寫作大綱，已

試著將有意義的資料連結成詮釋性的整體架構，這份寫作大綱即可發展為研究論文綱要或研究專書目錄。

　　一般研究報告的內容項目主要包括：緒論、文獻探討、研究方法、研究發現與討論、結論與建議，這些內容項目常包含在報告的綱要或目錄中，不同研究派典或取向的研究者，可能藉由報告的章節順序安排、以及標題或次標題的名稱，導向某種研究觀點和立場的解釋和詮釋。以下分別引用篇幅大小不同的研究論文和研究專書，展現不同研究取向論文綱要和專書目錄的實例。

（一）論文的綱要

　　表 5-1 的三篇論文綱要實例，是按照三篇論文各節內容的相似重點，併排列舉民族誌研究、生命傳記敘述研究、建構紮根理論研究論文綱要的各節標題，兒童自發遊戲的民族誌報告（Finnan, 1988），是收錄在學校民族誌研究文集專書的一篇論文，以生命史觀看幼兒教師童年蛻變的角色形成研究（倪鳴香，2004b），以及小學教師的教室回饋理念之紮根理論質性研究（Eriksson et al., 2018），則是分別刊登於國內外期刊的論文。這三篇論文的引言或前言及研究方法部分，皆先定位研究的觀點、背景、取向、題旨、目的、參與者、資料蒐集與分析方法，依據研究定位的觀點取向，導向論文的研究發現及其意涵的討論和詮釋。

　　兒童自發遊戲民族誌（Finnan, 1988）定位於文化描述的研究觀點，描述分析追逐遊戲行為結的連續性類型，包括：參與遊戲的兒童人數、性別、追逐者和被追者的比例、追逐的型態、遊戲的目的、遊戲的起因、遊戲空間的使用、以及被追者被抓到後的結局，並引述有關文獻討論男孩與女孩參與遊戲的不同特徵，論文最後一節詮釋研究發現有關兒童發展和社會互動的文化意義，詮釋自發遊戲提供兒童一個積極的學習環境、反映兒童的性別角色，並且需要具備某些文化知識。

　　幼兒教師角色形成的研究（倪鳴香，2004b），定位於生命傳記主體

表 5-1　研究論文綱要實例

兒童自發遊戲的民族誌 （Finnan, 1988）	童年的蛻變：以生命史觀看幼師角色的形成 （倪鳴香，2004b）	小學教師的教室回饋理念的質性研究 （Eriksson, Boistrup, & Thornberg, 2018）
引言 　研究的觀點 　研究參與者的背景 　什麼是自發遊戲 　遊戲行為結構的意義	壹、前言 貳、教師職業研究新取向 參、幼師職業習性	引言 研究目的
研究方法 　觀察遊戲的時間 　遊戲兒童的數目 　觀察記錄方式	肆、研究方法 　一、資料採集：敘述訪談 　二、研究對象 　三、資料分析	方法 倫理考量 參與者 資料蒐集 資料分析
追逐遊戲的連續性 　遊戲行為結構的類型 　兒童參與自發遊戲的差異 　男孩遊戲與女孩遊戲的不同	伍、幼師職業習性之陶養圖像 　一、父親身教楷模的陶養：童年家庭經驗的影響 　二、修復童年的虧與匱：童年學校機構的影響 　三、順水推舟以退為進：社會文化經驗的影響 　四、追求「母職教師」及「教師母職」的交融：必然與偶然的交織	研究發現 　類型一：針對學業的需要 　　回饋理念(1)：學業的鼓勵 　　回饋理念(2)：個別加以考慮 　　回饋理念(3)：同儕學習模範 　　回饋理念(4)：任務控制 　　回饋理念(5)：課業連貫 　　回饋理念(6)：推理的時間 　類型二：針對行為和情緒的需要 　　回饋理念(1)：秩序的需要 　　　(a)避免混亂 　　　(b)同儕秩序模範 　　　(c)沒有秩序就沒有學習 　　回饋理念(2)：愛護 　教師回饋理念之間的關係 　　配合每位學生特定時刻的需要 　　優先和次要的需要
意義 　兒童發展與社會互動的意涵	陸、幼師職業社會化中童年經驗轉化之存有意涵 　一、從童年經驗看職業角色形成歷程流轉 　二、幼師職業角色形成歷程所揭露之存有意涵	討論 研究限制及未來研究和專業發展的意涵 結論

主觀理論研究取向，在歷史文化社會脈絡中理解個體主觀存有的意義結構，研究發現透過四位幼師敘述童年成長經驗與職業角色的文本語言結構描述分析，再建構幼師角色形成的主體存有意義圖像，呈現四位幼師生命經驗整體形塑，鋪排童年時期面對決定未來職業角色的行動策略上，主體如何承載自身與社會現實環境的變遷，論文最後一節從童年經驗看職業角色形成歷程流轉，詮釋幼師職業社會化中童年經驗轉化的存有意涵。

小學教師的教室回饋理念研究（Eriksson et al., 2018），定位於建構紮根理論研究取向，經由初始編碼、焦點編碼、理論編碼程序，從訪談資料中發現教師的兩種回饋理念類型及其包含的各個理念類別或次類別，以及生成教師回饋理念之間關係的理論陳述，分別作為論文中研究發現的各個標題。這樣的論文呈現方式，即是經由紮根理論的持續比較法，將資料的概念類屬和其間關係，作為研究報告呈現理論的主題或標題，用來回答研究的問題（Glaser & Strauss, 1967: 113）。論文最後一節綜合討論教師的教室回饋評估與教室管理重疊發生的專業發展意涵，建議師資教育須著重於瞭解教室評估與教室管理及兩者間的關係。

（二）專書的目錄

研究報告以專書出版發表，可完整展現報告的內容細目，表 5-2 的三本研究專書目錄實例，是按照研究報告各章節內容的相似重點，併排列舉三本不同研究取向的專書目錄，分別引自幼兒園教室假扮遊戲的對話研究（Sawyer, 1997）、教室團體互動的質性研究（蔡敏玲，2002）、母職為學校教育工作的建制民族誌研究（Griffith & Smith, 2005），其中教室團體互動研究的專書目錄原有列舉每一節的次小節標題，表 5-2 所列是摘引目錄每一章節的標題，省略次小節標題。

這三本研究報告運用專書的較大篇幅，先詳細定位研究的題旨和理論背景、相關文獻概念基礎、研究現場和研究方法施行細節，據以導向研究發現的描述和分析及意義的詮釋，三本研究報告分別從一個教室的遊戲對

表 5-2　研究報告目錄實例

假扮遊戲為即興創作：在幼兒園教室的對話（Sawyer, 1997）	教育質性研究歷程的展現：尋找教室團體互動的節奏與變奏（蔡敏玲，2002）	母職為學校工作（Griffith & Smith, 2005）
一、遊戲與對話 兒童遊戲的互動技巧發展 發展的語用學 摘要 二、兒童遊戲的即興理論 情境式社會行動研究 後設溝通 由後設溝通至後設語用學 即興的模式 摘要 三、在學前教室研究假扮遊戲 自然的觀察 成為教室的一部分 初始的觀察 聚焦於遊戲談話 學前對話的錄音 教室對話的遊戲談話 謄寫遊戲互動對話 互動的事件作為分析單位	前言一：「失去」的一堂課？ 前言二：幼稚園裡意外的討論 前言三：在失去與意外之間的追尋 第一章　研究理由與目的 第一節　以教室互動為研究方向的理由 第二節　以教室團體互動為研究焦點的理由 第三節　研究目的 第二章　文獻探討 第一節　社會互動、心智與語言 第二節　國內外教室互動研究的主要趨勢 第三節　教室互動、知識與學習 第四節　團體互動的相關文獻 第五節　研究架構與主要構念 第三章　研究歷程 第一節　進入現場之前的準備與相關經驗 第二節　進入研究現場 第三節　研究者的角色 第四節　資料的蒐集、處理與分析 第五節　多元觀點的並置與互動 第六節　故事簡介	引言 研究 商業區學校 住宅區學校 不平等等的歷史軌跡 本書大綱 一、女性與新中產階級 母職與學校教育的歷史軌跡 一個新中產階級 女性、學校教育、新中產階級 的世代延續 循環複製新中產階級 結論 二、母職論述 發現論述 創造母職論述 母職論述中的道德邏輯 我們訪談中的母職論述 三、時間、作息安排、協調不協調 建構學校的日子 準時到校 午餐時間 放學回家 在學校的日子 結論

表 5-2　研究報告目錄舉例（續）

假扮遊戲為即興創作：在幼兒園教室的對話（Sawyer, 1997）	教育質性研究歷程的展現：尋找教室團體互動的節奏與變奏（蔡敏玲，2002）	母職為學校工作（Griffith & Smith, 2005）
四、演出樣式與演出團體 　情節 　演出樣式 　社會脈絡變項 　量化遊戲談話：語料庫的特徵 　社會脈絡變項的關係 　演出樣式與演出團體 　摘要	第四章　一年三班教室團體互動的節奏 　第一節　永慶國小 　第二節　一年三班的陳老師和小朋友 　第三節　國語課的互動與節奏	四、互補的教室團體互動工作 　互補的教育工作：對學校的貢獻 　全時家庭主婦 　教育工作為優先 　各種慣例 　彈性的慣例 　非強烈的學校導向
五、參加演出：加入遊戲的後設語用學 　在教室的遊戲加入 　遊戲加入的新近研究 　遊戲加入順序作為分析單位 　遊戲加入、後設語用、社會脈絡 　即興交換、後設語用、社會脈絡 　摘要	第五章　幼稚園教室團體互動的節奏與第一次變奏 　第一節　綿羊班的生活 　第二節　討論課的節奏 　第三節　日記圖分享的節奏：老師明確的「小學先修班」 　第四節　間奏一：三方討論變奏的可能性與困難之處 　第五節　教室團體互動的變奏：真的發生了	五、互補的教育工作：就業的母親與父親 　教育工作為優先 　彈性的慣例 　非強烈的學校導向 　摘要 　父親參與互補教育工作 　結論
六、即興的交換：使用後設語用的策略以 　協商遊戲架構 　即興交換的例子 　後設語用與假扮遊戲 　即興的後設語用 　即興交換、後設語用、社會脈絡 　摘要	第六章　變奏與第二次變奏 　第一節　一年級國語課教室團體互動變奏 　第二節　日記圖分享時刻的變奏 　第三節　間奏二：變奏後的問題 　第四節　小朋友對學校、上課和互動的感受與觀察	六、Maltby 住宅區和商業區：學校與董事會觀點 　教師 　學校行政人員 　結論
七、遊戲的演出：兒童團體即興創作 　典型的一天 　遊戲的多聲複音 　遊戲的即興創作 　摘要 八、即興創作與發展 　劇本與即興創作 　後設語用與社會發展 　即興的社會化模式 　發展的研究意涵 　情境式行動的研究意涵 　未來研究的建議	第七章　討論與建議 　第一節　再看變奏：契機與限制 　第二節　統整、建議與再思	七、不平等與教育變遷 　教育與變遷的積累體制 　變遷的家庭組織 　結論

話、兩個教室的團體互動、兩個社區的母職工作，小處微觀的描述分析，導向大處著眼的兒童發展、教育改革、和社會關係的意義詮釋。

這三本研究報告皆運用一個隱喻統整連結研究報告的章節，亦即使用隱喻檢視資料、塑造資料類型，或用隱喻將研究發現連結成理論（Miles et al., 2020: 278）。三本報告分別比喻幼兒假扮遊戲如戲劇的即興創作（improvisation），比喻教室團體互動如音樂的節奏與變奏，比喻母職為一種為孩子學校教育無償服務的工作（work），即興創作、節奏與變奏、工作的隱喻，分別為其研究報告塑造研究觀點的詮釋意象。

Sawyer（1997）根據兒童遊戲的即興理論和發展的語用學，藉由對話分析和質性發展心理學的分析技術，探究遊戲互動嵌入社會關係的豐富性，研究報告以即興創作的隱喻意象，連結各章節的標題，包括：演出樣式與演出團體、加入遊戲參加演出、即興交換的後設語用、遊戲演出的即興創作，研究發現後設語用策略是幼兒假扮遊戲即興互動持續的重要特徵，最後一章綜合討論即興創作與發展的意涵，指出幼兒在遊戲中的後設語用，可能關聯到幼兒假扮遊戲、心智理論、建構敘說、社會認知、互為主觀性技巧能力的發展。

蔡敏玲（2002）在國小一年級和幼稚園的兩個班級教室，歷時兩年尋找教室團體互動的節奏與變奏，研究報告使用音樂演奏的隱喻意象，以三場意外的討論作為前言，提出有待解釋的問題情境，即似隱隱的樂音，開啟研究題旨班級文化的團體互動節奏（慣常模式）、變奏（改變為學生帶領討論和小朋友自己分享）、與間奏（研究者與現場老師及研究助理三方討論變奏的可能性），描述三種演奏在團體互動脈絡中為何及如何演出的歷程，並解析歷程中老師與學生取得發言權的情形，再導出最後一章從較大的學校文化脈絡，討論教室團體互動節奏與變奏的教育革新意義。

Griffith 與 Smith（2005）採用建制民族誌探究母職為學校教育工作，將母親為孩子日常生活與學習所做的事情，視為母職工作，研究報告拼接母職工作嵌入社會體制的社會關係地圖，引言與第一章首先呈現女性、學

校教育、社會階級不平等的歷史軌跡，第二章比較兩位不同社會階級母親參與母職論述的過程，凸顯母職工作、學校教育工作、和社會階級三者間的關係，第三至第六章描述受訪的母親們配合家人作息和學校制度化課表，為孩子所做的例行工作和補充教育工作，演繹推論母職經驗涉及的學校組織和社會關係，最後依據變遷中的學校教育系統，再回顧不平等的歷史軌跡，歸納和詮釋家庭與學校及社會之間組織體制的統馭關係，即是不平等的發動引擎。

二、內容要項

如前述表 5-1 論文綱要和表 5-2 專書目錄分別列舉的研究實例，報告標題顯示的內容項目主要包括：緒論、文獻、研究方法、研究發現與討論、結論與建議，這些內容項目在報告中呈現的順序、位置、份量和標題名稱，隨著研究取向、報告的性質（期刊論文、學位論文或出版專書）、以及研究者個人的書寫風格，而有不同的變異和創意。例如，有的報告將各項內容分門別類按序呈現，篇幅較有限的期刊論文可能將文獻背景或研究方法合併在緒論或引言中說明，學位論文和期刊論文的內容項目，基本上須分別按照學校和期刊編審訂定的撰寫體例，而隨著質性研究報告的普及可見，有的研究者可能假定讀者對質性研究方法已有基本的瞭解，因此在報告中僅簡要說明研究方法，或將研究方法寫成正文末端的註腳或放在報告後的附錄；至於各項目的標題命名，則可能特意參照研究目的或問題、研究資料的內涵、或研究者的個人書寫風格等，賦予能彰顯研究意義和創意的標題名稱。

本節針對一般質性研究報告的內容要項，列舉報告五個項目：緒論、文獻探討、研究方法、研究發現、結論與建議的內容要點，每個要點前附加用來打勾的空格「□」，作為檢核研究報告內容完整性的參考方式，這些內容要項和要點呈現在報告中的順序和標題，還可參照研究的取向、報告的性質、研究者個人書寫風格，有不同的變異和創意。

（一）緒論

緒論有時稱為引言或前言，研究者也可能直接開始書寫報告的正文，而未在報告中呈現緒論的項目，緒論通常是在告訴讀者下列要點和回答有關問題：

☐ 1. 研究題目的背景和研究動機

（研究題目形成的學理概念背景為何？）

（研究題目如何引發研究的動機和興趣？）

☐ 2. 研究題目對學術或實務的重要性和可能貢獻

（研究題目如何有助於相關學術領域的發展或創新？）

（研究題目如何有助於相關實務的改進或革新？）

☐ 3. 研究目的和研究問題

（研究者想瞭解什麼？想讓讀者瞭解什麼？）

（研究針對的問題為何？探究的焦點為何？）

☐ 4. 研究題目的關鍵名詞解釋

（研究題目的各個關鍵字在文獻的定義為何？在本研究的定義為何？）

☐ 5. 研究報告的組織架構

（如何針對研究目的組織報告的章節順序？）

（二）文獻探討

有關研究題旨的文獻探討內容，通常是在探討下列問題：

☐ 1. 研究題旨有關的文獻領域

（研究主要有關的學術領域為何？如何有所關聯？）

☐ 2. 文獻中有關研究題旨的理論概念

（研究根據或有關的理論、學說、概念為何？如何有所關聯？）

□ 3. 文獻中有關研究題旨的既有研究發現

（文獻中有關研究題旨的先前既有研究已發現什麼？尚未發現或須補足什麼？）

□ 4. 本研究與文獻中既有研究的同異

（本研究與文獻中既有研究比較，在研究方向和方法上有何相同或不同之處？有何推陳出新的獨特性或開創性？）

質性研究報告的文獻探討內容，可能呈現在報告中下列不同項目（Creswell, 2016: 61）：

1. **緒論或引言**：在報告的緒論或引言中即先述及有關文獻，用來塑造研究問題。

2. **文獻探討**：有關文獻獨立成為報告的一個項目，論述研究有關的文獻。

3. **研究發現之後**：文獻探討放在研究發現之後，作為討論研究發現的參照資料，常用在紮根理論研究報告，將資料中發現的理論與文獻中其他既有理論相互比較和討論。

4. **貫穿整個研究報告**：有關文獻貫穿呈現在報告中研究問題、研究方法、研究發現、和結論的所有部分，文獻概念融入整個研究故事，常用在敘說研究的報告，用來描述和解析一個人的經驗故事。

（三）研究方法

質性研究方法有多元的取向，研究採行的方法和步驟需要明確說明，並盡可能提供資料蒐集、整理、分析的實例，具體展示研究如何進行的方式和步驟，尤其避免只是引用質性研究法的術語，而無法讓讀者清楚知道研究發現究竟從何而來。質性研究報告的研究方法項目，主要是在告訴讀者下列要點和回答有關問題：

□ 1. 研究適用質性研究方法

（研究採用質性研究方法的理念或理由為何？）

（研究採取特定研究派典或取向的理念或理由為何？）

□ 2. 研究設計架構和流程

（研究的設計架構和進行流程為何？）

（研究流程圖展示的各項研究工作重點為何？）

□ 3. 選擇和進入研究場所

（選擇這個研究場所的理由為何？這個場所特性契合研究目的之處為何？）

（如何接觸和進入這個研究場所？進入場所的過程為何？）

（研究場所的物理環境為何？場所的社會情況為何？）

□ 4. 研究參與者的選擇和關係

（選擇某位或幾位研究參與者的理由為何？參與者特性契合研究目的之處為何？）

（如何選取參與者？選取的方法和過程為何？）

（參與者的背景和特性為何？參與者與研究者的關係為何？）

（如何建立與研究現場的關係？如何獲得參與者的信任與合作？）

（和參與者互動過程中遇到些什麼問題或困難？如何處理這些難題？）

□ 5. 研究者的角色和反思

（研究者定位的角色為何？在研究過程中如何採行這個角色？）

（研究者在研究過程中對於研究場所和參與者的感覺和想法為何？）

（研究者個人的興趣、信念、想法、價值觀或情緒感覺為何？）

（研究者個人的主觀想法和感覺對研究有何影響？如何因應和處理這些影響？）

☐ 6. 資料蒐集的方式

（整個研究進行多少時間？每個時期蒐集資料的工作為何？）

（蒐集資料的主要方式或輔助方式為何？）

（採行哪些觀察、訪談、檔案蒐集、和其他蒐集資料的方式？如何進行這些蒐集資料的過程？）

（如何使用錄音、拍照、錄影儀器蒐集資料？如何轉譯影音逐字稿？）

（蒐集資料過程有些什麼困難或問題？如何處理或解決這些難題？）

（如何知道蒐集的資料已趨向飽和？如何結束資料蒐集的工作？）

（如何編號整理所蒐集的資料？整理方式的具體實例為何？）

☐ 7. 資料分析詮釋的方式

（蒐集和分析資料的過程如何交互進行？）

（資料分析的取徑、策略、步驟或技術為何？分析的具體實例？）

（如何詮釋研究發現？採行的詮釋觀點為何？）

（研究者解析資料的個人主觀看法或可能影響為何？如何因應處理這些影響？）

☐ 8. 研究檢核與研究倫理

（如何檢核所蒐集資料的效度、可信性、信實性等研究品質標準？）

（如何檢核資料的分析結果？）

（研究過程遇到哪些研究倫理的議題？如何因應處理這些倫理課題？）

上述第 5 點「研究者的角色和反思」，主要是為了達到與讀者之間的

互為主觀性，幫助讀者站在研究者相同的立場，以相同的觀點來看同一研究現象，以思考研究者的詮釋是否合理可信（丁雪茵、鄭伯壎、任金剛，1996）。質性研究報告的研究者反思內容，可能呈現在報告中下列不同項目（Creswell, 2016: 225-228）：

1. **報告的開始**：在報告本文開始的一段或一節，研究者先敘述自己的知識背景和經驗如何導向研究。

2. **研究方法**：在研究方法的部分，研究者敘述自己在研究過程中扮演的角色和採取的觀點。

3. **貫穿整個研究報告**：在敘說研究的報告中，從開始的引言至最後的結論，都可看見研究者的自我反思。

4. **報告本文的外部**：研究者將自我反思放在本文下方的註腳，或放在本文旁邊的欄位，或是將自我反思寫成一個段落或小節，放在報告的結尾，作為研究報告的結語。

（四）研究發現

研究發現的描述、分析、詮釋，是質性研究報告內容的核心部分，需要描述這裡或這個人發生了什麼事情？分析事情是怎樣發生的？詮釋從裡面可能找出什麼東西？分析是有系統地說明事情發生的主要因素和關係，詮釋則是檢視什麼構成了這整體脈絡裡的意義（Wolcott, 1994: 36）。研究發現使用報告中最多的篇幅頁數，告訴讀者下列要點和回答有關問題：

☐ 1. 參照研究問題呈現研究發現

（如何呈現有關研究問題的描述、分析、詮釋和討論？）

☐ 2. 描述現場情況及參與者的行動和談話

（厚實描述現場發生哪些事情？主要有哪些具體的實例？）

（厚實描述現場人們做些什麼和說些什麼？主要有哪些具體的實例？）

□ 3. 意義的分析詮釋

（描述的內容如何構成有意義的類別、主題、類型、結構或理論？）

（描述、分析、和詮釋如何相互連結和對照呈現？）

（有哪些反面事例或不一致的實例？這些事例可能的意義為何？）

（文獻中有關研究題旨的哪些理論概念，如何用來分析詮釋所描述現象的意義？）

（如何使用圖表呈現資料概念及其間的關係？）

（如何透過研究者的自我反思，分析詮釋資料的意義？）

□ 4. 研究發現的討論

（綜合討論研究結果有哪些重要的發現和意涵？）

（比較和討論研究發現與文獻既有研究結果，有哪些相同或不同之處？這些同異的潛在意義為何？）

（參照理論概念和社會現況，討論與詮釋研究發現的社會、文化、教育意涵為何？）

（五）結論與建議

研究報告的最後章節，將研究發現做個總結，並參照本研究的發現和經驗提出建議，亦可將研究者反思寫成結語，告訴讀者下列要點和回答有關問題：

□ 1. 研究發現的結論

（對照研究目的與問題，摘述研究發現的整體結果為何？）

（統整研究報告內容，歸納研究發現的整體意涵為何？）

□ 2. 有關學術和實務的建議

（研究對於相關學術領域的啟示和建議為何？）

（研究對於相關實務現況的應用和建議為何？）

□ 3. 有關未來研究的的建議

（參照本研究經驗，未來可行或更佳的研究方法或方向為何？）

（參照本研究範圍，未來研究如何擴展研究問題和探究的範圍？）

（參照本研究的方法，未來研究如何採行其他更佳或更多元的方法？）

□ 4. 研究者反思整個研究過程和經驗

（研究者從整個研究過程，獲得哪些感想或心得？）

（研究者獲得哪些對其個人有深刻意義的經驗或體驗？）

三、描述與分析詮釋

質性研究報告的核心是研究發現的描述、分析、詮釋，接著進一步闡述報告內容有關描述、分析和詮釋的要點，包括：厚實的描述、描述和分析詮釋的相互呈現和內容份量、描述即詮釋、描述的實例和圖例、引用文獻的分析詮釋、社會文化的意義詮釋。

（一）厚實的描述

質性研究方法取向強調厚實的描述，厚實描述並不是要複製現場發生的每件事情和人們述說的每句話，在報告中主要須描述足以讓讀者瞭解研究的分析詮釋所必須知道的事情，用來描述的文字可直接引用觀察記錄、訪談記錄、檔案文件等原始資料的實例，或由研究者間接引述現場情況、人們談話、檔案文件實例，觀察的描述要傳遞給讀者彷彿自己就在那裡的臨場感覺，訪談的描述要傳遞給讀者從參與者位置和觀點看事情的感覺，讓讀者能將報告描述的情境與自己所知道的其他類似情境相互比較對照，自行評估研究發現推論到其他情境的可能性。

（二）描述和分析詮釋的相互呈現

　　質性研究報告中用來描述研究發現的文字，以及用來分析詮釋研究發現的文字，可採用兩種不同的呈現方式，一種方式是在一個段落或小節的字裡行間穿插描述、分析和詮釋，交互呈現描述實例及其分析詮釋，或是先呈現一些描述的實例，再分析詮釋這些實例的意義，或是先闡釋研究發現的某種意義，再呈現一些描述的例證，或者是交互呈現片段的描述、分析、詮釋；另一種方式是用整個章節分別呈現描述、分析和詮釋，意指在論文一節或專書一章，先獨立呈現完整的描述，接著在描述的同一章節最後或另外一個章節，再作綜合的分析詮釋或討論。例如，敘說研究或生命史研究的報告，常先說故事、再解析故事，先描述故事的情節、再分析詮釋故事的意義，而故事的描述本身，其實即已經在作詮釋。

（三）描述即詮釋

　　研究報告中的描述其實是一種取樣，研究者在現場選取某些事件、行動、話語加以描述記錄，例如敘說探究書寫的現場文本（field texts），就是一種詮釋的過程，研究者深思熟慮地選擇或強調某些部分出現在現場文本，而使得其他部分在現場文本中較少看見或看不見（Clandinin & Connelly, 2000/2003: 124）。從詮釋學的角度看，個人的每次敘說都是對自身生命經驗的再次關照與詮釋，敘事中的跳躍、重複、低語、沉默、隱藏，乃是敘事者詮釋自身的方式之一（劉靜貞，2016：26）。敘說分析的報告強調完整保留整個故事，而研究報告常是選取一些故事內容和情節，即反映研究者選用一些重點作為描述性的詮釋，詮釋呈現在描述的整體架構中，解釋事情如何發生或為什麼發生、人們如何述說或為什麼述說，描述的架構即在詮釋研究發現的意義，例如生命史研究報告的故事標題，即反映生命史的詮釋意義（Yin, 2016: 222）。

（四）描述的實例

研究報告中的描述實例，須具有清楚的描述重點，避免直接引用或間接引述冗長而看不到重點的實例，也避免重複呈現同一個實例，如針對已有描述實例說明的一個分析概念，資料中找不到另一個有關的描述實例，可能顯示這個概念並沒有重要的研究意義。從資料中選取描述實例時，扼要說明選取這個例子的意義。

呈現分析概念的描述實例，須能活化抽象的概念，還原有關此概念活生生的故事情節和情境脈絡；如是引用觀察實例，須呈現觀察的真實情況；如是引用訪談實例，宜一起呈現訪談者的提問和受訪者的回答；如是引用多數參與者的描述實例，須讓讀者能分辨報告中究竟是誰在說什麼、做什麼、想什麼；如有採用不同方法和資料來源三角檢測的多元資料，則盡可能引用不同方法蒐集不同資料來源的實例，用來交叉檢證分析的概念和意義，避免只找一些斷章取義的資料片段作為例證。

研究報告中如呈現的是反面事例，試著解析其意義，如一時無法詳加解釋，可據實描述這些反面事例與一般事例不同或矛盾之處，讓讀者如實看到人類生活現象的矛盾複雜性，並留給讀者和研究者自己反思的後續空間。研究報告的寫作過程中，研究者須經常重讀報告的描述實例，評估是否已經提供讀者足夠的實例，讓讀者據以瞭解研究發現的意涵。

（五）描述的圖例

研究報告除了引用文字描述的實例，也可選用照片、圖畫等圖像的實例，例如，人類學家進入部落社會觀察兒童的生活儀式（Mead, 1955），或是進入當代社區和學校觀察居民和學童的語言和讀寫生活（Heath, 1986），拍攝了一系列的照片，選用一些照片和描述照片內容的文字，放在研究報告中，圖文並茂傳達人們生活的文化圖像。照片隱含有拍攝者的動機和觀點，報告中須簡要說明拍照者的身分、拍照目的、拍照時間地點

等，讓讀者參照這些背景資料瞭解照片的內容和意義。在教育研究報告中，學生們的圖畫作品常是研究的焦點，報告中描述和分析詮釋圖畫內容的文字，須與圖例一對一相互對應，讓讀者逐一對照圖例閱讀研究發現。

（六）描述和分析詮釋的內容份量

　　一般的質性研究報告中，用來描述和分析的內容份量須均衡呈現，研究的分析詮釋來自於或融入於資料的描述，衡量研究報告的頁數，大約一半以上的頁數用來呈現描述的內容，如描述情節、事件、談話、行動等，大約少於一半的頁數用來呈現資料的分析，如分析類別、類型、意義等。報告中如過度呈現現場重複發生的人、事、物情況，而未透過分析的概念加以解釋，報告將只像是現場新聞報導；而如果報告中過度呈現分析的部分，卻沒有提供讀者足夠的描述資料，讀者只能知道研究者的心智思考，但不能知道研究者究竟在思考什麼事情。Creswell（2016: 175）建議研究報告的項目，如是呈現資料、代碼、主題和層面，描述的資料包括引文、句子、影像等，分析約二十個類別代碼顯示在段落標題，約五至七個主題放在研究發現，約二至三個層面放在綜合討論的項目。

（七）引用文獻的分析詮釋

　　在質性研究報告中，相關文獻探討常放在研究發現的描述分析之前，作為研究理論概念的基礎，或是將文獻資料放在研究發現的描述和分析之後、綜合討論和詮釋之前，文獻用來銜接細部的描述分析與整體的討論詮釋，用來綜合討論和詮釋研究發現，有的報告則在描述分析和詮釋時直接引用相關文獻，使得描述、分析、詮釋、與相關文獻在報告中交替呈現。

　　報告中引用文獻的分析詮釋，可採用理論三角檢測的多種理論觀點，亦可測試多種理論概念，選出其中最能契合研究發現或最能激發詮釋洞見的理論觀點，用來分析詮釋研究的結果（Alvesson & Sköldberg, 2018: 372）。在報告中引用文獻，須以批判性的眼光澄清自己的概念，例如縈

根理論的研究（Charmaz, 2014: 308-309），仔細評論文獻中其他學者的概念，比較從資料中發展的理論如何契合或擴展相關的文獻概念，或是針對現有文獻的知識缺口，說明自己的研究如何回答這些問題及發現相同或不同之處，邀請讀者一起進行理論的討論，定位自己研發的理論具有的貢獻。

（八）社會文化的意義詮釋

如本書開宗明義第一章第壹節「質性研究的意義」，以兒童遊戲的質性研究為例，即是厚實描述兒童遊戲的現象和經驗，並深入闡釋兒童遊戲對於兒童及社會文化的意涵。第一小節中表 5-1 論文綱要和表 5-2 研究報告目錄所列舉研究實例的最後章節，皆將研究發現推衍引申至更廣大的社會文化或教育脈絡，討論和詮釋研究發現的社會文化或教育意涵，如詮釋有關兒童發展與社會互動的意涵、職業社會化的存有意涵、專業發展與教育改革的意涵、社會體制與關係的意涵等。劉靜貞（2016）進行臺灣年長常民女性的口述歷史研究，即強調要為女性記憶中的日常生活描說細節賦予意義的，乃是有機會觀照全局，立腳於後見之明，能將受訪者個人經驗與大時代背景相連繫，且責無旁貸的研究者，例如：「在阿嬤對於當年出嫁時婚前相親、約會交往、嫁衣製作、婚禮形式、到場賓客的種種細細描述中，其實可以看到不同社會階層背景中的男女位置，也因而瞭解在那些振振有詞的社會規範背後，尚有活生生的人情世事需要面對。」（引自26頁）

（九）研究結果的寫作實例

綜合上述有關描述、分析和詮釋研究發現的寫作要點，最後引用倪鳴香（2004b）〈童年的蛻變：以生命史觀看幼師角色的形成〉研究論文之研究發現的撰寫作為實例，提供借鏡參考。本研究採生命傳記研究取向，進行四位幼兒園教師生命敘說中童年經驗與職業角色形成意義的詮釋性研

究，其論文綱要見第一小節表 5-1 所示。其研究結果的撰寫，首先扼要闡釋四位幼師生命轉化流程的存有意義，並說明為使讀者易於閱讀，呈現研究結果「幼師職業習性之陶養圖像」的方式，是先簡略描述傳主基本資料，整體形塑傳主童年史，並以圖顯示分析推論的架構。

　　例如，描述、分析、詮釋其中一位幼師的研究結果（28-30 頁），描述的部分，除了一次直接引用幼師的關鍵敘述「看著爸爸這樣跟小孩……感覺就是很單純的快樂」，主要都是由研究者間接引述的實例，如：「牧心的童年，除了在大自然中自由自在嬉耍所獲得的滋養外，父親的踐行教養方式、為人處事態度對她具有正面的意義，父親的角色形象具體包括身體力行、尊重鼓勵孩子、正向看人以及很會祝福他人等。父親與鄰居小孩遊戲時，雙方所表現出的單純喜樂的畫面，是牧心邁入幼教之路時參照的社會角色楷模圖像。」如此描述即詮釋的寫法，是選取一些扼要的故事情節，詮釋故事標題「父親身教楷模的陶養：童年家庭經驗的影響」，描述的架構即反映詮釋的意義。最後總結詮釋父親楷模影響一位幼師角色形成的關係和意涵：「關鍵在於生命流程中重要他人的出現，並能在共處的互動結構中產生楷模認同與自我轉化的影響力。」

　　本研究試圖建構具本土社會文化內涵的專業論述，論文最後一節綜合討論和詮釋四位幼師的研究結果，將四位幼師個人經驗與臺灣幼教時代背景相連結，並引用國內外相關文獻，從幼師童年經驗看職業角色形成歷程流轉，詮釋幼師職業社會化中童年經驗轉化的存有意涵，論文最後一段總結詮釋（摘引自 40-41 頁）「社會文化傳統脈絡鉅系統中之升學主義意識型態，亦鮮明地牽動著能動主體對自我的牽掛……主體置身於社會文化環境中，個體與社會、個人與系統兩者的交會點—角色……循著社會既有的框架追尋其安身立命之所的同時，也讓角色為其開展出獻身角色主體之自我追尋存有的教育意涵。因此，人在生活世界裡所要追尋的此一『安身立命』歷程，便在主體與社會拉扯的張力中開顯出生命獨特的存有意涵。『父親身教楷模的陶養』、『修復童年的虧與匱』、『順水推舟以退為

進』與『追求母職教師及教師母職的交融』的童年生命展延，不僅成為『幼師角色』的意義，亦具體的給出幼師職業習性『陶養』概念的內涵。」

參、報告的文體

社會科學的質性研究朝向模糊的文體（blurred genres），社會科學家解放自己，模糊了學科領域之間的語言界線，將人文學科如文學、藝術等的各種文體技巧和手法，運用於社會科學論文的詮釋性解釋（interpretive explanation），從社會科學原來正規的解釋法則，轉換為含混的、詮釋的、多元的一種解釋形式（a form of explanation），關注制度、行動、意象、話語、事件、習俗等社會科學感興趣的所有日常事物的意義、因而重構社會的思想（Geertz, 1980）。質性研究報告就像說故事一樣，可斟酌研究目的、研究資料的特性、研究報告的內容、以及研究者自己的寫作風格，選用一樣或多樣的文字體裁，以不同的語言和聲音述說一個有關研究的故事。

一、故事的文體

參照 Van Maanen（1988）提出《民族誌的現場故事》（*Tales of the Field*），質性研究報告主要可選用下列三種基本的文體（genres）：

（一）寫實的故事

寫實的故事（realist tales）是最普遍常見的研究報告文體，受到實證主義的影響，寫實的故事著重於報告社會的客觀事實和原因，研究者維持中立的價值，和研究參與者保持距離，這種報告的特徵是：

1. **第三人稱的語言**：最具體特徵是研究者以冷靜的第三人稱語言，客觀敘述和解釋事實。研究者不出現在報告中，研究者只具實敘述參與者所說的、所做的和所想的事情，例如，文字的敘述是「××做這個」，而

不是「我看見××做這個」。

2.**典型的真實世界**：著重於呈現人們典型的日常生活方式，很少提到人們的特殊經驗，有系統地展現現場的實況、事件、活動、以及人們的行動和語言，常密集引述人們的談話，直接展現人們的想法和觀點，帶領讀者進入人們生活的真實世界。

3.**詮釋的全能**（interpretive omnipotence）：研究者是全知全能的詮釋者，決定如何呈現和詮釋所看到的文化現象，並仔細揀選資料的事實例證，支持自己所作的分析和詮釋（Van Maanen, 1988: 51）。

（二）自白的故事

自白的故事（confessional tales）與寫實故事的風格正好相反，自白的故事受到現象學的影響，強調研究者個人主觀的興趣和價值觀影響其研究，研究者須持續運用對話與檢證方式，瞭解人們行動的主觀意義，這種報告的特徵是：

1.**第一人稱的語言**：最具體特徵是研究者以第一人稱語言，敘述自己與研究參與者的互動關係，例如，文字的敘述是「我看見警察在做××」，而不是「警察做××」。

2.**個人化的作者**：研究者有高度個人化的自我意識，敘述自己在研究現場的情形，告訴讀者自己如何進行現場工作，與讀者建立親密感，並坦白陳述自己個人的偏見、個性缺陷或不好的習慣，讓讀者看到研究者的人性特質，傳達給讀者一種「我像你一樣有著人性弱點」的感覺。

3.**現場工作者的解釋觀點**：研究者是明顯的主動者，積極探究現場人們的生活，敘述自己在現場看見的、聽見的、以及對這些見聞的反思和解釋，報告中充滿研究者自傳式的現場遭遇，包括研究者看到的各種事物和未預期的事件、看事情的方式、震驚和驚訝的情緒反應等，現場工作不僅是觀察描述現場經驗的行動，也是解釋如何瞭解現場經驗的行動。

（三）印象的故事

印象的故事（impressionist tales）的名稱來自於印象派的繪畫，以象徵式、比喻式的繪畫風格，呈現某個特定時空位置的世俗情景，傳遞畫家高度個人化的獨特風格，這種報告的特徵是：

1.**第一人稱的語言**：研究者以第一人稱的述說方式，焦點式、準確地，但也是想像地敘述自己回憶的系列現場事件，也敘述自己瞭解這些事件的方式，報告中同時呈現現場客觀的情景和研究者主觀的印象。

2.**文字的本體**：報告的文字充滿隱喻、直喻和回憶的事件，帶領讀者進入現場工作的情境，與現場工作者一起重溫故事，讓讀者就像研究者一樣，在現場觀看、傾聽和感覺事件連續發生，跟著研究者在現場看看這裡、聽聽那裡、或瞥見某個半隱藏的物體，常以零碎的印象式文字呈現現場的特殊事件。

3.**戲劇性的特徵**：研究者運用如藝術家的敏感度，戲劇性地描述現場發生的事情，明確描寫現場人物的姓名、表情、動機、做的事情、說的話語，運用即興式語言、鮮活的描述和雙關語等文學表達方式，讓讀者閱讀起來覺得生動有趣而印象深刻，印象的故事不會完全終結，故事的意義在與讀者接觸過程中，將持續被發揮和闡述（Van Maanen, 1988: 120）。

比較上述三種說故事的文體，寫實故事偏重客觀的事實，自白故事偏重主觀的觀點，印象故事可說是介於主觀和客觀之間，研究者選用某一種文體撰寫報告，即反映不同的聲音和觀點。例如，自我敘說研究處理自述文本時，如採取當事人觀點（第一人稱）敘事，故事的主角（當事人）與敘事者（詮釋者）合一，較能直接反映敘事者的聲音，如採取敘事者（詮釋者）觀點（第三人稱），則會以敘事者（詮釋者）的觀點詮釋當事人的故事（丁興祥，2012）。

二、混搭的文體

　　質性研究報告也可運用多樣的文體述說研究的故事，或是在報告中不同的部分酌情採用不同的文體，或是整個報告採用一種文體作為報告的基調，只有在特定部分或片段酌情採用其他文體，例如採用一種寫實文體撰寫報告，只在研究者角色和反思的部分採用第一人稱的自白敘述，或者是在報告的各個項目部分混搭不同的文體。研究報告相互混搭不同的文體，猶如針對報告各部分內容量身剪裁每個部分的故事文體，讓讀者在閱讀一篇研究報告時，在不同的部分聽到不同的聲音。

（一）現象學研究實例

　　許惠茹（2009）運用詮釋現象學的主題分析方法，探究國三學生考試經驗的意義與本質，並將其延伸到對教學的反思，研究報告一開始即先呈現學生一連串比喻其考試經驗的印象式語言（35頁）：

<blockquote>
老師問：「你的考試經驗像什麼？」

學生說：

「考試就像火災，燒掉我玩的時間和控制我的自由，無法逃生，

快要窒息了」

「考試就像走黃泉路，前面的女鬼就是我媽和老師」

「考試就像冒險，考得好會有寶藏做為禮物，考不好就會有很悲

慘的下場」

「考試就像過獨木橋，隨時要擔心自己會掉下來」

「考試猶如下十八層地獄，走到最下層，就要被趕出家門了」
</blockquote>

　　接著有關研究動機與目的、相關研究探討、以及研究方法與設計，主要採用寫實的文體加以說明，至於研究結果的行文中雖沒有直接出現研究

者「我」的第一人稱，研究結果的描述與分析詮釋傾向印象的故事文體，充滿學生回憶其考試經驗的印象式語言和插畫，研究者亦採用焦點式、準確地、也是想像地敘述自己瞭解這些經驗的方式，例如詮釋一個隱喻式主題「考試如圍城，住著異化的人」：考試制度，猶如圍城，包圍著學校與家庭，圍城當中，一間間的監獄，猶如人間煉獄，受刑的痛苦，就這樣日復一日的生活著，置身其中的人們，也都因這樣的經驗而異化了（44頁）。

在報告結尾提出的反思則採用不同的文體（摘引自 62-63 頁），第一段兼採「我」的自白敘述和一系列印象式比喻：

在剝開學生考試經驗的層層探究中，我不斷接受考試對學生的意義的分享，我驚覺，身為「教育推手」的教師竟然是此惡質生態環境的催化者之一，在此環境下，學生的生命被抽離、主體性被忽略，學生就如同是將被製造成形的經濟商品，教師教學的過程如同開始啟動的作業線，習得的知識就如同生產的原料，教師教書匠的角色如同是技術化的作業員，考試過程如同商品檢測鑑定的過程……。在我做研究、矛盾、淚流、反思的期間，我也開啟重新審視並轉化我的教學與道德價值觀的歷程。

第二段採寫實的客觀論述和主張：

透過國三學生考試經驗的探究，教師應反思的教學面向包括：教師反思教學和評量的方式、反思考試於認同、認知、與價值觀的影響、反思市場化教育對公平與正義的戕害。……老師與家長更需要共同檢視社會文化深植於教師和家長對考試的價值意識對學生的學習、以及對學生創意與自我認知、認同所可能產生的影響。親、師、生要建立開放性的對話論壇，更進一步的相互了解，發覺差異、尊重差異，建立教育民主的空間。

最後再次對照呈現師生敘說的印象式詩句，呼應報告一開始師生問答的印象式語句：

學生說：

「考試就是小考連接週考，週考連接月考，月考連接模擬擬考，
模擬考連接基測，

基測連接高中，高中連接大學，大學連接工作，工作連接人生，
人生就是考試，考試就是人生。」

我說：

「考試經驗之詮釋現象學探究，就像是剝也剝不完的洋蔥，讓人
眼淚直流，

窮究考試經驗之意義與本質，不知是否剝開了，但是，盡力
了！」

（二）自我敘說研究實例

自我敘說研究報告的部分或全部內容，研究者自身是敘說的主體，主要會採用第一人稱的自白文體，並混搭也是第一人稱的印象式語言。例如，簡乃暉（2008）自我敘說身為一位幼教教師教學情緒的「結」走向「解」的故事，真實碰觸自己的生命經驗，主要使用自白的故事文體，以第一人稱敘說自己的情緒故事，或以第一人稱敘述自己如何使用文獻概念來解釋自己的故事，並穿插一些自我書寫札記的印象式語言和詩句（摘引自93頁）：

一個學期後，偶爾遇見小偉媽媽，每次見面，總是打招呼，簡短問
答，好像真的沒事了，總是在與小偉媽媽對談後，回到教室，又是

一個滿臉笑意的老師，我似乎又回復到那個「健康」的我。正在我十足滿足這個「結」「彼此」找到了「解」之時，峰迴路轉。

多事之秋

又是我嗎？你們臉色凝重

怎麼了？你們什麼也不說

劇情　重演

我沒有哭泣　只是聽聽而已

心震了一下　驚呼而已

我已不是那個不健康的我自己

我付出過代價　我已重新出發

我依舊相信會過去　真的會過去

多事之秋　我真的只是「順便」而已

解了嗎？

　　至於論文中文獻探討和研究方法的部分，先使用寫實文體客觀論述有關文獻和說明研究的方法，之後研究者自己又出現在行文中，以第一人稱「我」敘說自己怎樣閱讀文獻和採用自我敘說的方法，例如：「在諸多的影響因素中，我則認為最重要的是教師要能體察自己的情緒，方能有自如的情緒表現」（32 頁）；「本論文即在這樣的脈絡與『面對』下，細究自己的『心聲』，積極的面對在教學現場所遭遇的情緒困境，施以動力，向前走去」（64頁）。

　　由於研究題旨是敘說自己喜怒哀樂的情緒，報告行文中常出現印象式的語句，除了穿插充滿比喻和回憶的詩句，也使用即興式的片段語言，想像地敘述自己回憶的情緒經驗，例如：「自己過去的『不小心』或『忍不

住』，讓教學籠罩在一些擔憂的陰霾下。因為，過往挫敗的經驗就像山上望去的烏雲，真有種說不出的恐懼……」（83頁）；「看著孩子，想著自己，那種『長大』、『成熟』的意味，我也好像擁有。因為想要改變，使我改變。因此，懂得了解。人有時候需要一點點刺激、一點點打擊，我會帶著力量，往每個明天走下去，在路途中，會喃喃自語地如發現新大陸似望向每段繼續，想說，啊，終於靠岸了」（161頁）。

Patton（2015: 73-74）指出寫作的聲音不僅是文法上第一人稱主動語態或第三人稱被動語態，一個可信的和信實的聲音能吸引讀者，透過豐富的描述、細心的順序安排、適當的引述、清楚的脈絡，讓讀者與研究者一起搜尋意義：研究報告有各種聲音的選擇，例如：教師教導的聲音、偵探搜尋邏輯的聲音、說故事者敘說的聲音、懷疑論者懷疑的聲音、局內人親近的聲音、局外人公平超脫的聲音、不確定的搜尋聲音、以及發現的興奮聲音等，聲音涉及各種平衡，包括批判的和創造的分析、描述和詮釋、直接引述和概要說明之間，都需要取得適宜的平衡。

質性研究者無論選用某一種或多種混搭的文體，用來撰寫研究報告的全部或某些部分，基本上都須具備良好的寫作能力和技巧，研究者可經由持續練習、訓練、經驗、以及閱讀他人的研究報告，加強自己說故事的文字表達和書寫能力。

寫作的文體是一種表達的形式，表達形式配合所需要表達的內容而形成，怎樣的內容即需要怎樣的文體來書寫完成，有關表達什麼的內容須加以充實和塑造，有關如何表達的形式亦可加以實驗和創造，讓研究報告得以生動地言之有物，避免不知所云又言之無物的偏頗失衡。所謂「質勝文則野，文勝質則史」，研究報告只重內容而忽視形式文采，即顯得粗略鄙俗，研究報告只重形式而忽視內容實質，即顯得空洞虛浮，研究報告的實質內容與書寫文體之間，總是需要有緊密的默契與契合，內容的實質與形式的文體相輔相成才能相得益彰，彰顯出文質彬彬、兼具內在和外在雙重品質的研究報告。

肆、摘要

　　質性研究報告的撰寫，主要是組織和建構研究資料，將研究發現的重要訊息有效地傳達給讀者，在資料蒐集和分析之時即可開始持續撰寫報告。撰寫的內容和文字須考慮預期的讀者，開始撰寫報告時，可先發展一份寫作架構的暫定大綱，預擬研究報告的章節標題和內容要點，逐步撰寫報告的各個部分，並在寫作過程中持續思考和調整報告的大綱。寫成報告的初稿，須再加以編輯和修訂，並可商請研究參與者和研究同儕閱讀與檢核，研究報告寫成之後，再作整體編輯和修訂，並請專業研究者審查和評論。

　　一般質性研究報告的內容項目包括：緒論、文獻探討、研究方法、研究發現與討論、結論與建議，這些項目呈現在報告的綱要或目錄，其呈現的順序、位置、份量和標題名稱，可參照研究派典或取向、報告的性質、或研究者個人的書寫風格而有不同的變異和創意，導向某種研究觀點和立場的解釋和詮釋。質性研究報告的核心是研究發現的描述、分析、詮釋，其中須注意的要點包括：厚實的描述、描述和分析詮釋的相互呈現和內容份量、描述即詮釋、描述的實例和圖例、引用文獻的分析詮釋、社會文化的意義詮釋。

　　質性研究報告的撰寫就像說故事一樣，可選用寫實的故事、自白的故事或印象的故事的文體，寫實的故事偏重客觀的事實，自白的故事偏重主觀的觀點，印象的故事介於主觀和客觀之間。研究者選用一種或混搭幾種文體撰寫研究報告，以不同的語言和聲音述說一個有關研究的故事，研究報告的實質內容與書寫文體需要相輔相成，以完成兼具內在和外在雙重品質的研究報告。

參考文獻

丁雪茵、鄭伯壎、任金剛（1996）。質性研究中研究者的角色與主觀性。**本土心理學研究，6**，354-376。

丁興祥（2012）。自我敘說研究：一種另類心理學。**應用心理研究，56**，15-18。

方志華、葉興華、劉宇陽、黃欣柔（2015）。中小學電子教科書產業趨勢與需求之研究。**課程與教學季刊，18**（3），157-182。

王文欽、賴念華（2011）。四位女性肢體障礙者的心理劇團體暖身經驗。**輔導與諮商學報，33**（2），1-31。

王致遠、蔡敦浩、吳孟珍、李至昱（2017）。創業實作課程如何產生學習：創制研究取徑。**管理學報，34**（2），147-166。

伊彬、邱佳勳、陳翊慈（2019）。低視力兒童繪畫表現特徵與教學策略初探。**藝術教育研究，37**，1-48。

朱麗玲、郭丁熒（2019）。治理與自理交織的專業發展探索——一位校長的敘說研究。**師資培育與教師專業發展期刊，12**（3），53-78。

吳心楷、辛靜婷（2012）。數位學習研究中質性資料的管理與分析：以 NVivo 軟體的使用為例。載於宋曜廷（主編）：**數位學習研究方法**（頁163-208）。臺北市：高等教育。

吳相儀、陳琬云、黃雅新、林秀玲（2020）。「大學生感恩課程」之教學歷程研究。**教育研究集刊，66**（1），35-76。

吳肇銘、金志聿、蔡毓霖（2019）。運用文字探勘於教學評鑑分析之研究——以中原大學資管系課程為例。**商管科技季刊，20**（4），437-468。

宋如瑜（2013）。會話分析下的華語教師課堂語言研究。**國立臺北教育大學語文集刊，24**，39-90。

宋慶珍（2005）。**幼兒書寫萌發之個案研究**。國立臺北師範學院幼兒教育學系碩士論文。

宋曜廷、潘佩好（2010）。混合研究在教育研究的應用。**教育科學研究期刊，55**（4），97-130。

李文玫（2014）。在地實踐中的情感結構樣貌：桃竹苗地區客家庄社會文化行動者的

生命敘說探究。**客家研究**，**7**（2），159-198。

李文玫（2019）。**客家敘說、敘說客家：一種文化心理學的探究**。臺北市：桂冠。

李芬蓮（1970）。臺灣農村社會的兒童教養——以雲林縣石龜溪為例。**中央研究院民族學研究所集刊**，**29**，151-198。

李書行、王澤世、戚務君、薛富井、蘇裕惠（2018）。**當前國內會計教育之改革與創新專案報告**。臺北市：中華會計教育學會。

李璧岑（2015）。幼兒閩南語兒歌活動經驗之個案研究。國立臺北教育大學幼兒與家庭教育學系碩士論文。

周春美、沈健華（2007）。認知學徒制對實習生專業社會化之研究。**高雄師大學報**，**22**，93-110。

林文莉（2007）。**幼兒讀寫萌發個案初探**。國立政治大學幼兒教育研究所主辦「2007幼兒教育專業、品質與卓越：幼兒語文之教與學」學術研討會論文，臺北。

林文莉（2009）。**母親陪伴幼兒書寫萌發之個案研究**。國立臺北教育大學幼兒與家庭教育學系碩士論文。

林玫君、譚寶芝（2018）。臺灣與香港幼兒戲劇教育全球在地化：視像人種誌對話研究。**課程與教學季刊**，**21**（3），1-28。

邱珍琬（2010）。國中生在隔代教養下的家庭教育。**家庭教育與諮商學刊**，**8**，33-66。

邱珍琬（2012）。我的諮商理論取向及型態形成過程——一個自述研究。**應用心理研究**，**56**，55-97。

洪志成、楊家瑜（2013）。教育行政領域應用紮根理論研究方法之分析。**教育研究學報**，**47**（2），1-20。

洪琬琪、何慧敏（2010）。幼兒之家庭概念。**家庭教育與諮商學刊**，**8**，1-32。

倪鳴香（2004a）。敘述訪談與傳記研究。**教育研究月刊**，**118**，26-31。

倪鳴香（2004b）。童年的蛻變：以生命史觀看幼師角色的形成。**教育研究集刊**，**50**（4），17-44。

倪鳴香（2009）。「我就是這工作，在工作中我蛻變」：以生命史觀詮釋一位幼師職業角色之自我創化。**教育與心理研究**，**32**（4），23-52。

孫敏芝（1989）。**教師期望與師生交互作用：一個國小教室的觀察**。高雄市：復文。

張芬芬（2020）。質性研究中的快思慢想：整體直觀與邏輯推理。**台灣教育研究期刊**，**1**（3），235-270。

張貴媚（2015）。幼兒閱讀圖畫書回應的環境覺知。國立臺北教育大學幼兒與家庭教育學系碩士論文。

張德銳、林緞君（2016）。PBL在教學實習上的應用成效與困境之研究。**師資培育與教師專業發展期刊，9**（2），1-26。

莊邲如（2018）。幼兒家長選擇共學團體信念之研究。國立臺北教育大學幼兒與家庭教育學系碩士論文。

莊禮聰（2018）。以翻轉教學設計提升五專護理科解剖生理學課程之學習成效。**教學實踐與創新，1**（2），1-38。

許惠茹（2009）。國三學生考試經驗之詮釋與反思。**教育實踐與研究，22**（2），33-66。

郭文華（2020）。**尊重文化，敏銳感知：診間的醫療民族誌**。2020年12月20日取自元氣網醫病平台 https://health.udn.com/health/story/6001/4834774

郭洳君、蕭惠君（2016）。幼兒園環境色彩之應用現況研究——以臺北市四所幼兒園為例。**藝術論文集刊，27**，29-58。

陳世榮（2015）。社會科學研究中的文字探勘應用：以文意為基礎的文件分類及其問題。人文及社會科學集刊，**27**（4），683-718。

陳向明（2004）。**旅居者和「外國人」—— 中國留美學生跨文化人際交往研究**。北京：教育科學出版社。

陳伯璋、張盈堃（主編）（2007）。**學校教師的生活世界：批判教育學的在地實踐**。臺北市：師大書苑。

陳秉華、程玲玲、范嵐欣、莊雅婷（2013）。基督徒的靈性掙扎與靈性因應。教育心**理學報，44**，477-498。

陳添球（1989）。**國民小學教師教學自主性之研究——一所國民小學日常生活世界的探討**。私立東吳大學社會學研究所理論組碩士論文。

陳燕禎、林義學（2014）。高齡者跌倒成因與友善生活環境：一個質性研究的發現。**輔仁社會研究，4**，43-83。

陳蕙芬（2019）。以物易悟：以柔韌設計化解機構阻力。**組織與管理，12**（2），167-227。

陸璇（2016）。幼兒「主題活動回顧畫」的內容。國立臺北教育大學幼兒與家庭教育學系碩士論文。

游美惠（2000）。內容分析、文本分析與論述分析在社會研究的運用。**調查研究，**

8，5-42。

湯玉瑩（2015）。**一位資深幼兒園教師的生涯回看**。國立臺東大學幼兒教育學系碩士論文。

黃旭鈞、陳建志（2019）。社會網絡分析應用在初任校長導入方案對校長專業發展成效之研究。**教育與心理研究，42**（2），31-53。

黃瑞琴（1989）。質的幼兒教育研究：省思和舉隅。**國民教育，30**（3,4），10-20。

黃瑞琴（1990a）。**準幼稚園教師的教學觀**。臺灣省政府教育廳主辦「臺灣省第一屆教育學術論文發表會」論文集（499-516頁），臺北。

黃瑞琴（1990b）。質性教育研究之倫理課題。**國民教育，30**（5,6），45-47；**30**（7,8），56-59。

黃瑞琴（1991a）。幼師科學生教學觀類型的個案分析。**幼兒教育年刊，4**，115-131。

黃瑞琴（1991b）。幼稚園園長的教室觀點之研究。**國立臺北師範學院學報，4**，681-716。

黃瑞琴（1991c）。教室是一幅文化的圖畫。**國立臺北師範學院博雅教育文集第一輯**，189-196。

黃瑞琴（1996）。談我的一些文化經驗。載於黃政傑（主編），**質性教育研究：方法與實例**（頁159-182）。臺北市：漢文。

黃瑞琴（2009）。當遊戲遇見幼兒課程。**教育研究與發展期刊，5**（2），27-54。

黃瑞琴、張翠娥（1991）。**幼兒教師教學的實際知識**。臺灣省政府教育廳主辦「臺灣省第二屆教育學術論文發表會」會議論文，新竹。

黃瑋芸（2008）。**新住民子女個人經驗敘說之內容、結構與意義**。國立臺北教育大學幼兒與家庭教育學系碩士論文。

葉安華、李佩怡、陳秉華（2017）。自我敘說研究取向在臺灣的發展趨勢及研究面向：1994-2014年文獻回顧分析。**臺灣諮商心理學報，5**（10），65-91。

葉秀燕、吳孟蓉（2014）。族群技藝與文化創意產業：以花蓮縣秀林鄉太魯閣族女性工藝編織者為例。**臺灣原住民族研究季刊，7**（3），1-37。

趙佩瑛（2009）。**遊戲中評量幼兒社會互動能力之行動研究**。國立臺北教育大學幼兒與家庭教育學系碩士論文。

劉世閔、曾世豐、鍾明倫（2017）。**NVivo 11 與網路質性研究方法論**。臺北市：五南。

劉雅琳（2019）。**廣告中的幼童圖像研究**。國立臺北教育大學幼兒與家庭教育學系碩

士論文。

劉靜貞（2016）。尋訪女性生活詩篇——以紀錄片為方法的思考。載於劉維瑛（主編），臺灣好說——臺灣女人影像紀錄（頁8-34）。臺南市：國立臺灣歷史博物館。

蔡敏玲（2002）。**教育質性研究歷程的展現：尋找教室團體互動的節奏與變奏**。臺北市：心理。

鄭芬蘭、蔡孟芬、蔡惠玲（2013）。罕見疾患的家庭壓力因應與需求——以高雄市為例。**教育心理學報**，**44**，433-458。

鄭曉楓（2018）。高齡者進修碩士學位之幸福內涵探究。**教育實踐與研究**，**31**（2），59-94。

賴美玟（2007）。幼兒假扮遊戲呈現之心智理論研究。國立臺北師範學院幼兒教育學系碩士論文。

戴芳煒、蔡敏玲（2013）。大班到小學一年級兒童回應圖畫故事書的思考脈絡。**教育實踐與研究**，**26**（1），1-12。

簡乃暉（2008）。結與解——一位幼教教師教學情緒的自我敘說。國立臺北教育大學幼兒與家庭教育學系碩士論文。

蘇明進、張文華（2020）。視覺化校本線上專業學習社團運作圖像之初探。**師資培育與教師專業發展期刊**，**13**（2），85-114。

蘇慧貞、簡楚瑛（2004）。幼兒園園長之領導個案研究。**教育與心理研究**，**27**（3），429-456。

顧美俐（2014）。新移民女性與宗教信仰。**輔仁社會研究**，**4**，129-167。

Adams, C., & van Manen, M. (2008). Phenomenology. In L. M. Given (Ed.), *The SAGE encyclopedia of qualitative research methods* (Vol.2, pp. 614-619). Thousand Oak, CA: Sage.

Agar, M. H. (1980). *The professional stranger: An informal introduction to ethnography*. New York: Academic Press.

Alvesson, M., & Sköldberg, K. (2018). *Reflexive methodology: New vistas for qualitative research* (3rd ed.). Los Angeles, CA: Sage.

Atkinson, R. (2002). The life story interview. In J. F. Gubrium & J. A. Holstein (Eds.), *Handbook of interview research: Context and method* (pp. 121-140). Thousand Oaks, CA: Sage.

Bazeley, P. (2018). *Intergrating analyses in mixed methods research*. London: Sage.

Bell, J. S. (2002). Narrative inquiry: More than just telling stories. *TESOL, Quarterly, 36*(2), 207-213.

Blazer, B. (1986). "I want to talk to you about writing": 5-year-old children speak. In B. B. Schieffelin & P. Gilmore (Eds.), *The acquisition of literacy: Ethnographic perspectives* (pp. 75-109). Norwood, NJ: Ablex.

Blumer, H. (1969). *Symbolic interactionism: Perspective and method*. Englewood Cliffs, NJ: Prentice-Hall.

Bogdan, R. C. (1983). Teaching fieldwork to educational researchers. *Anthropology & Education Quarterly, 14*(3), 171-178.

Bogdan, R. C., & Biklen, S. K. (2007). *Qualitative research for education: An introduction to theory and methods* (5th ed.). Boston, MA: Pearson Education.

Braun, V., & Clarke, V. (2006). Using thematic analysis in psychology. *Qualitative Research in Psychology, 3*(2), 77-101.

Broeckmans, J. (1990). Types and consequences of student teachers diagnoses during classroom interaction. In H. Mandl et al. (Eds.), *Learning and instruction* (pp. 95-111). Oxford: Pergamon Press.

Bruner, J. (1986). *Actual minds, possible worlds*. Cambridge, MA: Harvard University Press.

Bruner, J. (2002). *Making stories: Law, literature, life*. New York: Farrar, Straus, And Giroux.

Charmaz, K. (2014). *Constructing grounded theory* (2nd ed.). London: Sage.

Clandinin, D. J. (1989). Developing rhythm in teaching: The narrative study of a beginning teacher's personal practical knowledge of classrooms. *Curriculum Inquiry, 19*(2), 121-141.

Clandinin, D. J., & Connelly, F. M. (1992). Teacher as curriculum maker. In P. W. Jackson (Ed.), *Handbook of research on curriculum* (pp. 363-401). New York: Macmillan.

Clandinin, D. J., & Connelly, F. M. (2003). 敘說探究：質性研究中的經驗與故事（蔡敏玲、余曉雯譯）。臺北市：心理。（原出版年：2000）

Connelly, F. M., & Clandinin, D. J. (1988). *Teachers as curriculum planners: Narratives of experience*. New York: Teachers College Press.

Cope, J. (2005). Researching entrepreneurship through phenomenological inquiry: Philosophical and methodological issues. *International Small Business Journal, 23*(2), 163-189.

Corbin, J., & Strauss, A. (2015). *Basics of qualitative research: Techniques and procedures for developing grounded theory* (4th ed.). Thousand Oaks, CA: Sage.

Corsaro, W. A. (1981). Entering the child's world: Research strategies for field entry and data collection in a preschool setting. In J. Green & C. Wallat (Eds.), *Ethnography and language in educational settings* (pp. 117-146). Norwood, NJ: Ablex.

Creswell, J. W. (2016). *30 essential skills for the qualitative researcher*. Thousand Oaks, CA: Sage.

Denzin, N. K. (1989). *The research act* (3rd ed.). Englewood Cliffs, NJ: Prentice-Hall.

Denzin, N. K. (2004). Reading film: Using photos and video as social science material. In U. Flick, E. V. Kardorff, & I. Steinke (Eds.), *A companion to qualitative research* (pp. 234-247). London: Sage.

Erickson, F. (1984). What makes school ethnography "ethnographic" ? *Anthropology & Education Quarterly, 15* (1), 51-66.

Erickson, F. (1986). Qualitative methods in research on teaching. In M. C. Wittrock (Ed.), *Handbook of research on teaching* (3rd ed., pp. 119-161). New York: Macmillan.

Erickson, F. (2018). A history of qualitative inquiry in social and educational research. In N. K. Denzin & Y. S. Lincoln (Eds.), *Sage handbook of qualitative research* (5th ed., pp. 36-65). Thousand Oaks, CA: Sage.

Eriksson, E., Boistrup, L. B., & Thornberg, R. (2018). A qualitative study of primary teachers' classroom feedback rationales. *Educational Research, 60*(2), 189-205.

Fetterman, D. M. (2013). 民族誌學（賴文福譯）。新北市：揚智文化。（原出版年：2010）

Fine, G. A. (1987). *With the boys: Little league baseball and preadolescent culture*. Chicago, IL: University of Chicago Press.

Fine, G. A., & Sandstrom, K. L. (1988). *Knowing children: Participant observation with minors*. Newbury Park, CA: Sage.

Finnan, C. R. (1988). The ethnography of children's spontaneous play. In G. Spindler (Ed.), *Doing the ethnography of schooling: Educational anthropology in action* (pp. 356-380). New York: CBS College.

Flick, U. (2014). *An introduction to qualitative research* (5th ed.). Los Angeles, CA: Sage.

Flick, U. (2018). Triangulation. In N. K. Denzin & Y. S. Lincoln (Eds.), *Sage handbook of qualitative research* (5th ed., pp. 444-461). Thousand Oaks, CA: Sage.

Fortes, M. (1970). Social and psychological aspects of education in Taleland. In J. Middleton

(Ed.), *From child to adult: Studies in the antropology of education* (pp. 14-74). Austin, TX: Univerity of Texas Press.

Fuchs, E. (1969). *Teachers talk: Views from inside city schools*. New York: Doubleday & Company.

Gee, J. P. (2014). *An introduction to discourse analysis: Theory and method* (4th ed.). New York: Routledge.

Geertz, C. (1973). *The interpretation of cultures: Selected essays*. New York: Basic Books.

Geertz, C. (1980). Blurred genres: The refiguration of social thought. *The American Scholar, 49*(2), 165-179.

Geertz, C. (1983). *Local knowledge*. New York: Basic Books.

Glaser, B. G. (1978). *Theoretical sensitivity: Advances in the methodology of grounded theory*. Mill Valley, CA: Sociological Press.

Glaser, B. G. (2001). *The grounded theory perspective: Conceptualization contrasted with description*. Mill Valley, CA: Sociology Press.

Glaser, B. G., & Strauss, A. L. (1967). *The discovery of grounded theory: Strategies for qualitative research*. Chicago, IL: Aldine.

Gold, R. L. (1958). Roles in sociological field observations. *Social Forces, 36*, 217-223.

Goldenberg, C. (1992). The limits of expectations: A case for case knowledge of teacher expectancy effects. *Amercian Educational Reseach Journal, 29*, 517-544.

Griffith, A. I., & Smith, D. E. (2005). *Mothering for schooling*. New York: Routledge Falmer.

Guba, E. G., & Lincoln, Y. S. (1989). *Fourth generation evaluation*. Newbury Park, CA: Sage.

Hatch, J. A. (1989). Young children as informants in classroom studies. *Early Childhood Research Quarterly, 5*, 251-264.

Heath, S. B. (1986). *Ways with words: Language, life, and work in communities and classrooms*. Cambridge: Cambridge University Press.

Heath, S. B. (1988). 教育人種誌：基礎要件的界定（載於曾守得譯：教育人種誌研究方法論，頁33-77）。臺北市：五南。（原出版年：1982）

Hitchcock, G., & Hughes, D. (1989). *Research and the teacher: A qualitative introduction to school-based research*. London: Routledge.

Jackson, P. W. (1968, 1990). *Life in classrooms*. New York: Teachers College Press.

Jacobs, S., Armitage, S., & Anderson, K. (1984). *A handbook for life history research*. Seattle,

WA: University of Washington.

Jick, T. D. (1983). Mixing qualitative and quatitative methods: Triangulation in action. In J. Van Maanen (Ed.), *Qualitative methodology* (pp. 135-148). Beverly Hills, CA: Sage.

Johnson, M. (1989). Personal practical knowledge series: Embodied knowledge. *Curriculum Inquiry, 19*(4), 361-377.

Jorgensen, D. L. (1989). *Participant observation: A methodology for human studies*. Newbury Park, CA: Sage.

Krippendorff, K. (2013). *Content analysis: An introduction to its methodology*. Thousand Oaks, CA: Sage.

Krueger, R. A., & Casey, M. A. (2015). *Focus groups: A practical guide for applied research*. Thousand Oaks, CA: Sage.

Labov, W., & Waletzky, J. (1967). Narrative analysis: Oral versions of personal experience. In J. Helm (Ed.), *Essays on the verbal and visual arts* (pp. 12-44). Seattle, WA: University of Washington Press.

Lancy, D. F. (2017)。童年人類學（陳信宏譯）。臺北市：貓頭鷹。（原出版年：2015）

Langness, L. L., & Frank, G. (1981). *Lives: An anthropological approach to biography*. Novato, CA: Chandler & Shar.

Lieberman, J. N. (1977). *Playfulness: Its relationship to imagination and creativity*. New York: Academic Press.

Liu, B. (2020). *Sentiment analysis: Mining opinions, sentiments, and emotions* (2nd ed.). Cambridge: Cambridge University Press.

Lincoln, Y. S., & Guba, E. G. (1985). *Naturalistic inquiry.* Beverly Hills, CA: Sage.

Lincoln, Y. S., Lynham, S. A., & Guba, E. G. (2018). Paradigmatic controversies, contradictions, and emerging confluences, revisited. In N. K. Denzin & Y. S. Lincoln (Eds.), *Sage handbook of qualitative research* (5th ed., pp. 108-150). Thousand Oaks, CA: Sage.

Lofland, J., & Lofland, L. H. (1995). *Analyzing social settings: A guide to qualitative observation and analysis* (3rd ed.). Belmont, CA: Wadsworth.

Mandelbaum, D. G. (1973). The study of life history: Gandhi. *Current Anthropology, 14*(3), 177-196.

Marvasti, A. (2004). *Qualitative research in sociology.* London: Sage.

Maxwell, J. A. (2013). *Qualitative research design: An interactive approach* (3rd ed.). Thousand Oaks, CA: Sage.

McCracken, G. (1988). *The long interview*. Beverly Hills, CA: Sage.

Mead, M. (1955). Children and ritual in Bali. In M. Mead & M. Wolfenstein (Eds.), *Childhood in contemporary cultures* (pp. 40-51). Chicago, IL: University of Chicago Press.

Miles, M. B., Huberman. A. M., & Saldaña, J. (2020). *Qualitative data analysis: A methods sourcebook* (4th ed.). Los Angeles, CA: Sage.

Ogbu, J. U. (1974). *The next generation: An ethnography of education in an urban neighborhood*. New York: Academic Perss.

Patton, M. Q. (2015). *Qualitative research & evaluation methods: Integrating theory and practice* (4th ed.). Thousand Oaks, CA: Sage.

Pelto, P. J., & Pelto, G. H. (1978). *Anthropological research: The structure of inquiry*. New York: Harper & Row.

Peräkylä, A. (2004). Conversational analysis. In C. Seale, G. Gobo, J. Gubrium, & O. Silverman (Eds.), *Qualitative research practice* (pp. 165-179). London: Sage.

Prochner, L. (2001). "The proof of the home is the nursery": An American proverb revisited. In J. A. Jipson & R. T. Johnson (Eds.), *Resistance & representation: Rethinking childhood education* (pp. 205-221). New York: Peter Lang.

Punch, M. (1986). *The politics and ethics of fieldwork*. Beverly Hills, CA: Sage.

Riemer, J. W. (1977). Varieties of opportunistic research. *Urban Life, 5*, 467-477.

Riessman, C. K. (2003).敘說分析（王勇智、鄧明宇譯）。臺北市：五南。（原出版年：1993）

Riessman, C. K. (2008). *Narrative methods for the human sciences*. Thousand Oaks, CA: Sage.

Robinson, W. S. (1951). The logical structure of analytic induction. *American Sociological Review, 16*, 812-818.

Sacks, H. (1984). On doing "being ordinary." In J. M. Atkinson & J. Heritage (Eds.), *Structures of social action: Studies in conversational analysis* (pp. 513-529). Cambridge: Cambridge University Press.

Sacks, H., Schegloff, E., & Jefferson, G. (1974). A simplest systematics for the organization of turn-taking in conversation. *Language, 50*(4), 696-735.

Sally, L. (1985). *Sandbox society: Early education in black and white America—A comparative ethnography*. Philadelphia, PA: Falmer Press.

Saracho, O. (1999). A factor analysis of pre-school children's play strategies and cognitive style. *Educational Psychology, 19*, 165-180.

Sawyer, R. K. (1997). *Pretend play as improvisation: Conversation in the preschool classroom.* Mahwah, NJ: Lawrence Erlbaum Associates.

Scott, J. (2017). *Social network analysis* (4th ed.). Thousand Oaks, CA: Sage.

Sharples, M., Davison, L., Thomas, G., & Rudman, P. (2003). Children as photographers: An analysis of children's photographic behavior and intentions at three age levels. *Visual Communication, 2*(3), 303-330.

Shavelson, R. J. (1987). Interactive decision making. In M. J. Dunkin (Ed.), *The international encyclopedia of teaching and teacher education* (pp. 491-493). Oxford: Pergamon Press.

Silverman, D. (2005). *Doing qualitative research: A practical guide* (2nd ed.). Thousand Oaks, CA: Sage.

Smith, L., & Geoffrey, W (1968). *The complexities of an urban classroom: An analysis toward a general theory of teaching*. New York: Holt, Rinehart & Winston.

Sorin, R. (2005). Changing images of childhood-reconceptualising early childhood practice. *International Journal of Transitions in Childhood, 1*, 12-21.

Spencer, S. (2011). *Visual research methods in the social sciences: Awakening visions*. New York: Routledge.

Spradley, J. P. (1979). *The ethnographic interview*. New York: Holt, Rinehart & Winston.

Spradley, J .P. (1980). *Participant observation.* New York: Holt, Rinehart & Winston.

Spradley, J. P., & McCurdy, D. W. (1972). *The cultural experience: Ethnography in complex society*. Chicago, IL: Science Research Associates.

Stewart, D. W., & Shamdasani, P. N. (2015). *Focus groups: Theory and practice*. Los Angeles, CA: Sage.

Strauss, A. L. (1987). *Qualitative analysis for social scientists*. Cambridge: Cambridge University Press.

Taylor, S. J., & Bogdan, R. (1984). *Introduction to qualitative research methods: The search for meanings*. New York: Wiley.

Tobin, J. (2000). *Good guys don't wear hats: Children's talk about media*. New York: Teachers College Press.

Tobin, J., Hsueh, Y., & Karasawa, M. (2009). *Preschool in three cultures revisited: China, Japan, and the United States.* Chicago, IL: University of Chicago Press.

Tobin, J., Wu, D., & Davidson, D. H. (1989). *Preschool in three cultures: Japan, China, and the United States.* New Haven, CT: Yale University Press.

Van Maanen, J. (1988). *Tales of the field: On writing ethnography.* Chicago, IL: University of Chicago Press.

van Manen, M. (1997). *Researching lived experience: Human science for an action sensitive pedagogy*(2nd ed.). New York: State University of New York Press.

Watson, L. C., & Watson-Franke, M. (1985). *Interpreting life histories: An anthropological inquiry.* New Brunswick, NJ: Rutgers University Press.

Wax, R. (1971). *Doing fieldwork: Warnings and advice.* Chicago, IL: University of Chicago Press.

Webb, E. J., Casmpbell, D. T., Schwartz, R. D., & Sechrest, L. (2000). *Unobtrusive measures* (2nd ed.). Chicago, IL: Rand McNally.

Wertz, F. J., Charmaz, K., McMullen, L. M., Josselson, R., Anderson, R., & McSpadden, E. (2011). *Five ways of doing qualitative analysis: Phenomenological psychology, grounded theory, discourse analysis, narrative research, and intitutive inquiry.* New York: The Guilford Press.

Wing, L. A. (1995). Play is not the work of the child: Young children's perceptions of work and play. *Early Childhood Research Quarterly, 10*, 223-247.

Witz, K., Goodwin, D., Hart, R., & Thomas, S. (2001). An essentialist methodology in education-related research using in-depth interviews. *Journal of Curriculum Studies, 33* (2), 195-227.

Wolcott, H. F. (1967). *A Kwakiutl village and school.* New York: Holt, Rinehart & Winston.

Wolcott, H. F. (1975). Criteria for an enthographic approach to research in schools. *Human Organization, 34*(2), 111-127.

Wolcott, H. F. (1984). *The man in the principal's office: An ethnography.* Prospect Heights, IL: Waveland Press.

Wolcott, H. F. (1994). *Transforming qualitative data: Description, analysis, interpretation.* Thousand Oaks, CA: Sage.

Yin, R. K. (2014). *Case study research: Design and methods* (5th ed). Thousand Oaks, CA:

Sage.

Yin, R. K. (2016). *Qualitative research from start to finish*(2nd ed). New York: Guilford Press.

Zborowski, M. (1955). The place of book-learning in traditional Jewish culture. In M. Mead & M. Wolfenstein (Eds.), *Childhood in contemporary cultures* (pp. 118-141). Chicago, IL: University of Chicago Press.

國家圖書館出版品預行編目（CIP）資料

質性教育研究方法／黃瑞琴著.--三版.--
新北市：心理出版社股份有限公司, 2021.09
面；　公分.--（社會科學研究系列；81241）
ISBN 978-986-0744-27-9（平裝）

1.教育研究法

520.31　　　　　　　　　　　　　110013808

社會科學研究系列 81241

質性教育研究方法（第三版）

作　　　者：黃瑞琴
執行編輯：高碧嶸
總 編 輯：林敬堯
發 行 人：洪有義
出 版 者：心理出版社股份有限公司
地　　　址：231026 新北市新店區光明街 288 號 7 樓
電　　　話：(02) 29150566
傳　　　真：(02) 29152928
郵撥帳號：19293172　心理出版社股份有限公司
網　　　址：https://www.psy.com.tw
電子信箱：psychoco@ms15.hinet.net
排 版 者：辰皓國際出版製作有限公司
印 刷 者：辰皓國際出版製作有限公司
初版一刷：1991 年 12 月
二版一刷：1994 年 4 月
三版一刷：2021 年 9 月
Ｉ Ｓ Ｂ Ｎ：978-986-0744-27-9
定　　　價：新台幣 430 元